일본거주 조선인의 차별 저항사
―1920~30년대 노동운동을 중심으로―

일본거주 조선인의 차별 저항사
−1920~30년대 노동운동을 중심으로−

김 광 열

박문사

목차

서장   9

제1장   1910년~1940년 일본거주 조선인의 인구, 집중 거주지,
           직업의 변화   21
        1. 들어가며   21
        2. 1920년 일본거주 조선인의 주된 거주지와 직업   23
        3. 1925년 일본거주 조선인의 주된 거주지와 직업
           -대도시 주변에 집중   27
        4. 1930년 일본거주 조선인의 주된 거주지와 직업
           -집중 거주지의 형성   31
        5. 1935년 일본거주 조선인의 주된 거주지와 직업
           -일정 지역에 장기 거주자 증가   34
        6. 1940년 일본거주 조선인의 주된 거주지와 직업
           -정주화 경향의 확산   39
        7. 소결   42

제2장   일본거주 조선인의 주거, 취로, 생활 양태   45
        1. 주거 상황   46
        2. 노동 환경 및 생활 상황   56
        3. 6대 도시의 공공 실업구제 토목사업에 취로한 조선인의 상황   79
        4. 소결   84

제3장 1920~1930년대 일본거주 조선인의 출신 계층과 교육 수준　87
　1. 들어가며　87
　2. 도일 조선인의 경제적 상황　90
　3. 일본거주 조선인의 교육 수준　100
　4. 소결　113

제4장 1920년대 전반 일본거주 조선인의 사회운동　115
　1. 들어가며　115
　2. 1920년대 초 일본 사회운동의 동향　116
　3. 도쿄거주 조선인 학생의 거주 상황과 사회사상에 대한 관심　123
　4. 흑도회의 활동　131
　5. 소결　144

제5장 1920년대 후반~1930년대 전반 일본거주 조선인의 노동운동　147
　1. 들어가며　147
　2. 1920년대 일본거주 조선인의 노동운동과 일본 노동운동계 상황　149
　3. 1930~1934년 전협 산하의 조직 상황과 조선인 조합원　164
　4. 소결　211

제6장 1930년대 초중기 일본거주 조선인 노동운동의 실태　215
　－아이치(愛知)현 나고야(名古屋)시의 사례를 중심으로－
　1. 들어가며　215
　2. 1929~30년 나고야거주 조선인의 노동조합 설립　216
　3. 1930년대 전반, 전협 중부지방협의회 나고야지부의 조선인 운동　224
　4. 1930년대 중기 나고야합동노동조합에 의한 운동　228
　5. 나고야합동노동조합과 일본 주부(中部)지방 사회운동　249
　6. 소결　260

| 제7장 | 일본거주 조선인 노동운동가와 민족차별 | 263 |

-1930년대의 노동운동 활동가를 중심으로-
1. 들어가며 263
2. 1920~30년대 일본거주 조선인 노동운동의 변화 264
3. 조선인 노동운동가의 특질과 일본사회의 민족차별 269
4. 소결 281

저자 후기 283

참고문헌 / 287

서장

　본서는 1945년 8월 이전 한반도에서 생활고 해결 또는 상급학교 진학을 위해 일본 도항을 선택한 조선인들이 일본에서 처한 차별적 상황에 저항하며 전개한 운동을 노동운동 중심으로 고찰하는 것이다. 이 작업을 통해 그들의 운동은 무엇을 추구했으며, 어떻게 전개되었는지 조명하고자 한다.

　러일전쟁 종결 이후, 1905년 11월 17일 일본제국(이하, 일제)은 대한제국(이하, 한국)에게 제2차 한일협약을 강요하고 한국의 외정을 간섭하기 위해 통감부를 설치했다. 그 후 1910년 8월 22일 제2대 통감 데라우치 마사다케(寺內正毅)는 순종이 임석한 어전회의에서 일제가 대한제국을 병합한다는 '한일병합조약' 원안을 한국 내각이 승인하는 형식으로 통과하도록 강요했다. 그 7일 후인 8월 29일에 '한일병합조약'은 공포되었고, 결국 한국은 일제에 병합되어 사라지고 말았다.

　이후 한민족은 정치, 경제, 사회, 교육, 문화 등 모든 면에서 일제의 식민통치 기관인 조선총독부의 통제를 받았다. 농업정책의 예를 들면, 조선총독부는 1921년부터 1934년까지 한반도를 일본에 대한 미곡 공급기지로 변환하고자 '산미증산계획(産米增産計画)'이라는 식민지적 정책을 시행하였다. 그로 인해 한반도의 농촌에서 외부 자본에 의한 농지 합병이 확산되었으며, 그 결과 소작농은 물론 중소 규모의 자작농 중에서도 농업을 포기하고 이주 즉 이농(離農)하는 사람들이 속출했다. 조선 농촌 이농자들의 주된 행선지는 국내의 도시부 또는 중국 동북지방, 러시아 연해주 및 일본이었다. 그 중 중국이나 러시아로 간 사람들은 주로 농업 이민이었으나, 국내 도시부나 일본행을 택한 사람들은 대개 임금 노동을 희망했다.

실제로 1945년 이전에 일본에서 실시된 관련 조사들을 보면 시기를 막론하고 일본거주 조선인[1]의 대부분은 비숙련직 노동자였다. 그들에 의한 사회운동도 초기라고 할 수 있는 1919년 3.1운동 직후부터 1922년 중반까지는 사회사상을 탐구하는 형태로 전개되었으나, 1922년 후반에 조선인 인구가 집중된 도쿄와 오사카 등의 도시부에서 노동단체들이 설립되면서 조선인 노동자에 대한 차별에 항거하고 권익 옹호를 추구하는 운동으로 변화했다. 일본거주 조선인 인구가 전체적으로 증가하던 1925년에 각 도시지역에 있

---

[1] 1945년 8월 이전 일본의 관청은 일본 열도에 거주하던 조선인에 대해 '내지 재주 조선인(內地在住朝鮮人)'이라고 칭하였고, 일반적으로도 '재일조선인'이라는 호칭을 사용하지 않았다. 일본 사회에서 '재일조선인(在日朝鮮人)'이라는 호칭은, 1945년 8월 15일 일본 패전 이후에도 해방된 조국으로 귀환하지 않고 계속 일본에서 생활하는 조선인들에 대해 지칭하면서 정착되었다. 1945년 8월 패전으로 식민지를 상실한 일본과 해방후 한반도에서 수립된 국가 간에 외교관계가 수립되지 않았으나, 그들 재일조선인은 일본에서 1952년 4월 28일에 시행된 외국인등록법에 의해 일괄 '조선적'(이 '조선'은 국가 명칭이 아니라 한반도를 지칭하는 지리적 명칭)의 외국인이 되었다. 그 후 1965년 6월에 대한민국과 일본이 외교관계를 수립한 후, 그들 중에 한국 국적을 취득한 사람들에 대해 '재일 한국인'이라는 호칭이 사용되었다. 따라서 1945년 8월 이전 일본에 거주하던 조선인의 사회운동을 대상으로 하는 본서는 대상자들을 '일본거주 조선인'이라고 호칭한다.

던 조선인 노동단체를 망라한 재일본조선노동총동맹(이하, 재일노총)이라는 대규모 단체가 설립된 이후, 그들에 의한 운동의 주류는 노동운동이었다. 본서는 그 일본거주 조선인에 의한 노동운동의 실상을 당시 그들이 처한 생활 현실을 바탕으로 고찰하고자 하는 것이다.

〈본서의 연구사적 의의〉

이하에서는, 기존에 한일 양국의 역사학 분야에서 발표된 당해 주제 관련의 선행연구들을 검토하여, 본서에 어떤 연구사적 의의가 있는지 언급하고자 한다.

－일본－

당해 주제에 관한 연구의 효시는 1953년에 재일 연구자 임광철(林光澈)이 일본의 역사학연구회(歷史学研究會)가 별책으로 발행한『조선사의 제문제(朝鮮史の諸問題)』(岩波書店)에 투고한「재일조선인문제(在日朝鮮人問題)」라는 논문이다. 그는 그 글에서 향후 재일조선인 운동의 방법론을 참고하기 위해서는 해방전의 '재일조선인 계급운동'에 주목해야 한다고 주장했다. 1954년, 와타베 토오루(渡部徹)는 저서『일본노동조합운동사－일본노동조합전국협의회를 중심으로(日本労働組合運動史―日本労働組合全国協議会を中心として)』(青木書店)에서 1930년대 전반 일본노동조합전국협의회(이하, 전협)의 각지 산하 단체에 조선인 노동자들도 존재했다는 사실을 처음으로 언급했다. 또한 1957년

에 재일 연구자 박경식(朴慶植)은 『조선월보(朝鮮月報)』에 연속 게재한 「일본제국주의 하의 재일조선인운동(日本帝国主義下における在日朝鮮人運動)」을 통해, 1945년 8월 이전 일본에서 조선인 노동자들이 "일본 노동계급의 강력한 동맹군으로서 일본제국주의 타도와 민족해방을 위한 투쟁에 적극적으로 참가"했던 사실을 정당하게 평가해야 한다고 강조했다.

1945년 이전 일본 노동운동의 주요 이슈 중에 존재했던 조선인 노동자들의 활동에 대해 통사적으로 분석한 최초의 단행본은 이와무라 토시오(岩村登志夫)의 『재일조선인과 일본 노동자계급(在日朝鮮人と日本労働者階級)』(校倉書房, 1972년)이었다. 이와무라는 그 저서를 통해 해방전 일본거주 조선인 노동자들이 일본의 노동운동 속에서 전개했던 역할과 그 의의를 구체적으로 부각시켰다. 한편 재일조선인 연구자가 당해 주제에 대해 연구서를 출판한 것은 박경식의 『재일조선인운동사－8.15 해방전(在日朝鮮人運動史－8.15 解放前)』(三一書房, 1979년)이 처음이었다. 이는 저자가 기존에 발표했던 논문들을 대폭 수정 및 가필한 것이나, 1910년대부터 1940년대 전반까지 즉 피식민지기 전체를 대상으로 일본거주 조선인들의 생활상, 일본 각지에서 전개된 조선인의 민족해방운동과 노동운동, 제국주의 반대운동 등을 전반적으로 검토한 역작이다.

그 후의 관련 연구는 주로 논문 형태로 발표되었다. 그 동향을 정리하면, 좌우합작운동 단체 신간회의 일본지부 활동을 비롯하여, 조선인 노동자들의 생존권 옹호 운동, 1925년 도쿄에서 창립된 재일노총과 그 산하 조직의 활동에 관한 주제들이었다. 그 중에서 재일노총과 관련있는 연구들을 한정해서 보면, 도쿄(東京), 오사카(大阪), 나고야(名古屋) 등 조선인 인구가 비교적 많았던 도시에서 있었던 초기의 운동을 밝혔다든지, 1930년부터 재일노총 산하의 노조가 '전협' 산하의 산업별 노조로 합류한 사실을 비판하는 경향이 있었다.² 후자에 관한 논점은 본서의 주제와도 관련이 있으므로 그 내용을 들여다 보면 아래와 같다. 즉, 1928년 8월 코민테른 계열의 국제 노동조합 프로핀테른³ 제4회 대회에서 나왔던 "동일 산업조합 안에 민족별 조직을 합동"한다는 제안이 1929년 8월에 개최된 제2회 범태평양노동조합회의에서 채택되어서 일본인 진보 노조 전협과 재일 노총이 그를 맹목적으로 추종한 결과라고 정리한 공통점이 있다. 그에 대해 박경식도 저서『재일조선인운동사-8.15 해방전』(1979)에서 1929년 말에 재일노총의 중앙 상임위원회가 산하 노조를 일본인 노조 전협의 산업별 노조에 합류시킨다고 결정한 것은 "재일

---

2 水野直樹,「新幹会東京支会の活動について」,『朝鮮史叢』, 1975; 金森襄作,「在日朝鮮労働総同盟の解体と日本労働組合全国協議会への加盟について」,『大阪地方社会運動史編纂ニュース』第18号, 1983; 谷合佳代子,「1930年代在阪朝鮮人労働者の闘い」,『在日朝鮮人史研究』第15号, 1985; 外村大,「1930年代中期の在日朝鮮人運動―京阪神地域・民衆時報を中心に」,『在日朝鮮人史研究』第28号, 1991; 金廣烈,「1930年代名古屋地方の朝鮮人労働運動」,『在日朝鮮人史研究』第23号, 1993; 石坂浩一,『近代日本の社会主義と朝鮮』, 社会評論社, 1993.

3 1921년 7월 모스크바에서 코민테른의 제창으로 외곽 단체로 설립된 국제 노동조합 조직으로서 'International Professional, nykh Soyuzov(적색노동조합 인터내셔널)'의 약칭이다. 프로핀테른은 특히 1920년대 말부터 30년대에 걸쳐 당시 자본주의 국가에 있는 식민지 출신자의 노동운동을 지원하였고 그 운동 논리에 많은 영향을 미쳤다.(한국사사전편찬회『한국근현대사사전』의 관련 항목 참조)

조선인운동을 분해시킨 심각한 오류"였다[4]고 비판했다. 그 논지가 그 후에 발표된 관련 주제의 연구들(각주 2 참조)에서 계승되었다고 할 수 있다.

그와 관련하여 참고해야 할 사안이 있다. 박경식이 1986년 1월 25일 고베 학생청년센터(神戸学生・青年センター)에서 개최된 「재일조선인운동사의 시점(在日朝鮮人運動史の視点)」이라는 주제의 강연에서 했던 다음 발언이다. "해방전에도 해방후에도 여러 가지 운동이 있었습니다만, 이것들을 기계적으로 재단할 수 없습니다. …(중략)… 잘못된 것이었다고 말은 하지만, 간단하게 납득할 수 없습니다. 구체적으로 하나하나 점검해서, 현재 우리들의 운동이나 사고방식에 교훈으로 삼지않으면 안된다고 생각합니다. …(중략)… 최대한 민중의 입장에서 운동사나 생활사를 생각해야 한다고 봅니다."[5] 즉 1979년의 본인 저서에서 피력했던 주장을 수정한 발언인데, 그를 학술적으로 입증하는 작업은 후속되지 않았다.

그 후 도노무라 마사루(外村大)는 역작 『재일조선인 사회의 역사학적 연구-형성, 구조, 변용(在日朝鮮人社会の歴史学的研究—形成・構造・変容)』(綠蔭書房, 2004년)의 「서장: 과제와 방법」에서, 종래의 재일조선인운동사 연구에 대해 "일본 제국주의를 규탄하고 그에 저항했던 운동의 공적을 알리는 것 …(중략)… 조선인이 일본에서 생활을 확립해 나갔던 사실을 무시하며 …(중략)… 사회주의계의 조직과 활동을 골

---

4 앞의 朴慶植, 『在日朝鮮人運動史—8.15解放前』, 214~215쪽.
5 朴慶植, 「在日朝鮮人運動史の視点」, 『在日朝鮮人・強制連行・民族問題—古希を記念して』(三一書房, 1992), 35쪽.

라내서 열거 …(중략)… 내셔널리즘과 사회주의 운동 고양"의 경향이 있다고 지적했다. 하지만, 1986년 1월 25일 박경식 강연에서 제시된 '최대한 민중의 입장에 선 운동사나 생활사'라는 의견은 간과하고 있다고 할 수 있다.

-한국-

본서의 주제와 관련하여 한국에서 이루어진 연구 동향은 다음과 같다.

한국사 분야에서 1945년 8월 이전 일본거주 조선인의 노동운동에 대해 언급한 연구는 김윤환의 『한국노동운동사 1』(청사, 1982)가 처음이었다. 단 그것은 해방전 한민족에 의한 노동운동 전반을 다루는 일환으로서 일본열도에서 있었던 조선인 노동운동의 주요 사건들을 개괄 서술한 내용이었다.

한국에서 일본거주 조선인의 사회운동에 대해 구체적으로 분석을 시도한 연구는 1990년대 후반부터 출판된 관련 주제의 단행본들에 의해 시작되었다. 1996년에 출판된 김인덕의 『식민지시대 재일조선인운동연구』(국학자료원)와 2001년에 출판된 정혜경의 『일제시대 재일조선인민족운동연구』(국학자료원)를 대표적인 사례로 들 수 있다. 둘 다 박사학위 논문을 수정 보완한 것으로서, 전자는 사회주의 계통의 운동을 중심으로, 후자는 일본내 조선인의 노동운동을 '민족운동'이라는 카테고리 안에 두고 오사카(大阪)지역의 사례를 분석한 것이다. 단 이 두 연구서는 발간 시점을 고려하면 1920~30년대 일본에서 조선인의 사회주의 운동이나 노동운동에 대해 새로운 해석이나 평가가 시도될 만도 했으나, 종래 일본에서 이루어 졌던 선행연구의 논지가 답습되었다. 그 후 발간된 김인덕『일제시대 민족해방운동가 연구』(국학자료원, 2002)는 1945년 8월 이전과 이후에 걸쳐서 일본거주 조선인 노동운동을 지도했던 김천해와 김두용 등을 주목한 인물사 연구이다.

—필자의 문제 제기—
이하에서는 본서의 주제와 관련하여 종래의 일본거주 조선인운동사 연구에서 비판적으로 언급되었던 주요 쟁점에 대해 필자 나름대로의 수정 의견을 제시하고자 한다.

즉 재일노총이 1930년부터 산하 조합원을 일본인 좌파노조 전협의 산하 조합으로 합류시켰던 결정은 민족 자주적인 운동을 할 수 없게 한 오류였다, 라는 종래 연구의 비판에 대한 문제 제기이다. 그 결정에 관해서 필자도 1993년에 발표한 나고야지역 노동운동에 관한 논문에서 종래 선행연구와 유사한 논지로 주장한 적이 있으나,[6] 해당 사안에 대해 재차 숙고해 본 결과, 1929년 후반 당시에 재일노총의 산하 조합원 및 운동이 처한 현실을 객관적으로 재검토하여 판단할 필요가 있다고 생각하게 되었다.

1929년 말에 재일노총 중앙 상임위원회가 각지의 산하 노조들을 일본인 좌파노조 전협의 산하 조직에 합류하기로 결정했고, 그 후

---

[6] 졸고「1930年代名古屋地方の朝鮮人勞働運動」(1993)에서 1920년대 말 재일노총은 각지에서 새로운 산하 조직들이 편입된 사실을 들면서 재일노총이 전협에 합류한 것은 오류였다고 기술한 적이 있다.

수년 동안 재일노총 조합원들 대부분이 일본 각지에서 전협 산하의 노조로 편입하여 전협의 일원으로서 활동했던 것은 실제로 있었던 사실이다. 그에 대해 한민족의 노동단체를 유지하지 않았다고 하여 "오류"라고 평가하는 것은 당시 있었던 사실을 부정하는 것으로 연결될 수 있다. 따라서 필자는 당시 재일노총의 지도부가 왜 그러한 결정을 내렸는지 객관적으로 파악하기 위해 같은 시기 재일노총이 처해 있던 현실적 상황에 대해 재검토를 시도했다. 또한 그 연장선에서 1930년에 재일노총이 일본인 진보 노조 전협에 합류하기 시작한 이후, 일본 각지의 전협 산하 산업별 노조에서 조선인 조합원들이 어떻게 존재했는지(활동 포함) 상세하게 검토하여 해당 사안을 객관적으로 판단하고자 했다.(그 결과는 본서 제5장에 수록)

　필자가 위와 같은 시도를 하게 된 것은 재일조선인 역사 연구의 방법에 대해 재고한 결과이다. 한국에서든 일본에서든, 종래에 진행되었던 재일조선인 역사에 관한 연구는 한반도 국가가 지향하는 근대사의 일환 또는 그 연장선에서 이루어지거나 취급되는 경향이 있었다. 하지만, 재일조선인 관련의 역사를 연구할 때에 '본국' 중심의 시점에서만 보면, 그들이 처해 있던 현실을 이해하지 못하는 측면이 발생할 수 있으므로 다각도로 접근할 필요가 있다고 판단했다.

　따라서 그들이 존재하는 현황을 연결해서 분석하는 방법의 연구가 필요하다고 생각된다. 일본거주 조선인의 사회운동도 그들의 일상생활과 밀접한 관계가 있고 그 연장선상에서 나온 저항이라고 봐야 할 것이다. 본서는 그를 구현하는 일환으로서, 1920~30년대 일본거주 조선인의 사회운동을 실존했던 사실에 근거하여 주목하고자 한다.

〈본서의 내용 구성〉

제1장: 본서의 대상인 1945년 8월 이전 한반도에서 일본으로 도항 및 이주한 조선인들의 생활 양태를 파악한다. 재일조선인 1세가 거의 형성되었다고 판단되는 1910년부터 1940년까지의 통계 자료를 활용하여, 그들의 주요 거주지와 주요 직업에 어떤 변화가 있었고, 그 의미는 무엇인지에 대해 검토한다.

제2장: 일본거주 조선인들의 구직 상황 및 거주 형태, 가계유지 상황 등을 중심으로 생활 상황을 검토한다.

참고로, 본서에서 제1장과 제2장의 내용을 먼저 검토하는 이유는 해방전 일본거주 조선인에 의한 노동운동이 활발하게 전개된 배경을 파악하기 위해서이다. 인간이란 시대와 지역을 막론하고 부당한 현실에 직면하고 그 불만이 축적되면 그에 대해 항의하는 행동에 나서기 때문이다.

제3장: 대상 시기에 일본에 거주했던 조선인의 교육 수준을 동시기 한반도 거주 조선인의 평균적 교육 수준과 비교하여 전자의 특질을 파악한다. 또한 일본거주 조선인들이 일본 도항 시에 소지했던 금액 상황에 주목하고자 한다. 일반적으로 개인의 교육 수준이라든지 해외 도항의 비용을 장만하는 능력이란, 본인과 그 가정의 경제력과 직접 관련이 있다고 판단되기 때문이다.

제4장: 1920년대 초 일본의 사회사상 및 사회운동의 주요 동향을 개관하고, 그와 교류하던 조선인 사회운동가들의 동향을 검토한다. 또한 일본거주 조선인 최초의 사회사상 단체인 흑도회에 주목하여 그 회원들의 동향과 활동을 고찰한다.

제5장: 먼저, 1920년대 전반의 일본 노동운동 상황 및 재일노총 중심의 조선인 노동운동을 검토하고, 1929년 재일노총 중앙위가 산하 조합원들을 일본인 좌파노조 전협의 산업별 노조로 합류할 것을 결정한 과정과 그 배경을 검토한다. 다음으로, 일본 각지의 전협 산하 산업별 노조에 조선인 조합원들이 합류한 1930년부터 치안당국의 탄압으로 전협이 붕괴되는 1934년까지 시기를 대상으로 하여, 일본 각지의 전협 산하 노조에서 조선인 조합원들이 어떻게 존재했는지 검토한다. 그를 통해 당시 전협에서 조선인 조합원은 주요한 존재였다는 것을 밝히고자 한다.

제6장: 먼저, 1930년대 전반 전협 산하의 지방 조직에서 조선인 조합원들이 자신들의 권리 옹호를 위해 무엇을 했는지 파악하기 위해, 나고야(名古屋) 시의 사례를 구체적으로 검토한다. 그를 통해 나고야(名古屋) 시의 전협계 산업별 노조에 있던 조선인 조합원들은 결코 피동적인 존재가 아니었다는 사실을 밝히고자 한다. 다음으로, 전협이 붕괴된 이후 1935년에 나고야거주 조선인과 일본인이 협력하여 지방단독 조합의 형태로 설립된 나고야합동(名古屋合同)노동조합에 주목하고 그 활동이 1930년대 중기 일본에서 어떤 의미를 가진 것이었는지 검토한다.

제7장: 1945년 8월 이전 일본에서 특별고등경찰로 대표되는

치안당국의 탄압이 끊임없이 지속되는 가운데 노동운동을 중심으로 한 사회운동에서 활약했던 조선인 활동가들에 주목하여, 그들은 어떤 사람이었으며 어떤 이유로 운동에 앞장서게 되었는지 검토한다.

제1장

1910년~1940년 일본거주 조선인의 인구, 집중 거주지, 직업의 변화[*]

1. 들어가며

이 장은 1945년 8월 이전 한반도에서 일본으로 이주한 조선인들의 생활 양태를 파악하기 위한 기초 작업에 해당한다. 특히 재일조선인 1세 형성의 과도기라고 판단되는 1920년대~1930년대를 중심으로 당시 일본거주 조선인의 인구와 집중 거주지 및 주요 직업의 변화를 거시적으로 개관해 본다.

먼저 일본거주 조선인의 인구 변화에 대해서는 다무라 노리유키(田村紀之)에 의한 일련의 연구[1]가 있다. 다무라 연구는 일본제국 정부의 내무성 경보국(內務省警保局)에 의한 조사와 내각 통계국(內閣統計局)이 1920년, 1930년, 1940년에 실시한 '국세조사(國勢調査)'에서 조선인 인구를 대조하여, 전자가 후자에 비해 많은 경우 25%, 적은 경우

---

[*] 이 장은 김광열, 『한인의 일본 이주사 연구 − 1910~1940년대 − 』(2010)의 제6장을 수정 및 가필한 것임 밝혀 둔다.

[1] 田村紀之, 「內務省警保局調査による朝鮮人人口」 I~V(東京都立大學經濟學部, 『經濟と經濟學』 46号~50号, 1981년 2월~1982년 7월).

4% 정도의 '탈루'가 있다고 지적하고, '국세조사'의 3회분 결과를 통계학적 방법을 구사하여 매년의 조선인 인구를 역추산하였다.

종래 재일 조선인 관련의 연구에서는 그 다무라 연구를 인용하는 경향이 많다. 그러나 5년마다 10월 1일 시점에 일본열도 거주자를 조사한 '국세 조사'도 유동성이 많았던 당시 일본거주 조선인의 인구를 정확하게 파악할 수는 없었다고 판단한다. 그 이유로서, 당시 일본거주 조선인은 매월 도일자 수와 귀국자 수가 적지않이 존재하였고, 비정규적인 형태로 도항하는 사람도 상당수 있었으며, 일자리를 찾아 일본 내에서 이동하는 경우도 적지 않았기 때문에, 일본인 인구와는 달리 불확실성이 높았기 때문이다. 또한 경보국의 인구조사 시기(1930년까지는 6월말 기준, 이후는 12월말 기준)와 국세조사의 통계 시기(5년마다 10월 1일)는 서로 다르므로 차이가 발생하는 것은 당연하다고 할 수 있다. 따라서 경보국 통계에 '탈루'의 가능성은 있지만, '국세 조사'의 결과를 기준으로 매년의 인구를 추산한 결과도 정확하다고 할 수는 없다.

단 필자는 본 장에서 아래와 같은 이유로 내무성 경보국(警保局)이 작성한 자료들을 참고하고자 한다. 일본패전 이전, 내무성 경보국은 1911년에 수도 도쿄의 경시청(警視廳)에 특별고등과를 설치한 것을 시작으로, 1920년대에 걸쳐 일본 전국 도도부현의 경찰기관에 특별고등경찰을 설치하여 각종 사회운동을 감시 및 탄압하였다. 또한 거주 조선인의 지역별·직업별 인구, 도일자 수와 귀국자 수, 생활 상태를 비롯하여, 사회운동의 동향도 면밀하게 감시하고 있었다. 그리고 그것을 수합하여 『조선인개황(朝鮮人槪況)』을 발간하였고, 1926년부터 매

제1장 1910년~1940년 일본거주 조선인의 인구, 집중 거주지, 직업의 변화

년 대외비 자료로서 발행한 『○○년 사회운동의 상황(社會運動ノ狀況)』이라는 일본 사회운동 전체에 대한 감시기록 중에서 「재류조선인의 상황(在留朝鮮人ノ狀況)」을 별도로 설정해서 일본거주 조선인의 기초 자료와 사회운동을 정리하였다. 1930년부터 그 「재류조선인의 상황」에는 각지 특고 경찰의 보고서를 정리하여 매월 발행한 『특고월보(特高月報)』를 축약하여 게재했는데, 거기에도 당시 일본거주 조선인에 관한 각종 통계 자료들이 있다. 따라서 1945년 이전의 내무성 경보국 자료도 해방전 일본거주 조선인의 존재 상태를 파악하는 데에 다분히 참고가 된다고 판단한다. 물론 그 작성 주체가 일본제국 정부의 최상위 경찰기관이므로 가능한 비판적인 시각에서 사용하고자 한다.

이하 각 절에서는 1920년부터 1940년까지 기간을 5년 간격으로 일본거주 조선인의 주요 지역별 인구 분포와 직업별 분포를 변화와 함께 검토하여, 그 과정에서 포착된 변화가 무엇을 의미하는 것인지에 대해 고찰하고자 한다.

2. 1920년 일본거주 조선인의 주된 거주지와 직업

1920년 일본에 거주한 조선인의 주된 거주지와 직업을 통해, 1910년대에 걸쳐 축적된 당사자들의 상황을 알 수 있다.

아래 <표 1-1>은 1920년 12월 말 시점에 일본에 거주한 조선인들의 직업별 지역별 분포를 나타낸 것이다. 먼저, 거주 인구가 많은 상위 10개 지역을 중심으로 직업별 인구를 정리하였는데, 직업의

일본거주 조선인의 차별 저항사

대구분은 유업자와 무업자로 나누고 각각을 세분하였다.

〈표 1-1〉 1920년 일본거주 조선인의 지역별 직업별 인구(상위 10개 도부현)

(단위 : 명, %)

구분	직업	福岡縣	大阪府	兵庫縣	北海道	長崎縣	東京府	山口縣	京都府	岡山縣	廣島縣	기타지역	계	백분비
유업자	官公吏						7	2				2	11	0.04
	군인	2		1			4		1	1	1	9	19	0.06
	의사				1		1			1		1	4	0.01
	통역	1		3	10	1					5	0	20	0.07
	승려/목사						1	3	5			2	11	0.04
	각종 사무원	1	9				23	9		11	3	2	58	0.20
	농업		8	17	85	14		6	19	17	2	189	357	1.21
	토건인부	2,594	640	973	601	514	221	700	317	136	399	3,871	10,966	37.21
	광부	2,900		13	1,461	1,123		108	12		17	756	6,511	22.09
	仲仕業	226	43	195	76	5		244	16	5	9	96	915	3.10
	각종 고용인	177	638	26	88	28	29	84	106	13	17	100	1,306	4.43
	각종 직공	714	3,127	1,423	80	55	406	15	437	523	253	871	7,904	26.82
	각종 행상	3	50	4	16	5	76		9	4	6	88	261	0.89
	각종 상업	2	31	2	1	7	9	3				43	98	0.33
	요리/하숙업	12	20	5	1							0	38	0.13
	기생	1			3					2		8	14	0.05
	어부	10			18	39		40		5	7	69	188	0.64
	교통운수업	17	53	12	3	29	43	339	1	3	16	63	579	1.96
	기타 잡업	6		19		52	1	2		28		105	214	0.73
	소계	6,666	4,619	2,693	2,444	1,872	821	1,555	923	749	735	6,275	29,352	100.00
무업자	수감자	12		4		7						1	24	1.07
	학생	1	10	12	3	1	682	13	47	12	8	39	828	36.87
	무직	10	133	195	196	133	114	20	10	42	33	508	1,394	62.07
	소계	23	143	211	199	141	796	33	57	54	41	548	2,246	100.00
	합계	6,689	4,762	2,904	2,643	2,013	1,617	1,588	980	803	776	6,823	31,598	
	백분비	21.32	15.18	9.26	8.42	6.42	5.16	5.06	3.47	2.63	2.41	20.68		100.00

* 출전: 內務省 警報局, 『朝鮮人槪況』 第3, 1920年版에서 발췌 작성. 김광열, 『한인의 일본 이주사 연구-1910~1940년대-』(2010)에서 재인용.

제1장 1910년~1940년 일본거주 조선인의 인구, 집중 거주지, 직업의 변화

1920년 12월 말 시점에 일본거주 조선인의 총인구는 31,598명이었다. 조선인 인구가 많은 상위 10개 지역을 차례대로 그 비율과 함께 보면, 후쿠오카현(福岡縣) 21%, 오사카부(大阪府) 15%, 효고현(兵庫縣) 9%, 홋카이도(北海道) 8%, 나가사키현(長崎縣) 6%, 도쿄부(東京府) 5%, 야마구치현(山口縣) 5%, 교토부(京都府) 3%, 오카야마현(岡山縣) 3%, 히로시마(廣島縣) 2%의 순이었다. 즉 상위 10개 지역에 일본거주조선인 전체의 약 80%가 거주하고 있었는데, 그 중에서도 후쿠오카현, 오사카부, 효고현, 홋카이도 등의 상위 4개 지역에 전체 거주 조선인의 53%에 해당하는 사람들이 모여 있었다.

1920년 일본에서 상기 지역들에 조선인 인구가 집중된 이유는 무엇일까. 상위 5개 지역부터 보면, 후쿠오카현, 홋카이도, 나가사키현 등은 석탄광이 집중된 곳으로서 채탄 노동자들의 수요가 상시 발생했으며, 공업 분야의 기업이 집중된 오사카부와 효고현에서 중소 규모의 공장에서 단순 작업을 하는 염가의 노동력을 필요로 했기 때문이라고 추측된다. 그들 조선인 인구가 집중된 지역의 위치는, 도쿄와 홋카이도를 제외하면 일본열도 중에서도 한반도에서 지리적으로 가까운 곳들이었다.

1920년의 직업별 인구를 통해서, 일본도 참전했고 연합국에 대한 군수물자 수출로 경제 호황을 누렸던 제1차 세계대전(1914~1918) 종결 직후의 시기이므로, 당시 일본 산업계에서 조선인 노동력을 선호했던 직종이 무엇이었는지 알 수 있다. 크게 유업자와 무업자로 나눌 수 있는데, 유업자는 29,352명(93%)이었고 무업자는 2,246명(7%)이었다. 즉 1920년 당시 일본거주 조선인들은 9할이 넘는 사람

들이 직업을 가지고 있었던 것이다.

　유업자 중에서 주요 직업은 '토건 인부'(37%), '각종 직공'(27%), '광부'(22%)였다. 이 3개 직종에 전체 유업자의 86%가 집중되어 있었다. 그 중에서 '토건 인부'란 일반적으로 토목건축 분야의 공사장에서 일하는 임시직의 인부를 의미한다. '각종 직공'이란 분야와 규모를 막론하고 공장에서 단순 작업을 하던 노동자를 칭하며, '광부'는 석탄산이나 금속 광산에서 채굴 작업을 하던 사람들이다. 즉 당시 일본거주 조선인의 직업은 대부분이 비숙련 육체노동의 분야였다는 것을 알 수 있다.

　또한 당시 일본 각지의 산업 분포의 특징이 해당 지역에 거주하는 조선인의 직업에도 반영되어 있었다는 것을 알 수 있다. 예를 들면, '광부'는 석탄산이나 금속 광산이 집중된 후쿠오카현, 홋카이도, 나가사키현 등에서, '토건 인부'는 발전 도상의 중소 규모 도시들이 산재한 후쿠오카현, 효고현, 야마구치현 등에서, '각종 직공'은 제조업 공장이 밀집된 오사카부, 효고현, 후쿠오카현 등에서 상대적으로 많았다는 것이 확인된다.

　한편, 무업자는 '학생', '수감자', '무직'의 항목으로 분류된 사람들이었다. 무업자는 전체 인구의 7% 정도였는데, 그 중에서 가장 인원이 많았던 항목은 '무직'이었다. 1920년의 경보국 조사에서 그 '무직'의 내역이 명기되지는 않았지만, 1920년 당시 일본거주 조선인 중에서 '무직'으로 분류된 사람은 전체의 4%였다.

　지식층이라고 간주되는 '관리,' '군인,' '학생,' '의사,' '통역,' '목사 및 승려' 등은 전체 인구의 3% 정도에 지나지 않았다. 그 중

제1장 1910년~1940년 일본거주 조선인의 인구, 집중 거주지, 직업의 변화

에서 '학생'의 경우는 고등교육 시설이 많았던 수도 도쿄에 전체의 82%가 집중되어 있었다.

3. 1925년 일본거주 조선인의 주된 거주지와 직업
   -대도시 주변에 집중

아래 <표 1-2>는 1925년 12월 말 일본에 거주한 조선인의 인구를 지역별 및 직업별로 나타낸 것이다. 이를 통해 1920년대 전반의 5년 동안 조선인들이 어디에 많이 거주했으며 주된 직업은 무엇이었는지 개관할 수 있다.

〈표 1-2〉 1925년 일본거주 조선인의 지역별 직업별 인구(상위 10개 도부현)

(단위 : 명, %)

구분	직업	大阪府	福岡縣	東京府	愛知縣	兵庫縣	京都府	神奈川縣	山口縣	廣島縣	北海道	기타지역	계	백분비
유업자	관리	2	6	14		1	2		1			8	34	0.03
	군인			2			1					1	4	0.004
	통역					6					3	0	9	0.01
	의사/약제사		2	5	1	3		1				2	14	0.01
	승려/목사	8		2		1	1					1	13	0.01
	사무원	23		73	6	5		5		2	10	9	133	0.12
	각종 상업	378	155	261	29	86	91	26	37	94	27	695	1,879	1.68
	농업	136	330	5	109	78		5		36	12	986	1,697	1.51
	水上취로자	1,001	56	2	6	39			329	34	37	325	1,829	1.63
	직공	9,483	651	1,391	4,279	2,283	2,990	229	116	495	28	3,681	25,626	22.85
	광부		5,374			2	6		210		1,940	3,314	10,846	9.67

27

	구분												
	각종 인부	8,742	3,721	5,209	2,643	2,836	2,636	5,360	3,554	2,746	1,849	19,770	59,066	52.67
	각종 고용인	1,497	1,207	390	495	806	227	16	589	427	64	1,803	7,521	6.71
	교통운수업	142	53	79	65	12	61	13	35	33	2	118	613	0.55
	접객업	726				25		25	40	14	32	862	0.77
	藝娼妓	1	86	5	9		2	2	19			33	157	0.14
	신문기자	2		1	4						1	1	9	0.01
	기타 잡업	139	148	352	59	124	106		89	15	85	704	1,821	1.62
	소계	22,280	11,789	7,791	7,705	6,307	6,123	5,657	5,004	3,922	4,072	31,483	112,133	100.00
무업자	학생	129	25	1,420	17	68	214	10	79	60	9	173	2,204	8.97
	수감자	83	133	5	35	18					71	345	1.40
	무취로자	11,869	2,298	773	771	1,639	486	545	884	727	368	1,667	22,027	89.63
	소계	12,081	2,456	2,198	823	1,725	700	555	963	787	377	1,911	24,576	100.00
	합계	34,361	14,245	9,989	8,528	8,032	6,823	6,212	5,967	4,709	4,449	33,394	136,709	
	백분비	25.13	10.42	7.31	6.24	5.88	4.99	4.54	4.36	3.44	3.25	24.43		100.00

* 출전: 내무성 경보국, 『大正14年中の在留朝鮮人の狀況』1926年版에서 작성. 김광열, 『한인의 일본 이주사 연구-1910~1940년대-』(2010)에서 재인용.

    1925년 12월 말 당시 일본에 거주한 조선인은 136,709명이었고, 상위 10개 지역에 전체 조선인 인구의 76%가 집중되어 있었다. 단 5년 전과 비교하면 조선인 인구가 4배 넘게 증가해 있었다는 것을 알 수 있다. 인구 상위 10개 지역의 분포에도 변화가 있었다. 오사카부가 34,361명(25.1%)으로 조선인 인구 최다 지역이 되어 있었고, 도쿄부는 9,989명(7.3%)으로 조선인 인구 3위 지역이었고, 아이치(愛知)현은 8,500명(6%)으로 인구 4위 지역이 되어 있었다. 또한 5년 전에 비해, 지역별 인구 분포에 변화가 있었다. 5년 전에는 조선인 인구 상위 10개 지역이 아니었던 가나가와(神奈川)현이 6,200명(5%)으로 인구 7위에 올라가 있었고, 홋카이도는 말미로 밀려 있었다. 또한 그 1925년에 일본거주 조선인의 주된 거주

제1장 1910년~1940년 일본거주 조선인의 인구, 집중 거주지, 직업의 변화

지역은 긴키(近畿)지방을 포함한 동(東)일본 방면의 7개 지역으로 변해 있었는데, 대개 인구 밀집도가 높은 대도시가 포진되어 있던 곳들이었다. 즉 당시 일본에 거주한 조선인들은 취직의 기회가 많은 대도시가 위치한 도부현에 집중되던 경향을 띠고 있었다고 할 수 있다.

1925년의 직업별 인구를 보면 다음과 같은 상황이었다. '유업자'가 112,000명(82%)이었고, '무업자'는 24,500명(18%)이었다. '유업자'의 주요 직업은 '각종 인부'(53%), '직공'(23%), '광부'(10%), '각종 고용인'(7%)이었는데, 그 4개 직종에 전체 유업자의 93%가 집중해 있었다. 5년 전 1920년과 비교하면, '직공' 수도 증가하였지만 '각종 인부'에 종사하는 사람들이 대폭 증가해 있었다. 즉 구직을 위해 일본에 도항했던 조선인들 중에서 비숙련 육체노동이며 일용직인 '각종 인부'에 취업한 경우가 한층 증가했다는 것이다. 또한 이 시기에는 주요 직업에 '각종 고용인'이라는 항목이 추가되었는데, 일본내 조선인 인구가 증가함에 따라 남자는 점원, 사환으로, 여자는 가사 도우미의 형태로 일하는 사람들도 늘었기 때문이라고 추측된다.

1925년 시점에는 지역별 직업 구성에도 변화가 있었다. 당시 오사카부가 일본에서 조선인 최다거주 지역으로 부상했는데, 그 이유는 5년 동안 공업도시 오사카에 '직공'과 '각종 인부'로서 일하는 조선인들이 급증했기 때문이었다. 더불어 1923년에 오사카-제주 간의 항로가 신설된 후 제주도 출신자의 구직 도일이 증가한 것도 포함된다고 할 수 있다. 후쿠오카현이 1925년에도 2번째

조선인 다주 지역이었던 것은 여전히 현 내의 대규모 석탄산에서 광부로 일하는 조선인들이 집중되어 있었기 때문이었다. 이 시기에 도쿄부가 조선인 인구 3위 지역으로, 가나가와현이 인구집중 7위 지역으로 새로 등장한 것은 '각종 인부' 수가 급증한 것이 요인이었다. 그 이유로서, 1924년부터 내무성 부흥국(復興局)을 중심으로 관동대지진 때에 파괴된 사회간섭 자본을 복구를 위해 수도권에서 '제도부흥(帝都復興)사업' 명목으로 대규모 토목공사가 시작되어 신규 도일 및 타지역 거주의 조선인들이 대거 유입되었기 때문이라고 추측된다.

아이치현이 이 시기에 4번째 조선인 다주 지역이 된 것은 그 현의 조선인 직업으로 '각종 직공'이 일본 전체에서 두 번째로 많았으며, '각종 인부' 수도 급증했기 때문인데, 기계공업, 방적공업, 도자기 제조업 등이 발전한 나고야(名古屋)시, 도요하시(豊橋)시, 세토(瀬戸)시 등지에 신규 도일자 및 다지역 거주 조선인들이 취업 목적으로 모여들었기 때문이라고 추측된다.

한편, 1925년 일본거주 조선인 중에서 '무업자'는 전체 조선인의 18%였다. '무업자'의 구성은 1920년과 동일하게 '학생,' '무취로자,' '수감자' 등이었으나, 그 비율은 5년 전에 비해 2.5배 증가했다. <표 1-2>에서 그 증가 이유가 무엇인지 보면 5년 동안 '무취로자'가 대폭 증가했기 때문이라는 것을 알 수 있다. 1925년 시점의 조사에서도 '무취로자'에 대한 설명은 없으나, 세대주에 종속된 피부양 가족 및 실업자 등을 지칭하는 것이라고 추측된다.

제1장 1910년~1940년 일본거주 조선인의 인구, 집중 거주지, 직업의 변화

4. 1930년 일본거주 조선인의 주된 거주지와 직업
　　－집중 거주지의 형성

이 절에서는 1930년 일본거주 조선인의 지역별 및 직업별 인구 통계를 통해 1920년대 후반 그들의 거주 상태 변화와 그 의미에 대해 보고자 한다.

아래 <표 1-3>은 1930년 6월 말 당시 일본에서 조선인 인구가 많았던 상위 10개 지역과 그 직업별 인구를 나타낸 것이다. 이를 통해, 당시 일본거주 조선인의 총수는 5년 전에 비해 2배 증가한 287,705명이었으며, 인구상위 10개 지역에 전체 조선인의 75%가 집중되어 있었다는 것을 알 수 있다.

〈표 1-3〉 1930년 일본거주 조선인의 지역별 직업별 인구(상위 10개 도부현)

(단위 : 명, %)

구분	직업	大阪府	東京府	福岡縣	愛知縣	京都府	兵庫縣	山口縣	北海道	神奈川縣	廣島縣	기타 지역	계	백분비
유업자	관리	2	10	2		3	2	1		2		1	23	0.01
	군인		3									0	3	0.001
	의사/약제사		8	6					6	1	1	2	24	0.01
	신문잡지기자		3			2	1					1	7	0.003
	승려/목사	4	6	5	12	3	5	2	1	2		8	48	0.02
	사무원	66	74	8	23	2	21	4	19	4		20	241	0.11
	상업	5,771	173	583	198	128	381	211	628	99	282	3,192	11,646	5.16
	농업			116			3	204	263	17	98	1,024	1,725	0.76
	고용인	3,878	229	1,326	290	1,006	807	468	282	180	232	3,301	11,999	5.32
	수상취로자	1,178		66			140	553	56		45	1,001	3,039	1.35
	직공	18,964	3,021	555	7,151	4,306	3,262	339	47	268	577	5,642	44,132	19.55

31

	광부			6,813			84	925	1,525			1,628	10,975	4.86
	일용인부	12,352	17,094	7,086	10,961	6,563	4,976	3,558	6,619	5,335	3,400	41,172	119,116	52.77
	교통운수업	802		28		56	39	15			23	167	1,130	0.50
	藝娼妓		1	2	5			10	8			8	34	0.02
	기타	13,866	454	4,059	428	824	16	452	59	1		1,405	21,564	9.55
	소계	56,883	21,076	20,655	19,068	12,893	9,737	6,742	9,513	5,909	4,658	58,572	225,706	100.00
무업자	학생	435	2,802	133	71	458	80	108	23	35	148	599	4,892	7.89
	소학교아동	1,839	479	947			297		289			179	4,030	6.50
	무직	9,336	5,778	3,172	3,936	2,861	5,624	2,907	15	2,571	2,145	13,808	52,153	84.12
	수감자	266	125	132	68		110	59		55		109	924	1.49
	소계	11,876	9,184	4,384	4,075	3,319	5,814	3,371	38	2,950	2,293	14,695	61,999	100.00
	합계	68,759	30,260	25,039	23,143	16,212	15,551	10,113	9,551	8,859	6,951	73,267	287,705	
	백분비	23.90	10.52	8.70	8.04	5.63	5.41	3.52	3.32	3.08	2.42	25.47		100.00

* 출전: 內務省 警保局, 『社會運動の狀況』, 1930年版에서 작성. 김광열, 『한인의 일본 이주사 연구-1910~1940년대-』(2010)에서 재인용.

조선인 인구상위 10개 지역의 변화로서 도쿄부가 두 번째 지역으로 되었다는 것을 꼽을 수 있고, 기타 지역은 5년 전과 유사했다. 도쿄 지역에 조선인 수가 증가한 이유를 5년 전과 비교해 보면, 일용인부, 직공, 학생의 항목에서 인원 증가가 두드러졌기 때문이라고 판단된다.

1930년 6월 말 당시, 일본거주 조선인 중에서 유업자는 225,706명(78.5%)이었고 무업자는 61,999명(21.5%)이었다. 유업자 중에서 종사자가 많았던 직업을 보면, '일용 인부'(53%), '직공'(20%), '기타'(8%), '고용인'(5%), '상업'(5%), '광부'(5%) 등이었다. 그 6개 직종에 전체 유업자의 95%가 집중해 있었다. 5년 전에 비하면 주요 직종이 약간 다양해졌으나, 여전히 비숙련직인 '일용 인부'가 유업자 전체의 53%를 점유하고 있었다. 당시 '일용 인부' 종사자가 증가

제1장 1910년~1940년 일본거주 조선인의 인구, 집중 거주지, 직업의 변화

했던 이유 중의 하나로서, 1925년 10월부터 도쿄, 오사카, 나고야, 교토(京都), 고베(神戶), 요코하마 등 6대 도시에서 '실업구제' 명목의 토목사업이 실시되었다는 것을 들 수 있다.[2]

한편 이 시기에 일본내 조선인의 주요 직업 중에 '상업'(전체 유업자의 5%)이 포함되었다는 것에 주목할 필요가 있다. <표 1-3>의 출전에서 '상업'의 내역은 알 수 없으나, 1935년 경보국 조사에서 '상업'은 '일반 상인', '노점상', '행상' 등을 포함하고 있으므로, 1930년에도 크게 다르지 않았다고 추측된다. 또한 이 시기 일본거주 조선인의 직업에 '상업'이 추가된 것은 1920년대 후반에 일본 도항을 택한 조선인들 중에서 자영업을 시작하고자 준비했던 사람들이 있었기 때문일 것이다. 관련된 사례로서, 1920년대 말 시모노세키(下關)항에 상륙했던 조선인들의 소지금 상황을 보면, 그들 중의 소수는 비교적 여유 자금을 가지고 도항했다는 것이 확인되는데,[3] 후자에 해당되는 사람들 중에서 일본 각지에서 '상업'을 시작했을 확률이 높다고 생각된다.

또한 위 <표 1-3>의 '무업자' 중에 '소학교 아동'이라는 항목이 신설되었다는 것을 알 수 있다. 즉 당시 일본에서 조선인 '소학교 아동'은 4,030명(1.4%)이었다. 이는 5년 전에 비해 가족 동반의 형태

---

2 加瀨和俊, 「失業者救濟公共土木事業における就勞者選別方式と朝鮮人登錄者」 (『戰間期日本の對外經濟關係』, 日本經濟評論社, 1992), 370쪽에 의하면, 1928년에 일본 6대 도시의 직업소개소에서 실업구제 토목사업에 취로하고자 '실업 등록'을 마친 사람들의 55.6%(19,130명)가 조선인이었다. 그와 같이 조선인 등록자가 절반 이상이었던 상황에 대해 각 시 당국은 될 수 있는 대로 조선인을 배제하고자 취로자를 선별하는 방식을 취했다고 한다.
3 山口縣警察部 特別高等課, 『來往朝鮮人特別調査狀況』, 1927(『集成』, 第1卷 수록).

33

로 일본에 체재한 사람들이 증가했기 때문이라고 할 수 있다. '무직자'도 5년 전에 비해 2배 증가했는데, 그 이유는 실업자 및 세대주 피부양자가 증가했기 때문이라고 추측된다.

5. 1935년 일본거주 조선인의 주된 거주지와 직업
   -일정 지역에 장기 거주자 증가

아래 <표 1-4>를 통해 1935년 12월 말 일본에 거주한 조선인의 지역별 및 직업별 인구를 확인할 수 있으며, 1930년대 전반의 거주 상황 변화를 읽을 수 있다.

〈표 1-4〉 1935년 일본거주 조선인의 지역별 직업별 인구(상위 10개 도부현)

(단위 : 명, %)

구분	직업	大阪府	東京府	愛知縣	兵庫縣	京都府	福岡縣	山口縣	廣島縣	神奈川縣	岐阜縣	기타지역	계	백분비
유업자	유식적 직업	346	377	78	70	43	79	38	12	20	5	137	1,205	0.35
	상업	9,161	4,072	1,999	1,813	1,998	2,157	1,046	1,178	738	698	10,579	35,439	10.19
	농업	90	18	70	23	62	315	564	208	30	13	2,319	3,712	1.07
	어업	1	77	7	8		86	27	3		1	138	348	0.10
	광업			137	81	107	5,432	2,184			11	1,807	9,759	2.81
	섬유공업	15,072	878	5,044	2,301	5,441	236	51	646	240	697	6,223	36,829	10.59
	금속기계공업	15,505	1,440	1,246	1,021	539	1,916	290	161	107	33	564	22,822	6.56
	화학공업	22,910	2,253	4,926	2,518	322	1,824	479	156	39	1,844	810	38,027	10.93
	전기공업	1,110	241	60	89	78	62	4	12	5	2	66	1,729	0.50
	출판공업	1,792	267	32	105	104	54		11	2	2	36	2,405	0.69
	식료품제조업	1,257	252	253	179	159	79	151	179	38	13	345	2,905	0.84

제1장 1910년~1940년 일본거주 조선인의 인구, 집중 거주지, 직업의 변화

	토목건축업	19,107	8,946	5,782	7,052	7,536	2,951	2,989	2,581	4,362	2,371	22,657	86,334	24.82
	통신교통운수업	2,360	1,780	542	667	750	168	87	98	109	88	720	7,369	2.12
	仲仕업	3,801	241	999	1,556	257	1,810	655	391	338	17	407	10,472	3.01
	일반사용인	7,746	1,574	1,164	1,650	1,471	3,345	1,239	736	308	399	7,382	27,014	7.77
	기타 노동자	16,030	2,283	2,802	1,670	1,412	2,750	3,913	2,155	342	419	8,670	42,446	12.20
	접객업	2,311	251	209	405	138	393	246	55	48	10	1,559	5,625	1.62
	기타 유업자	4,748	695	640	556	475	2,844	302	549	92	75	2,478	13,454	3.87
	소계	123,347	25,645	25,990	21,764	20,892	26,501	14,265	9,131	6,818	6,698	66,897	347,894	100.00
무업자	학생/생도	769	4,646	161	84	593	208	135	127	77	10	482	7,292	2.63
	소학교아동	12,744	3,420	4,231	2,494	3,455	3,196	2,410	1,507	1,314	1,061	8,500	44,332	15.96
	수감자	413	324	134	70	6	147	111	59	96	58	851	2,269	0.82
	무직	65,038	19,521	20,945	22,177	17,182	9,813	10,426	6,561	6,105	3,159	42,964	223,891	80.60
	소계	78,964	27,911	25,471	24,825	21,236	13,364	13,082	8,254	7,592	4,288	52,797	277,784	100.00
	합계	202,311	53,556	51,461	46,589	42,128	39,865	27,347	17,385	14,410	10,986	119,694	625,678	
	백분비	32.33	8.56	8.22	7.45	6.73	6.37	4.37	2.78	2.30	1.76	19.12		100.00

* 출전: 內務省 警保局, 『社会運動の状況』, 1935年版에서 작성. 김광열, 『한인의 일본 이주사 연구 -1910~1940년대-』(2010)에서 재인용.

1935년 12월 31일 일본에 거주했던 조선인의 총수는 625,678명이었다. 즉 일본거주 조선인인구가 5년 전에 비해 2배 넘게 증가해 있었던 것이다. 인구 상위 10개 지역의 조선인들이 전체 인구의 8할을 차지하고 있던 것은 5년 전과 유사했다.

상위 10개 지역을 보면, 전체 인구의 52%가 집중해 있었던 오사카부가 1위였고, 도쿄부에 이어 아이치(愛知)현이 3번째 다거주 지역이 되었다. 후쿠오카현은 6위로 밀렸고, 홋카이도는 상위 10개 지역에서 이탈되어 있었다. 직업의 측면에서 보면 다음과 같은 변화가 있었다. 오사카부 거주자는 공업계 직업의 종사자뿐만 아니라 토건업을 비롯한 기타 직업의 종사자도 단연 많았다. 도쿄부 거주자는 상업 종사자가 급증해 있었다. 후쿠오카현은 변함없이 광

업(채탄 산업)에 취로자가 집중되어 있었다.

1935년 일본거주 조선인의 직업별 인구를 크게 나눠서 보면 '유업자'가 347,900명(56%)이었고, '무업자'는 277,800명(44%)이었다. 5년 전에 비해 유업자의 비율이 낮아졌는데, 그 이유는 조선인 인구 전체 중에서 '무업자' 인구가 급증했기 때문이라는 것을 알 수 있다. '유업자'의 주요 직업은 '토목 건축업'(25%), '기타 노동자'(12%), '화학공업'(11%), '섬유 공업'(11%), '상업'(10%), '일반 사용인'(8%), '금속기계 공업'(7%) 등이었다. 전체 유업자의 84%가 이들 직업에 집중해 있었다. 그 중에서 공업 분야의 직업에 종사하는 인원의 합계는 10만 4700명으로 전체 유업자 중에서 30%가 넘었다.

이 시기에 일본거주 조선인의 직업별 통계는 이전과 다르게 대분류와 소분류로 나뉘어 작성되었다는 것을 알 수 있다. 그것은 1934년부터 내무성 경보국이 연간판 『사회운동의 상황』에 게재한 일본거주 조선인의 직업별 인구 통계에서 분류 방식을 그렇게 변경했기 때문이었다. 즉 조선인의 직업 중에서 종사자가 많은 직업을 다시 소분류로 항목을 설정하여 별도로 집계하였다. 특히 공업계 직업 항목에서 그런 변화를 확인할 수 있다. 예를 들면, 종래에는 각종 공장에서 일하는 사람들을 모두 '직공' 항목에 넣어서 한꺼번에 산출했으나, 1934년부터는 '직공' 항목이 사라지고 공업계 직장을 한층 세분하여 섬유공업, 금속기계공업, 화학공업, 전기공업, 출판공업, 식료품제조업 등으로 나누어서 인원수를 산출하였다. 그 이유는 당시 일본거주 조선인의 직업 중에서 특히 공업에 해당하는 직업 종사자가 대거 증가했으므로, 그 하부 직종까지 세분

제1장 1910년~1940년 일본거주 조선인의 인구, 집중 거주지, 직업의 변화

해서 인원을 파악한 것이다. 당시 일본의 공업 분야에 식민지 출신인 조선인 노동력의 수요가 증가한 이유는, 1931년 중국 다롄(大連)-뤼순(旅順)지역에 주둔하던 일본육군 관동군이 둥베이(東北)지방 전체를 침략하여 일본 경제권에 넣은 이후, 세계 대공황의 충격으로 약화된 일본 산업이 군수공업을 중심으로 서서히 회복했기 때문이라고 추측된다.[4]

1935년 일본거주 조선인은 공업 중에서도 특히 '화학 공업'과 '섬유 공업'에 종사자가 많았다. '화학공업' 항목의 내역은 '비료 제조업', '고무 제품 제조업', '유리 제품 제조업', '요업' 등이었으며, '섬유공업'의 내역은 '제사업' '방적업' 등이었다. 그것은 동 직종을 일본인 노동자가 작업 환경이 열악하다는 이유로 기피하는 편이었으므로, 일본인보다 임금이 저렴한 조선인 노동자가 채용되었기 때문이다.[5] 비숙련 단순 노동직인 '토목 건축업'과 '기타 노동자'는 5년 전에 비하여 전체 유업자 중의 비율이 15%로 낮아지긴 했으나, 기타 항목에 비하면 여전히 높은 편이었다.

또한 이 1935년에는 '상업' 종사자가 5년 전보다 3배나 증가하여 전체 유업자의 10%(35,439명)를 넘고 있었다. 즉 '상업'이 대표적인 직업 중의 하나가 된 것이다. 앞에서 말했던 것처럼, '상업'이란 직업은 당사자가 자금을 준비해야 할 필요가 있는 업종이다. 1930년대 전반에 일본거주 조선인들 사이에서 '상업' 종사자 수가 증가했다는 것은 그만큼 나름대로 준비를 해서 상업을 시작한 사람들이

---

4 石井寬治, 『日本經濟史』, 東京大學出版會(第2版), 1991의 제5장 2항.
5 大阪市 社會部, 『朝鮮人勞働者の近況』, 1933.

있었다는 의미이다. 이는 1930년대 전반에도 자금을 준비하여 일본행 연락선을 탔던 사람들[6]이 계속해서 존재했던 결과라고 판단된다.

한편, 이 시기에 급증해 있던 무업자 층에 대해서 보면, 그 하부 항목에서 가장 증가한 것은 '소학교 아동'과 '무직'이었다. '소학교 아동'은 전체 7%에 달할 정도였는데, 5년 전에 비해 10배나 증가한 44,300명이었다. 이 '소학교 아동'의 인원이 급증한 것은 자연 증가라고 보기 어렵다. 즉 신규 도일자들 중에 가족 동반자가 증가했다든지, 먼저 도일해서 일본에서 정착한 사람이 고향의 가족을 초청한 결과라고 판단된다. 또한 '무직'은 전체의 36%에 해당하는 223,900명이었다. 5년 전보다 약 4배 증가했다.

그리고 상대적으로 소수이지만 지식층에 해당하는 사람들도 있었다. 5년 전의 통계에서 그에 해당하는 직업을 관리, 군인, 의사 및 약제사, 잡지 기자, 승려 및 목사, 사무원 등으로 세분했으나, 이 시기에는 '유식적 직업'이란 항목으로 분류되어 있다. 하지만 '학생 생도'에 해당하는 인원을 포함한다 해도, '유식적 직업'에 해당하는 사람들은 당시 일본저구 조선인 전체의 1.4%에 불과했다.

이 시기에는 '무업자' 중에서 '무직'으로 분류된 사람들이 누구인지 알 수 있다. '무직'의 세부 항목을 보면, '세대주'가 8,800명, '세대주 종속자'가 215,000명이었다. 즉 '무직' 인구가 급증한 이유는

---

6 1935년 시점에 도쿄에 거주했던 조선인들의 도일전 직업과 도일 시의 소지금 상황에 대해서는 東京府 社會課, 『在京朝鮮人勞働者の現狀』(1936)을 참조 요망.

제1장 1910년~1940년 일본거주 조선인의 인구, 집중 거주지, 직업의 변화

'세대주 종속자' 수가 급증했기 때문이었다. '세대주 종속자'는 세대주가 부양하는 사람들을 의미하는 것으로서, 앞에서 별도로 분류된 '소학교 아동'에 포함되지 않는 세대 구성원이라고 봐야 할 것이다. 이를 통해, 1930년대 전반 일본거주 조선인들은 가족 동반의 형태로 일정한 지역에 거주하는 경향이 높아지고 있었다고 할 수 있다.

6. 1940년 일본거주 조선인의 주된 거주지와 직업
   −정주화 경향의 확산

아래 <표 1-5>는 1940년 시점에 일본에 거주하던 조선인의 지역별 및 직업별 상황을 나타낸 것이다. 이를 통해 1930년대 후반 5년 동안에 조선인의 거주상황에 어떤 변화가 있었는지 파악할 수 있다.

〈표 1-5〉 1940년 일본거주 조선인의 지역별 직업별 인구(상위 10개 도부현)

(단위 : 명, %)

구분	직업	大阪府	福岡縣	兵庫縣	東京府	愛知縣	山口縣	京都府	北海道	廣島縣	神奈川縣	기타지역	계	백분비
유업자	유식적 직업	1,002	310	230	981	170	143	156	73	77	73	374	3,589	0.59
	상업	15,441	3,025	4,241	6,363	3,955	1,989	4,402	986	2,306	1,186	25,099	68,993	11.26
	농업	324	701	93	13	134	1,694	272	2,012	573	73	1,822	7,711	1.26
	어업	42	40	47		7	25		15	10		203	389	0.06
	광업		25,019	1,122		537	12,278	1,065	17,159	148	9	20,691	78,028	12.73

39

	섬유공업	17,482	246	3,191	1,383	4,091	328	5,348	14	1,017	219	8,004	41,323	6.74
	금속기계공업	32,363	5,519	6,246	5,389	3,626	704	1,231	5	613	514	1,430	57,640	9.41
	화학공업	31,409	1,628	4,379	2,732	3,626	862	825	19	696	169	1,906	48,251	7.87
	전기공업	2,707	177	361	399	46	37	134	7	28	67	62	4,025	0.66
	출판공업	1,342	205	192	437	38	56	72		50	13	32	2,437	0.40
	식료품제조업	2,230	115	370	313	193	605	400	3	666	48	281	5,224	0.85
	토목건축업	21,002	8,028	22,210	6,950	6,767	9,205	9,898	4,457	6,081	6,635	43,279	144,512	23.58
	통신/운수업	4,262	1,098	1,099	2,586	1,169	744	768	49	408	262	1,412	13,857	2.26
	仲仕업	5,119	7,756	4,225	324	2,013	2,526	609	16	1,597	240	1,051	25,476	4.16
	일반사용인	7,148	2,756	2,446	2,991	1,053	2,000	1,362	559	1,119	354	6,238	28,026	4.57
	기타 노동자	9,415	6,750	3,770	3,957	3,017	5,053	1,694	1,238	2,944	793	14,199	52,830	8.62
	접객업	734	506	567	456	317	472	203	486	127	47	990	4,905	0.80
	기타 유업자	11,567	686	1,635	1,245	2,220	1,520	551	234	1,408	160	4,412	25,638	4.18
	소계	163,589	64,565	56,424	36,519	32,979	40,241	28,990	27,332	19,868	10,862	131,485	612,854	100.00
무업자	실업자	402			51	16			2	26		13	510	0.04
	학생/생도	3,054	503	296	11,318	385	525	1,725	82	700	176	2,029	20,793	3.60
	소학교아동	37,134	10,959	10,596	9,092	10,978	8,300	8,190	2,238	3,771	3,151	25,104	129,513	22.42
	수감자	201	103	81	211	32	84	55	124	48	13	386	1,338	0.23
	무직	107,889	40,735	47,767	30,306	33,561	23,550	28,738	8,495	13,808	10,649	79,939	425,437	73.66
	소계	148,680	52,300	58,740	50,978	44,972	32,459	38,708	10,941	18,353	13,989	107,471	577,591	100.00
	합계	312,269	116,865	115,164	87,497	77,951	72,700	67,698	38,273	38,221	24,851	238,956	1,190,445	
	백분비	26.23	9.82	9.67	7.35	6.55	6.11	5.69	3.22	3.21	2.09	20.07		100.00

* 출전: 內務省 警保局, 『社會運動の狀況』, 1940年版에서 작성. 김광열 『한인의 일본 이주사 연구-1910~1940년대-』(2010)에서 재인용.

1940년의 일본거주 조선인 인구는 119만 명을 약간 넘기고 있었는데, 5년 전과 비교하면 약 2배로 급증했다. 이 시기에도 1930년대 전반처럼 상위 10개 지역에 거주하는 조선인 인구가 일본 전체 거주 조선인 수의 약 8할을 차지하고 있었다. 다거주 지역에 대해서 보면, 일본 내에서 조선인 인구가 가장 밀집한 곳은 오사카(大阪)부, 후쿠오카(福岡)현, 효고(兵庫)현, 도쿄(東京)부, 아이치(愛知)현, 야마구치(山口)현 등 6개 지역이었다. 그 중 오사카부가 여전히 가장 조

제1장 1910년~1940년 일본거주 조선인의 인구, 집중 거주지, 직업의 변화

선인이 많이 거주하는 지역이었고, 그 다음으로 후쿠오카현, 효고현, 도쿄부, 아이치현, 야마구치현의 순이었다. 또한 5년 전에는 상위권에서 밀려났던 홋카이도가 인구 8위 지역에 들어 있었다.

후쿠오카현, 야마구치현, 홋카이도에 조선인 인구가 급증한 것은 역시 석탄산을 포함한 광업에 종사한 인원이 증가했기 때문이라는 것을 알 수 있다. 즉 1937년 7월 중일전쟁이 발발한 이후, 1938년 4월부터 일본 정부가 '국가총동원법' 체제를 발동하면서 중화학공업의 에너지원인 석탄의 수요가 급증한 결과적 현상인데, 특히 1939년 7월 시행된 후생성 및 내무성 차관통첩「조선인 노동자 내지 이주에 관한 건」에 의해 일본의 석탄산 및 금속광산에 '모집' 형태의 조선인 동원이 시작된 것과 관련이 있다고 판단된다.

<표 1-5>를 통해 1940년 당시 일본거주 조선인들의 직업별 종사인구를 개관하면, '유업자'가 61만 2900명(51.5%)이었고, '무업자'는 57만 7600명(48.5%)이었다. '유업자'부터 보면, '토목 건축업'(24%), '광업'(13%), '상업'(11%), '금속기계 공업'(9%), '화학 공업'(8%), '섬유 공업'(7%), '기타 노동자'(9%) 등이었다. 특히 '광업' 종사자 수는 5년 전에 비해 7배나 증가했는데, 이는 역시 중일전쟁 발발로 시작된 '국가총동원 체제'로 석탄광, 금속광산에 동원된 조선인 수가 급증했기 때문이라고 생각된다.

'상업'은 5년 전에 비해 약 2배 증가(6만 9천명)해서 전체 유업자의 11%가 되어 있었는데, 1930년대 후반 5년 동안에 나름대로 자금준비를 하여 도일한 사람들이 한층 증가했기 때문이라고 판단된다. 또한 이 시기에는 분류하기 힘든 각종 잡업, 즉 '기타 노동자',

'기타 유업자' 등도 증가해 있었다.

한편 '무업자'도 5년 전에 비하면 전체 인구에 대한 비율이 48.5%에 이를 정도로 한층 증가해 있었다. '무업자'의 세부 항목을 보면 '실업자', '학생 생도', '소학교 아동', '수감자', '무직'이었다. 종래에 '무직' 항목 안에 포함되었던 '실업자'는 별도로 산출되어 있었다. 각 세부 항목의 인원을 5년 전과 비교해 보면, '소학교 아동'은 3배인 13만 명으로, '무직'은 2배인 43만 명으로 증가해 있었다. 즉 이 시기에 '무업자' 층이 증가한 이유는 '소학교 아동'과 '무직'이 증가했기 때문이었다.

특히 '무직'으로 산출된 사람들은 전체 일본거주 조선인의 36%에 이르고 있었다. 그 '무직'의 대부분은 '세대주 종속자'(41만 5600명)이었는데, 5년 전에 비해 무려 20만 명이나 증가해 있었다. 즉 1930년대 후반에는 일본에서 먼저 일자리를 잡고 있던 가장이 고향의 가족들을 초청해서 동거하는 사례가 이전보다 한층 증가했다는 것을 알 수 있다.

7. 소결

이상에서 1920년~1940년까지 5년씩 잘라서 일본거주 조선인들의 주요 지역별 인구 및 주요 직업별 인구의 변화에 대해 검토했다. 그 20년 동안에 일본거주 조선인 인구는 1920년 말에 3만 1천 명이었던 것이 1940년에는 119만 명으로 대폭 증가해 있었다. 20년 동안 그들의 직업은 다양해지긴 했으나 대부분이 임시직, 일용직 노동자였다. 즉 일본거주조선인들은 대체로 노동자 계급이었다. 또한 인구 증가의 주된 원인이 무업자 그룹(새대주 종속자, 소학교 아동) 증가였다는 것은 주목할 필요가 있다. 그 기간 동안에 확인되는 지역별 인구 분포와 주요 직업에서 있었던 변화는 해당 시기에 그들이 처했던 생활 환경의 변화와 직결되는 것이었다.

제2장

일본거주 조선인의 주거, 취로, 생활 양태[*]

　해방전 일본에 거주했던 조선인들은 1939년 이후 '전시 총동원'의 명분으로 일본열도의 군수 사업장에 강제동원된 경우를 제외하면, 대개 생활난을 타개하고자 구직차 일본으로 도항했던 사람들이었다. 그들에게 문화와 언어가 달라 사실상 외국인 일본에서의 생활은 당연히 고생스러웠을 것이다. 그리고 제1장에서 검토했듯이, 일본거주 조선인의 직업은 대부분이 일용 노동자 또는 임시직 직공이었으므로 사실상 일본 사회의 최하층에 편입되어 살았다고 할 수 있다. 이하에서는 당시 그들이 생활했던 상황에 대해, 거주 및 구직의 형태, 경제적 상태 등으로 나눠서 객관적으로 검토하고자 한다.

---

[*] 이 제2장의 내용은 김광열, 『한인의 일본이주사 연구 – 1910~1940년대』 (2010) 제5장을 수정 및 가필한 것임 밝혀 둔다.

1. 주거 상황

1) 주거 확보의 어려움

한반도의 고향에서 구직 목적으로 도일하는 조선인들이 증가하기 시작한 것은 일본도 참전하여 경세호황을 누렸던 제1차 세계대전의 후반인 1917년부터였는데, 본격적으로 급증한 것은 그 수년 후인 1922년부터였다.[1]

단, 그들이 도일 후 가장 먼저 해결해야 할 과제는 주거와 일자리를 확보하는 것이었다. 그러나 조선인 인구가 집중된 지역에서 조선인들은 주거난에 직면했다. 도일 조선인들이 주거를 확보하는 데에 곤란을 겪은 이유는 일본어 소통이 잘 안되었던 것도 있었지만, 공간적 여유가 있는 주거를 빌릴 경제적 여유가 없는 사람이 대부분이었기 때문이다.

또한, 이민족이고 관습이 다른 조선인에게 방이나 집을 빌려주기를 꺼려했던 일본인 집주인들이 있었기 때문이었다. 특히 도시 지역에는 공공연하게 조선인에게 주거 임대를 거절하는 경우가 많았다. 예를 들면, 1920년대 전반에 오사카(大阪)시의 집주인들이 조선인에게 임대거절했던 이유를 보면, '집세를 제대로 내지 않는다',

---

[1] 朴在一『在日朝鮮人に關する綜合調査研究』(新紀元社, 1957)에 의하면, 해방 전 일본 경찰의 자료를 바탕으로 1910년대 후반에서 1920년대 중반까지의 시기에 조선인 도일자 수가 급증한 것이 확인하고 있다. 즉 제1차 세계대전의 후반기인 1916년 2,082명에서 1917년 10,003명, 1918년 9,500명으로 증가하고 있었으며, 1차 대전 종결 이후에는 1920년 4,200명으로 일시 감소했으나, 1922년 32,800명, 1923년 27,850명, 1924년 536,90명으로 다시 급증했다.

제2장 일본거주 조선인의 주거, 취로, 생활 양태

'집주인의 허락도 없이 십여 명이 동거하는 경우가 많다', '불결하게 하고 집을 손질하지 않아 손상을 입힌다', '여럿이 시끄럽게 하여 이웃에게 피해를 준다' 등이었다.[2]

이러한 일본인 집주인의 조선인 노동자에 대한 인식은 전시 호황을 맞은 일본 기업들이 임금이 저렴한 조선인들을 적극 유치했던 제1차 세계대전 시기에 형성되었다고 추측된다. 그러나 도일한 조선인의 대다수는 경제적으로 곤란했으며, 언어 소통도 잘 안되고 생활 습관이 다른 일본에서 상호부조의 차원에서 공동생활을 선호하는 경우가 많았다.

따라서 자연히 조선인들은 도시 외곽의 빈민가나 공터, 피차별 부락민(천민) 거주지 등 보통 일본인들이 살지 않는 곳에 모여서 거주하게 되었다. 이외에 독신자의 경우는 직종에 따라 주거가 결정되기도 했는데, 토목 인부의 경우에는 공사장 근처의 '한바(飯場)'라고 하는 밥집에서 집단으로 숙식하는 형태도 적지 않았다.

조선인 집중 거주지는 신규 도일자들의 증가와 더불어 형성되어 1920년대 말경에는 대개 일본의 대도시 외곽에서 볼 수 있었다. 집중 거주지의 일반적인 주거 형태는 일본인이 살지 않게 된 목조 연립주택이나 움막집 또는 폐옥, 폐창고 등이었다. 일본의 3대 도시 도쿄(東京)부, 오사카시, 나고야(名古屋)시에서 조선인들이 집중적으로 거주했던 지역을 보면 다음과 같다.[3] 1928년 말의 도쿄부(東京府)

---

2 大阪市 社會部, 「朝鮮人勞働者問題」, 1924년(박경식편, 『集成』 제1권, 수록).
3 이들 3대 도시에 조선인 집중 거주 지역이라고 알려진 곳들은 그 대부분이 오늘날 재일조선인의 집중 거주지와도 일치된다는 것을 알 수 있다.

의 군(郡) 지역에서는 미카와시마(三河島), 닛뽀리(日暮里), 센쥬(千住), 가메이도(龜戶), 요도바시(淀橋), 다카타(高田), 다치카와(立川) 등의 마을이었고, 시(市) 지역에서는 혼조(本所)구, 후카가와(深川)구, 고이시카와(小石川)구, 간다(神田)구, 시바(芝)구 등의 지구가 그에 해당한다.[4]

같은 해 6월 말의 오사카시에서는 히가시(東)구의 사칸(左官), 나카미치카와(中道川) 등과, 히가시요도카와(東淀川)구의 나카가라히가시(中柄東), 나카츠하마(中津浜) 등, 미나토(港)구의 이즈미오하마(泉尾浜), 후나(船), 고바야시(小林) 등, 히가시나리(東成)구의 이카이노(猪飼野), 이쿠노고쿠부(生野国分), 츠루하시(鶴橋), 나카미치(中道), 히가시코바시(東小橋), 오이마사토(大今里) 등, 니시나리(西成)구의 나가하시(長橋) 등의 지구가 그에 해당한다.[5]

1927년 말 나고야시에서는 노리타케(則武), 오시키리(押切), 비와지마(枇杷島), 쇼나이(庄内), 치구사(千種), 스기무라(杉村), 고키소(御器所), 니시후루와타리(西古渡), 미즈호(瑞穗), 노다치(野立), 아츠타히가시(熱田東) 등의 지구가 30세대 이상의 조선인들이 집중 거주한 지역이었다.[6]

그러나 도시 지역에 거주했던 조선인들과 집주인들 사이에는 이른바 집 임대(借家), 토지 임대(借地)에 관한 분쟁이 끊이지 않았다. 그 분쟁은 고생 끝에 겨우 확보한 주거를 잃지 않으려는 조선인들에 대해, 집주인들이 '무허가 다인원 기거, 집세 체납, 무허가 토지 사용' 등의 명목으로 퇴거를 요구하면서 일어났다. 일본에서 조선인

---

4 東京府 社會課, 「在京朝鮮人勞働者の現狀」, 1929.
5 大阪市 社會部, 「本市における朝鮮人の生活概況」, 1929.
6 名古屋地方 職業紹介所事務局, 「朝鮮人勞働者に関する調査」, 1928.

관련으로 최초로 일어난 집 임대 분쟁은 1924년 오사카에서였는데, 당시 일본 각지에서 조선인 인구가 급증하면서 임대 분쟁도 증가하였다. 1920년대부터 30년대까지 일본거주 조선인이 관련된 집 및 토지의 임대 분쟁 발생 건수는, 1925년 27건, 1926년 81건, 1929년 2517건, 1933년 5444건, 1934년 2503건, 1938년 531건 등으로 확인된다.[7] 즉 1933년을 정점으로 이후에는 감소하고 있었다. 그 이유는 그 시기부터 일본 내에서 조선인들의 정주화가 진행되었기 때문이라고 추측된다.

2) 거주 형태

(1) 인부방 및 밥집

당시 일본거주 조선인의 거주 형태로서 먼저 들 수 있는 것은 인부방[人夫部屋] 또는 밥집(한바[飯場]로 불렸음) 이다. 밥집이란 토목 공사장 부근에 위치하는 사설 시설로서 노동자의 숙식을 유료로 제공하는 것이다. 종래 일본인 토목 노동자의 임시 숙소로서 존재하였는데, 조선인이 대거 일본 내의 토목 노동직에 진출하게 되자 조선인이 경영하는 조선인 노동자 전용 밥집이 생겨났다. 한편 조선인 인부방은 밥집과 비슷한 기능을 가지고 있었으나, 그 등장 과정이 다르다. 이는 대부분의 조선인들이 도일 후 기본적으로 주거난을

---

[7] 1925년, 26년의 집 임대 분쟁에 대해서는 内務省 警保局 保安課, 「大正十五年中における在留朝鮮人の状況」을 참조. 1929년 이후의 분은 内務省 警保局 『社会運動の状況』 각 연도판을 참조했음.

겪고 있었던 상황에 편승하여, 먼저 도일해서 여유 자금도 있고 일본어도 능하고 지역 사정에 밝은 조선인들 중에서 방이나 집을 임대하여 조선인 노동자 전용의 인부방으로 개업한 경우이다. 그들은 표면상 하숙업을 하는 척 하였지만, 실제는 신규 도일자들에게 숙식과 일자리를 제공하고, 하숙비뿐만 아니라 노동 일당의 10~20%에 해당하는 일자리 소개 수수료를 징수하였다.[8] 이처럼 이른바 조선인 하숙집이란 종래의 밥집과 유사하였기 때문에, 특히 도시부에서는 양자를 구별하기 힘들었다. 따라서 그 주인을 일컬어 흔히 '닌뿌베야 가시라'[人夫部屋頭: 인부방 우두머리] 또는 '한바 오야카타'[飯場親方: 밥집 어른]라고 호칭하기도 하였다.[9]

이 표면상의 조선인 하숙집은 일본거주 조선인들 사이에서 선호되는 직종이었다. 조선인 최다 거주 지역인 오사카부의 경우를 보면, 1923년 6월말 현재 '하숙업'을 하던 조선인은 323명이었는데, 같은 해 8월까지 2개월간의 영업 상태는 폐업이 16건인 반면에 신규 개업은 43건이었다.[10] 오사카뿐만 아니라 다른 도시 지역에서도 마찬가지였다. 1925년 8월 현재 나고야시의 경우에는 조선인 하숙집이 24개소였는데 거기에서 당시 나고야시에 거주하는 조선인 일용노동자 전체의 3분의 1에 해당하는 432명이 기거하고 있었다.[11] 또한 1928년 5월 현재 도쿄부에서는 10명이상 수용하는 인부방이 시

---

8 大阪市 社會部, 「朝鮮人勞働者問題」, 1924; 愛知縣 社會課, 「鮮人問題」, 1925 등 참조.
9 앞의 「鮮人問題」.
10 앞의 「朝鮮人勞働者問題」.
11 앞의 「鮮人問題」.

내 지역에 194개소, 군 지역(시외)에 295개소였고,[12] 같은 해 6월말에는 오사카시의 조선인 하숙업자 수가 1473명으로 증가하여 자영업 중 가장 종사자가 많은 업종이 되었다.[13]

　조선인 대상의 인부방이나 밥집은 그 경영자와 동향(同鄕)인 신규 도일자들이 들어가는 경우가 많았다.[14] 이는 당시 대부분의 신규 도일자들이 일본에 건너간 친척이나 동향의 지인을 연고로 하여 도항하는 방법을 택하였기 때문이라고 생각된다.[15] 밥집 주인들도 경영 관계상 적극적으로 동향인을 모집하였을 가능성도 있다. 당시 도일 조선인들 중 적지 않은 사람들이 혈연이나 지연 중심의 인간 관계에 의해 집단으로 기거하면서, 집주인에게 일자리를 소개받는 대신 하숙비와 노동 임금의 10~20%에 해당하는 금액을 지불하였던 것인데, 어떻게 보면 하숙집 또는 밥집 주인과 기숙 노동자들은 공생하고 있었다고 할 수 있다.

　밥집의 경우는 주로 일거리가 있는 취로장(토건 공사장) 근처에 위치하였기 때문에, 도시 지역 이외에도 인적이 드문 곳에서 집단으로 장기간 취로할 수밖에 없는 대규모 토목 공사장 또는 탄광 지역 등에서 흔히 볼 수 있었다. 후자의 경우, 노동력 확보를 우선하는 사업체 측의 의도에 의해 이동의 자유가 주어지지 않은 채 과도한 노동에 혹사당하였기 때문에, 문어 통발처럼 한번 들어가면 빠져

12　東京府 社会課, 「在京朝鮮人労働者の現状」(1929), 『集成』 第1卷, 1007쪽.
13　大阪府 社会部, 「本市における朝鮮人の生活概況」, 1929, 10쪽.
14　大阪市 社会部, 「バラック居住朝鮮人の労働と生活」, 1927, 18쪽.
15　조선인 도일자들이 주로 연고에 의한 방법으로 도항하였다는 점에 대해서는, 졸고 「戦間期 일본도항 조선인의 특질」, 『日本学報』 제46집(2001년 3월)을 참조 바람.

나오지 못한다고 하여 흔히 '타코베야'(蛸部屋)[16]라고 일컬어졌다. 한편, 탄광 노동자의 경우를 후쿠오카(福岡)현, 나가사키(長崎)현, 야마구치(山口)현 등 탄광 지역의 예를 통해 보면, 가족이 있는 사람은 사택에 거주하였고, 독신자는 회사 소유의 밥집에 집단으로 거주하고 있었으며, 밥집 우두머리는 회사 측이 신용하는 가족이 딸린 장기 근무자가 선정되었다.[17]

이상에서 검토한 밥집 또는 인부방에 거주했던 사람들은 주로 신규 도일한 독신자들에 해당된다고 할 수 있다. 그리고 인부방이나 밥집을 경영하던 사람들은 도일했던 조선인들 중에서 성공한 부류에 속한다고 할 수 있다.

(2) 종업원 숙사, 직장 더부살이

이 거주 형태는, 대개 공장노동자의 경우에 많이 볼 수 있다. 그 중에서도 특히 독신자의 경우는 거의 직장에서 '스미코미'[住み込み: 경영자 가족과 더부살이] 또는 '료'[寮: 직장에서 제공한 종업원 숙사]에서 생활하였다. 반면 가족이 있는 세대주의 경우는 '나가야'[長屋: 연립 판잣집]이거나 쪽방을 빌려 살았다. 특히 방직 또는 제사 공장과 같은 한 직장에서 집단적으로 일하는 노동자의 경우에는 대개 기숙사에 거주하였다.

---

16 일본어의 타코(蛸)는 문어라는 의미이며, 베야는 방이란 뜻인 헤야(部屋)의 연음임. 문어가 한번 통발에 들어가면 스스로 나오지 못한다는 것에 비유해서 사용하는 말.
17 福岡地方 職業紹介所事務局, 「管内在住朝鮮人勞働事情」, 1929.

제2장 일본거주 조선인의 주거, 취로, 생활 양태

(3) 셋방 또는 셋집

독신자이거나 가족 부양자 어느 쪽이든 간에, 경제적 능력이 있는 사람은 도일 직후부터 독자적으로 월세방이나 월세 집을 마련한 사람도 있었다. 이에 해당하는 사람은 자영업을 하려고 자금 준비를 해서 도일한 사람이나, 관공서의 공무원, 또는 재산가의 자제 등이었을 것이다. 또는 인부방 또는 기숙사 등에서 생활하던 독신자가 지속적인 노동으로 저축을 하여, 셋방이나 셋집을 얻어 고향에서 가족을 초청하는 경우도 충분히 있을 수 있다. 그리고 그들 중에는 인부방 경영을 시도하는 사람들도 있었을 것이다.

(4) 노동자 숙박소

이는 신규 도일한 독신자 중 주로 도시 지역에서 일거리를 찾아 이동하다 잠자리 확보가 곤란한 사람들이 택한 경우라고 생각된다.

노동자 숙박소(또는 공동 숙박소라 부르기도 함)는 대부분이 도시부에 위치하였고, 각 지방 행정의 사회복지 당국으로부터 지원을 받는 단체에 의해 운영되고 있었다. 일본에서 조선인 노동자를 대상으로 하는 숙박소가 처음 개설된 것은 1924년에 도쿄와 오사카였다. 가장 큰 계기는, 1923년 9월 1일 간토(關東)대지진 발생 직후에 일본의 민간자경단, 경찰, 군대 등에 의해 수천 명의 무고한 조선인들이 학살당한 사건이었다. 그 대학살 사건으로 인해, 조선총독부는 한민족 전체의 저항으로 연결되어 일본제국의 식민지 통치에 근본적인 지장을 초래할까 두려워하였다. 1923년 9월 하순, 조선총독사이토 마코토(斎藤 実)는 대지진 직후 조선인 대학살 사건이 일어난 도쿄를 방문하고 귀임하던 중, 조선인들을 회유할 방도를 찾기 위해 오사카의 사카이(堺) 지역에서 조선인을 다수 고용한 경험이 있는 염색공장 경영자 야나기하라 키치베(柳原 吉兵衛)를 만나서 '조선인 구제'에 관한 조언을 청취했다.[18] 그 후 조선총독부는 1924년 2월에 관리 중이던 도쿄 혼조(本所)구 다이헤이(太平)정에 위치한 연립 판잣집 7동을 조선인노동자 대상의 숙박소로 사용한다는 조건으로 친일 단체 상애회(相愛会)에게 대여하였다.[19] 총독부가 직접 나서서 대학살 사건으로 인해 불안에 떨고 있는 조선인들을 포섭한다는 명분으로, 친일 단체를 활용하여 조선인노동자 전용의 숙박 시설을 만들게 한 것이다. 상애회는 그를 계기로 도쿄의 조선인들 사이에서 영향력이 커졌으며, 도쿄 이외의 도시에서도 유사한 활동을 하면서 세력을 확장하였다.

오사카부(大阪府)에서도 1923년 11월에 간토대지진으로 인한 이재 조선인들이 유입하는 현실에 대응하여 조선인의 생활 복지를 도모한다는 명목으로 '내선(內鮮)협화회'가 설립되었고, 이듬해 1924년 7월에는 이즈미오(泉尾) 공동 숙박소 및 직업소개소가, 동년 9월에

---

18 樋口雄一, 『協和会』, 社会評論社, 1986, 13쪽.
19 中央職業紹介事務局, 「東京府下在留朝鮮人労働者に関する調査」 1924, 『集成』 第1巻, 442쪽. 이것은 상애회가 관동대지진 직후 조선인들을 이끌고 파괴된 거리의 정리 작업을 하면서 일본 관헌의 환심을 샀기 때문이었다. 이후, 상애회는 조선총독부로부터 3만 엔, 관동대지진 원호회 및 내무성사회국으로부터 3만 엔의 원조를 받아, 고오지마치(麹町)구(나중에 혼조구本所区)에 상애회관(相愛会館)이라는 것을 세워, 조선인을 위한 숙박 시설과 직업소개소를 직접 운영하기에 이른다.

제2장 일본거주 조선인의 주거, 취로, 생활 양태

는 도요사키(豊崎) 공동 숙박소 및 직업소개소가, 동년 12월에는 기즈(木津) 공동 숙박소 및 직업소개소 등이 연이어서 설립되었다.[20] 또 1923년에는 친일단체 상애회도 오사카에서 미시마(三島) 본부, 키시와다(岸和田)에서 이즈미(和泉) 본부를 설립했는데, 그중에서 이즈미 본부는 17세대의 조선인 전용의 주택을 확보하고 있었다.[21]

1924년 말 현재 일본 3대 도시에서 확인되는 상애회의 세력은 도쿄 6,000명, 오사카 3,500명, 나고야 1,000명이었다.[22] 상애회는 그들 지방 행정기관으로부터 '사설 사회사업 조성'이라는 명목으로 재정 원조를 받으면서 지역 거주 조선인들 대상으로 숙박과 직업소개를 하는 시설을 운영하면서 이른바 '친일 융화' 사업에 앞장 섰다.[23]

그 후 일본의 각지에는 조선인 노동자를 위한 숙박 및 직업소개의 기능을 가진 '친목 융화 단체'가 우후죽순 같이 설립되었다. 1928년 도쿄의 예를 보면, 조선인을 대상으로 숙박업 및 직업 소개를 하는 단체는 다음과 같았다.[24]

---

20 佐々木信彰「1920年代における在阪朝鮮人の労働・生活過程—東成・集住地區を中心に—」,『大正・大阪・スラム』증보판, 新評論社, 1996, 178~179쪽.
21 M.リングホーファー「相愛会—朝鮮人同化団体の歩み」,『在日朝鮮人史研究』제9호, 1981, 60쪽.
22 內務省 社會局,「朝鮮人労働者に関する状況」, 1924,『集成』제1권, 530~535쪽.
23 名古屋市社會部,「名古屋市社会事業概要」, 1929년, 63쪽에 의하면, 상애회 나고야본부는 나고야시로부터 매년 재정 원조를 받고 있었다. 졸고「1930年代名古屋地域の朝鮮人労動運動」,『在日朝鮮人史研究』제23호, 1993 참조.
24 東京都社會課「東京居住朝鮮人労働者の現状」, 1929년,『集成』제2권, p1005-1007.

関東朝鮮労働 一心会(1926년 창립, 회원800명), 力行社(1924년, 회원50명), 野方汗愛종업원숙소(1927년, 회원60명), 自彊会(1924년, 회원100명), 一善労動会(1924년, 회원100명), 東昌会(1926년, 회원230명), 共和団(1927년, 회원150명), 大東協会(1928년, 회원300명), 同族共済会(1928년, 회원150명)

이상에서 본 것과 같이, 1923년 간토대지진 이후에 조선총독부와 일본의 지방행정은 일본거주 조선인 동화 정책의 일환으로 친일 융화단체에 재정 원조를 해서 조선인노동자 전용의 숙박 시설과 직업소개 사무를 시행하게 하였다. 그들은 일자리와 살 곳을 찾고 있던 신규 도일자에게 실제로 상당한 영향력을 미쳤을 것으로 추측된다. 이후의 시기에 있어서 숙박 기능을 가지는 조선인 '융화 친목 단체'의 상세한 상황은 확인할 수 없지만, 1934년에 일본 정부의 「조선인 이주대책 요목」이라는 방침에 의해 각지의 '융화 친목 단체'들이 '협화회'로 통합될 때까지 지속적으로 증가했을 것으로 추측된다.

2. 노동 환경 및 생활 상황

1) 취업 방식

제1장에서 확인했듯이, 해방전 일본에 거주한 조선인의 주된 직업은 토건 노동자・인부, 각종 직공, 광산노동자 등이었다. 그러나

제2장 일본거주 조선인의 주거, 취로, 생활 양태

일본에서 그들이 일자리를 선택할 수 있는 폭은 결코 넓지 않았다. 이하에서는 일본거주 조선인의 취업 환경을 파악하는 일환으로 당시 그들이 어떤 방식으로 취업을 했는지 검토하고자 한다.

이하는 1924년에 내무성 산하의 중앙직업소개사무국이 도쿄부(東京府)에 거주하는 조선인의 취직 환경에 대해 정리한 내용인데, 도일자 수가 급증했던 1920년대 전반 일본에 거주한 조선인들의 취업 방식을 알 수 있다.

…집단적으로 취직하여 생활도 집단적으로 영위하는 자가 많고, 개개 단독으로 취업하고 있는 자는 국내의 사정에 정통하고 있는 일부로 그 수는 비교적 적다. 군부(郡部)의 토목 공사에 취업하고 있는 자는 일을 위해 왕래하는 자인데, 실업자 없이 전부가 취업하고 있으며 시 내외에 걸쳐서 거주하고, 유료 공동숙소(木賃宿)에 숙박하는 자 중에는 일본인 노동자의 무리에 섞여 후카가와(深川), 혼조(本所) 등에서 매일 아침 가두에서 열리는 자유노동자 시장에 서서 일자리를 찾는 자도 상당히 많다. 그 밖의 사람은 먼저 와 있던 같은 고향의 선배·지인 등에 의해, 혹은 조선인 상애회, 일선노동회 등과 같은 조선인 노동자 구제 단체에 의존해서 일자리를 구한다. 대부분에 해당하는 토건 노동자는 인부 청부인, 공사장의 하청인, 함바(밥집) 우두머리 등에 의해 새로운 일거리를 찾아서 전전한다. 그 중에는 일정한 고용주 밑에서 계속 노동하는 자도 있다. 공장이 조선인 노동자를 구해서 그 공장에 고용하는 사례는 여자에게 많고, 시내의 영리 직업소개업자를 피해서 빠져나가는 경우는 극히 적다. 공익 직업소개소는 일본인 구

직자가 쇄도하지만, 재계의 불황이 오래되었고, 구인도 거의 볼 수 없는 상태이다. 한때 조선인 노동자도 소개소에서 일자리 찾는 자들이 상당수이었지만, 언어가 통하지 않고 아무 특별한 숙련이 없으니, 대개의 구인자는 조선인 고용을 선호하지 않는다.… 25

즉 당시 도쿄부(시외 군지역 포함)에 거주한 조선인들은 자유노동 시장, 동향의 지인, 친일융화 단체, 인부 청부인, 밥집 우두머리 등을 통해서 취업하고 있었다는 것을 알 수 있다. 그 중 '동향의 지인'이라는 것은 당시 조선인의 일반적인 도일 형태가 친척과 지인에 의존한 연고 도항이었던 것과 관련이 있다고 판단된다. 또한 앞 절 후반에서 봤듯이, 직업소개 기능을 가진 친일융화 단체에 의존하는 사람들도 있었다. 이 시기에 숙박 및 노동 소개의 기능을 가진 융화 단체로서 대표적인 곳은 도쿄·오사카·나고야의 상애회 이외에도 오사카의 범애부식회(凡愛扶植会)와 조선인협회 및 도쿄의 계림장(鷄林莊) 등이 있었는데, 계림장의 경우는 도쿄부의 위탁으로 다카다노바바(高田馬場)에서 조선인 고학생을 대상으로 한 수용인원 108명의 기숙사를 운영했다.26

그럼 이하에서 1920·1930년대 일본의 주요 도시에서 조선인들을 대상으로 실시한 조사를 통해 그들의 취업 방식을 구체적으로 보도록 하자.

---

25 앞에서 든 『東京府下在留朝鮮人労働者に関する調査』의 434쪽.
26 조선총독부, 『阪神·京浜地方の朝鮮人労働者』1924(『集成』 제1권, 427항).

제2장 일본거주 조선인의 주거, 취로, 생활 양태

(1) 1920년대 말의 사례

〈표 2-1〉 1927년 고베시 거주 조선인의 직업별 취업 방식

<세대주>

구분	가와사키 조선소 직공	하역꾼	보조	인부	토건 노동	하숙업	고베 제강소 직공	실업	기타	계(명)	%
친구 소개	64	58	21	18	20	8	18	0	86	293	62.34
직접 신청	21	22	16	10	2	9	3	0	41	124	26.38
친척 소개	7	3	5	1	2	5	0	0	4	27	5.75
실업자	0	0	0	0	0	0	0	26	0	26	5.53
계(명)	92	83	42	29	24	22	21	26	131	470	
%	19.58	17.66	8.94	6.18	5.11	4.68	4.48	5.54	27.90		100.00

<독신자>

구분	하역꾼	보조	인부	토건 노동	목욕탕 때밀이	가와사키 조선소 직공	실업	기타	계(명)	%
친구의 소개	198	104	73	85	44	29	0	173	706	58.15
직접 신청	47	14	123	10	8	3	0	38	243	20.06
친척 소개	10	6	4	11	1	3	0	29	64	5.26
소개 업자	0	1	1	0	15	0	0	6	23	1.89
하숙 주인	2	19	7	43	0	2	0	7	80	6.58
실업자	0	0	0	0	0	0	0	0	98	8.07
계(명)	257	144	208	149	68	37	98	253	1,214	
%	21.17	11.86	17.14	12.28	5.6	3.05	8.07	20.8		100

* 출전: 神戸市社会課, 『神戸居住半島民族의 現狀』, 1927.9. 김광열, 『한인의 일본이주사 연구－1910~1940년대』(논형)에서 재인용.

<표 2-1>는 1927년 고베(神戶)시 사회과가 시내에 거주하는 조선인들이 어떤 방식으로 취업을 했는지에 대해 조사한 것이다.

먼저 세대주의 경우를 보면, '친구 소개' 62%, '직접 신청' 26%, '친척 소개' 6%였다. 독신자의 경우는 '친구 소개' 58%, '직접 신청' 20%, '친척 소개' 5%, '소개업자' 2%, '하숙 주인' 7% 등이었다. 양쪽 모두 '친구나 친척의 소개'가 가장 많았는데, 세대주는 전체의 68%, 독신자는 전체의 63%가 그 경로로 취업을 했다는 것을 알 수 있다. 그 다음으로 '직접 신청'이 많았는데, 모두 전체의 20%를 넘고 있었다. 즉 당시 코베거주 조선인들의 5분의 1은 자력으로 일자리를 찾았다는 것인데, 이는 일본어가 어느 정도 가능한 사람들이었다고 추측된다.

또한 독신자의 경우 '하숙 주인'이 전체의 약 7%를 차지하고 있었다. 역시 조선인 전용의 하숙집이나 인부방 주인에게 소개받아 취업한 사람들도 소수 있었던 것을 알 수 있다.

직업별로 보아도 비슷한 경향을 보이고 있었다. 세대주 경우는 비교적 안정적인 직업이라 할 수 있는 가와사키(川崎) 조선소 및 고베 제강소 등의 공장 직공이 24%로 가장 많았고, 그 다음은 단순 육체노동(하역꾼, 인부, 토건 노동자)와 하숙업의 순이었다. 다만, 취업 경로는 대부분이 '친구의 소개'였으나, 하숙업의 경우는 예외적으로 '직접 신청'이 많았다. 그것은 하숙집을 개업하려면 집을 빌리기 위한 상당한 준비 자금 등의 관련 정보가 필요했기 때문에, 그를 해결할 수 있는 사람이 자력으로 해결하는 경우였다고 추측된다. 한편 독신자의 경우는 대부분이 단순 육체노동에 종사하였고, 공장 직공과 같은 기술 분야의 취업은 약 3.1%에 불과했다.

이번에는 당시 도쿄 거주 조선인 노동자의 경우는 어떠했는지 보고자 한다. 아래 <표 2-2>는 1928년에 도쿄부(東京府) 사회과가 관할지역 거주 조선인을 대상으로 조사한 취업 방식을 독신자와 세대주로 나누어 나타낸 것이다.

세대주의 취직 경로는 '보호 단체' 45%, '본인이 직접' 20%, '친구의 소개' 12%, '지인의 소개' 10%, '모집' 5%, '인부방 주인(오야붕)' 4% 등의 순이며, 독신자의 경우는 '보호 단체' 51%, '지인의 소개' 16%, '본인이 직접' 13%, '친구의 소개' 6%, '인부방 주인(오야붕)' 5% 등의 순이었다. 양자에 있어서 공통적인 것은 '보호 단체,' 즉 친일 융화 단체의 소개에 의한 취직이 가장 많았지만, 직업 소개소를 통한 취직은 상당히 적었다. 위 표의 출전에 의하면, 취업 경로에 대한 조사 시에 도쿄부 내의 조선인 노동자보호 시설 및 간이 숙박소, 각 경찰서장 등의 협력을 받았다고 한다.[27]

그를 감안하면, 당시 도쿄부 거주 조선인들의 취업 경로는 그들 '협력자'에 의한 방식이라든지, 먼저 도일해 있던 친구나 지인을 통해 취업하는 경우가 많았다고 판단된다. 특히 후자에 의한 취업은 세대주도 독신자도 22%를 차지하고 있었다. 그 외는 스스로 직접 신청하던지 노동자 모집 광고에 응모하든지 인부방 주인의 소개, 공익 직업 소개소 등을 통해서 일자리를 찾았다. 단 이 도쿄 거주자의 경우는 '본인이 직접'이나 '모집'에 의해서 취직하는 자가

---

27 『東京居住朝鮮人勞働者の現狀』(1929)의「3 調査の方法」(『集成』제2권, 932쪽).

적지 않아, 세대주의 25%, 독신자의 13%를 차지하고 있었다.

또한 '인부방 주인'과 '밥집(함바)'이라는 경로는 기본적으로 같은 종류라고 생각되지만, 이 경로로 취직한 자도 약간수 있었다. 1928년 도쿄부의 조사에 의하면, 10명 이상의 조선인이 거주하는 노동자 밥집은 시 지역에 19개소, 군 지역에 295개소로 합계 489개소니 존재하였다.[28] 도쿄에 조선인 노동자 수가 증가한 결과로서 조선인 하숙집을 칭한 인부방 혹은 밥집들도 많이 개설된 것인데, 그를 통한 취업도 약간 있었던 것이다.

한편, 직업별로 본 취업 경향을 보면, 세대주는 주로 '자유 노동'(일용 노동자)27%, '토목 노동자'19%, '노동자 밥집' 13%, 각종 직공 6.5% 등이었으며, 독신자는 주로 '토목 노동자' 42%, '자유 노동' 21%, '자갈 채굴업' 14%, 각종 직공 7.8% 등이었다. 양쪽 모두 육체 단순노동이 가장 많았지만, 세대주의 경우는 노동자 밥집을 경영하는 자가 13%를 차지하고 있었다. 밥집 경영자의 경우는 이것은 전술한 고베 거주자와 마찬가지로 대부분 '본인이 직접' 해결했다고 추측된다. 물론 밥집 운영의 자금력이 있는 사람들에 한정된 것일 것이다.

또한, 적은 비율이지만 비교적 안정적인 각종 직공에 세대원의 6.5%, 독신자의 7.8%가 종사하고 있었다.

---

28 위의 『東京居住朝鮮人勞働者の現狀』, 1007쪽.

제2장 일본거주 조선인의 주거, 취로, 생활 양태

〈표 2-2〉 1928년 도쿄부 거주 조선인의 직업별 취직 경로

<세대주>

직업 구분	보호 단체	지인 소개	친구 소개	본인 직접	직업 소개소	밥집	인부방 주인	모집	이전 고용주	청부	관청 소개	형 소개	계 (명)	%
자유 노동	80	6	7	10	1	1	2	0	0	0	0	0	107	26.75
토목 노동	52	3	7	9	1	0	4	0	0	0	0	0	76	19.00
자갈 채굴	7	1	8	12	0	0	0	0	0	0	0	0	28	7.00
직공	3	1	1	1	4	0	0	2	0	0	0	0	12	3.00
철공	0	0	0	0	0	0	0	14	0	0	0	0	14	3.50
밥집 노동자	27	0	1	21	0	0	0	0	0	0	0	1	50	12.50
관청 인부	3	10	0	1	0	0	1	0	0	0	0	0	15	3.75
그 외	8	18	20	24	4	0	10	3	1	5	1	0	94	23.50
불명	1	0	2	1	0	0	0	0	0	0	0	0	4	1.00
계(명)	181	39	46	79	10	1	17	19	1	5	1	1	400	
백분율(%)	45.25	9.75	11.5	19.75	2.5	0.25	4.25	4.75	0.25	1.25	0.25	0.25		100

<독신자>

직업 구분	보호 단체	지인 소개	친구 소개	본인 직접	직업 소개소	밥집	인부 방주인	모집	친족 소개	신문 광고	청부	학교 교사	불명	계 (명)	%
철공	1	6	3	0	4	0	0	6	0	0	0	0	0	20	1.25
직공	0	3	3	2	2	0	0	0	1	0	0	0	0	11	0.69
공장 잡역	0	28	0	1	1	0	3	0	0	0	0	0	2	35	2.19
토공	2	17	0	0	0	0	0	0	0	0	0	0	0	19	1.19
자유 노동	256	32	13	7	10	19	16	0	0	0	0	0	8	342	21.38
토목 노동	418	52	25	55	3	0	46	0	0	18	0	0	32	668	41.75
관청 인부	6	15	4	2	3	0	1	0	0	1	0	0	0	32	2.00

자갈채굴	102	6	3	111	0	0	0	0	1	0	0	0	0	223	13.94
도시락배달	10	0	1	0	0	0	0	0	0	0	0	0	0	11	0.69
낫토행상	1	0	1	0	0	0	0	0	0	0	0	0	27	29	1.81
신문배달	0	0	17	6	0	0	0	0	0	1	0	1	2	27	1.69
자갈적재	0	0	1	7	0	0	0	0	0	0	0	0	0	10	0.63
함석공	0	13	0	0	0	0	0	0	0	0	0	0	0	13	0.81
주물공	0	17	0	0	0	0	0	0	0	0	0	0	0	17	1.06
도금공	0	11	0	0	0	0	0	0	0	0	0	0	0	11	0.69
그 외	24	58	25	13	1	0	5	0	2	0	0	1	14	132	8.25
계(명)	820	255	96	204	24	19	73	6	4	1	19	2	77	1,600	
%	51.25	15.94	6	12.75	1.5	1.19	4.76	0.38	0.25	0.06	1.19	0.13	4.81		100

* 출전: 東京府社会課, 『東京居住朝鮮人の現状』, 1929, 김광열, 『한인의 일본이주사 연구 –1910~1940년대』(논형)에서 재인용.

단 이상에서 봤던 조선인 노동자의 취직 경로는 도쿄와 고베만의 특수한 경우가 아니었다. 1927년에 후쿠오카(福岡)지방 직업소개소 사무국이 야마구치(山口)현, 후쿠오카현, 사가(佐賀)현, 나가사키현, 구마모토(熊本)현, 가고시마(鹿児島)현 등에 거주하던 조선인 노동자 2만 3천명을 대상으로 실시한 조사에 의하면, 주된 직업은 탄광부, 토목 노동자, 각종 일용 인부, 하역꾼(仲仕), 각종 직공 등이었고, 주된 취직 경로는 친척, 아는 사람, 본인 직접, 친목융화 단체, 밥집 우두머리, 모집 등의 형태였다.[29] 즉 1920년대 일본에 거주한 조선인의 취업 방식은 지역에 관계없이 비슷했다고 할 수 있다.

---

29 福岡地方職業紹介所事務局, 『館内居住朝鮮人労働事情』, 1929년(『集成』 제2권, 1094, 1095, 1133쪽).

(2) 1930년대 중기의 사례

그럼 1930년대 중기 도쿄부 및 고베시에 거주한 조선인의 취업 방식에 대해서 검토하고 앞에서 봤던 1920년대 후반의 경우와 비교해 보자.

〈표 2-3〉 1935년 도쿄부 거주 조선인의 직업별 취직 방식

<세대주>

구분	보호단체	지인소개	본인직접	직업소개소	밥집주인	친척	광고	불명	없음	계(명)	%
농업	1	2	0	0	1	0	0	0	0	4	0.21
광업	23	7	0	0	4	0	0	0	0	34	1.76
공업	8	133	33	8	10	2	1	0	0	195	10.09
토목건축	21	76	22	325	22	1	0	1	0	468	24.21
상업	2	86	84	16	1	3	0	0	0	192	9.93
교통업	1	28	12	0	4	0	0	0	0	45	2.33
공무업	2	16	1	7	1	0	0	0	0	27	1.40
인부	29	157	40	570	11	2	0	1	0	810	41.90
기타 유업자	7	75	26	3	4	0	0	0	0	115	5.95
실업	0	0	0	0	0	0	0	0	14	14	0.72
무직	0	0	0	0	0	0	0	0	28	28	1.45
불명	0	0	0	0	0	0	1	1	0	1	0.05
계(명)	94	580	218	929	58	8	3	3	42	1,933	
%	4.86	30.01	11.28	48.06	3.00	0.41	0.16	0.16	2.17		100

<독신자>

구분	지인소개	보호단체	본인직접	직업소개소	밥집주인	형	불명	주선자	신문광고	친족	없음	계	%
광업	31	18	2	0	5	0	0	0	0	0	0	56	3.17
공업	226	45	26	13	7	0	1	0	3	1	0	322	18.23
토목건축업	102	45	26	122	75	0	3	0	0	0	0	373	21.12
상업	89	11	86	0	9	1	6	0	1	0	0	203	11.49
교통업	52	3	7	0	25	0	2	0	2	0	0	91	5.15
공무업	13	3	2	0	4	0	0	0	1	0	0	23	1.30
인부	128	149	52	147	7	0	12	1	3	0	0	499	28.26
기타유업자	80	24	31	3	15	0	2	0	16	0	0	171	9.68
실업	0	0	0	0	0	0	6	0	0	0	1	7	0.40
무직	0	0	0	0	0	0	1	0	0	0	8	9	0.51
불명	0	0	0	0	0	0	12	0	0	0	0	12	0.68
계(명)	721	298	231	285	147	1	45	1	26	1	9	1,766	
%	40.82	16.87	13.14	16.14	8.32	0.06	2.55	0.06	1.47	0.06	0.51		100

* 출전: 東京府 社会課, 『東京居住朝鮮人勞働者の現狀』, 1936. 김광열, 『한인의 일본이주사 연구－1910~1940년대』(논형)에서 재인용.

<표 2-3>은 1935년 도쿄부에 거주하던 조선인 노동자들의 직업별 취업 방식을 세대주와 독신자로 나누어서 본 것이다. 당시 도쿄 거주 조선인 세대주의 경우는 '직업소개소' 48%, '지인 소개' 30%, '자기가 직접' 11%, '보호 단체' 5%, '인부방 주인' 3%, '친척' 0.4% 이었다. 독신자의 경우는 '지인 소개' 41%, '보호 단체' 17%, '직업소개소' 16%, '자기가 직접' 13%, '인부방 주인' 8%, '신문 광고' 1.5% 등이었다.

앞에서 봤던 1928년 도쿄 거주자의 경우와 비교하면, '보호 단체' 즉 친일융화 단체를 통한 취업이 줄어든 대신, '직업소개소'와

제2장 일본거주 조선인의 주거, 취로, 생활 양태

'지인의 소개'가 급증한 것을 알 수 있다. 그러한 경로로 취업한 세대주와 독신자의 주된 직업을 보면 다음과 같았다. 세대주는 '인부' 41.9%, '토목 건축업' 24.2%, '공업' 10.1%, '상업' 9.9% 등이었고, 독신자는 '인부' 28.3%, '토목 건축업' 21.1%, '공업' 18.2%, '상업' 11.2% 등이었다. 역시 단순 육체노동이 가장 많았지만, 공장 노동과 각종 상업에 종사한 사람도 세대주의 20%, 독신자의 약 30%였다.

이번에는 같은 시기 고베시에 거주한 조선인 노동자의 경우는 어떠했는지 <표 2-4>를 통해 보자.

〈표 2-4〉 1935년 고베시 거주 조선인의 취업 방식

경로	지인 소개	본인 지원	친척	공설 소개소	주선인	공공 단체	방면 위원	신문 광고	학교	기타	계
취업자 (명)	2,093	1,253	168	73	27	6	2	2	1	192	3,817
%	54.83	32.83	4.4	1.91	0.71	0.16	0.05	0.05	0.03	5.03	100

* 출전: 神戸市 社會課, 『朝鮮人の生活状態調査』, 1936. 김광열, 『한인의 일본이주사 연구 –1910~1940년대』(논형)에서 재인용.

이를 보면, 1935년 고베거주 조선인의 취업 방식은 '지인 소개' 55%, '본인 지원' 33%, '친척 소개' 4%, '공설(公設)소개소' 2% 등이었다. 역시 지인 및 친척의 소개로 취업한 사람이 전체의 59%로 가장 많았지만, 1927년의 경우와 비교하면 그 비율은 조금 내려갔다. 반면, 자력으로 일자리를 찾은 사람은 이전보다 증가한 33%였다.

자력으로 취직한 직업은 단순 육체노동이 가장 많았지만, 공장

및 상업의 직종도 적지 않았다. 그 배경에는 조선인 인구가 증가했던 당시 일본의 도시 지역에서 조선인들 간의 취업 경쟁도 심해졌다는 상황도 있었다고 할 수 있다.

2) 노동 및 생활 상황

제1장에서 검토했듯이, 해방전 일본거주 조선인의 직업은 주로 토목·건축업의 일용 노동자나, 하급 직공, 광부 등에 집중되어 있었다. 그 일자리들은 대부분 비숙련 단순직이었고 작업 환경이 열악해서 일본인 일반은 회피하는 경향이 있었으므로, 식민지 출신의 조선인이 고용되는 경우가 많았기 때문이었다.

이 절에서는 일본거주 조선인 취업자들이 어떠한 노동 조건에서 어떻게 생활하고 있었는지에 검토하고자 한다.

(1) 1920년대의 상황

아래 <표 2-5>는 1924년 오사카부에 거주한 조선인 및 일본인 노동자의 직업별 임금과 월간 생활비를 비교한 것이다.

제2장 일본거주 조선인의 주거, 취로, 생활 양태

⟨표 2-5⟩ 1924년 오사카부 거주 조선인 및 일본인 노동자의 임금과 생활비

구분	민족별	일당(엔) 최고	일당(엔) 최저	일당(엔) 보통	월간 평균 취로일	한달 생활비(엔) 주거비	한달 생활비(엔) 의식비	한달 생활비(엔) 기타	비고
토건 노동	일본	2.5	1.5	2	23	0	25	10	무상으로 작은 집을 빌려서 잡거
	조선	2	1.5	1.8	18	0	18	3	
피혁 직공	일본	3	1.2	2	27	10	25	5	공장주 집에서 더부살이, 식비 지불
	조선	2.5	0.8	1.6	23	0	20	5	
방직 직공	일본	2.5	0.9	1.3	25	0	15	7	공장 기숙사에 거주, 식비 지불
	조선	2	1	1.2	25	0	15	2	
철공	일본	3	1.5	2	26	7	19	8	대부분 하숙 생활
	조선	1.9	1.3	1.5	26	2	10	3	
일일 노동	일본	2	1.3	1.5	28	6	15	7	상동
	조선	1.6	1	1.2	20	2	7	2	
유리 직공	일본	1.8	1	1.5	26	10	20	5	상동
	조선	1.5	0.7	1	26	2	10	2	
염색 직공	일본	2.5	1.8	1.5	28	15	23	7	상동
	조선	2	1	1.1	25	5	13	3	
전기 직공	일본	4	2.5	3	28	20	5	11	한 채의 집을 임차함
	조선	2.7	1.2	1.5	25	15	18	7	
하역꾼	일본	4.5	3	3.5	20	0	24	15	운송업자 숙사에 기숙, 식비 지불
	조선	4	1.2	2	15	0	20	10	
우편 배달	일본	1.9	1.2	1.5	30	0	17	3	기숙사 거주, 식비 지불
	조선	1.5	1	1.1	28	0	17	1	
인쇄 직공	일본	2.8	1.2	2	28	10	16	5	고용주 집에 기거
	조선	2	0.6	1.5	25	0	13	2	
가사 돕기	일본	2	0.7	1	30	0	5	1	상동
	조선	1	0.3	0.5	30	0	2	0.5	
메리야스 직공	일본	2.8	1.2	1.8	24	0	15	5	기숙사에 기거
	조선	2.5	1	1.2	24	0	15	1	
고무 직공	일본	3	1.2	1.5	28	0	5	2	가족의 부업
	조선	2.3	0.9	1	28	0	3	0.2	

* 출전: 内務省 社会局, 『朝鮮人労働者に関する状況』, 1924. 김광열, 『한인의 일본이주사 연구-1910~1940년대』(논형)에서 재인용.

이를 통해 당시 오사카부 거주자의 경우, 조선인은 같은 직종의 일본인보다 10%~50% 정도 임금이 낮았다는 것을 알 수 있다. 그리고 조선인은 전체 반 이상의 직종에서 일본인보다 월간 취로일이 적었다. 그 중에서 조선인의 대표적인 직업인 일용 노동의 경우, 취로일 수가 일본인보다 3% 적었다. 특히, 토건 노동자, 하역꾼 등의 취로일 수의 차이가 비교될 정도였다. 일용 노동시장에서 일본인 노동자가 우선되고 있었기 때문인데, 그 결과 조선인의 월간 생활비는 일본인에 비해서 적었다.

조사 대상자들은 수입의 대부분을 의복과 식료 비용으로 지출하고 있었다. 극빈자 층의 일반적인 지출 형태와 유사했는데, 다만 거주 형태와 직종에 의해 생활비가 달랐다는 것을 알 수 있다. 월간 의식주 비용은 극단적으로 적은 고무공장 직공(가족의 부업)과 가사 사용인의 경우를 제외하면, 하숙 생활자는 7~13엔, 기타는 13~20엔이 소요되었다.

단 조선인노동자가 <표2-1>의 일당을 전액 수령하는 경우는 드물었다고 추측된다. 그 이유는 앞서 검토한 바와 같이 조선인 노동자들의 전형적인 거주 형태가 밥집, 하숙집, 노동자 공동숙사 등이었기 때문에, 그 경영자로부터 일자리를 소개받은 대가로 임금의 10~20%를 원천 징수당하는 것이 일반적이었기 때문이다.

다음으로 1927년 고베시에 거주했던 조선인 세대주의 직업별 월간 수입을 <표 2-6>을 통해 보도록 하자. 이는 1927년 9월에 조사한 것인데, 세대를 구성하여 생활하던 조선인 유업자의 수입 상황을 엿볼 수 있다.

제2장 일본거주 조선인의 주거, 취로, 생활 양태

〈표 2-6〉 1927년 고베시 거주 조선인 세대주의 직업별 월간 수입

수입＼직업	조선소 직공	하역꾼	보조	인부	토건 노동	하숙업	제강소 직공	실업자	기타	계(명)	백분비
8~20엔	0	1	0	2	2	1	0	0	5	11	2.33
21~40	7	18	25	13	9	0	2	0	21	95	20.21
41~60	63	56	15	11	13	7	16	0	68	249	52.99
61~80	22	8	2	1	0	7	3	0	26	69	14.7
81~100	0	0	0	1	0	3	0	0	5	9	1.91
101~150	0	0	0	1	0	2	0	0	4	7	1.5
152~	0	0	0	0	0	2	0	0	2	4	0.85
실업	0	0	0	0	0	0	0	26	0	26	5.53
계(명)	92	83	42	29	24	22	21	26	131	470	100

* 출전: 神戸市社会課, 『神戸居住半島民族の現状』, 1927에서 작성. 김광열, 『한인의 일본 이주사 연구-1910~1940년대』(논형)에서 재인용.

조사 대상자 중에는 월간 수입 41~60엔대(33%)였던 사람이 가장 많았고, 다음이 21~40엔대(20%)였다. 하숙업을 경영하고 있던 자의 수입이 가장 높은 수준에 있었다. 비교적 안정적인 직업이었던 조선소·제강소 직공의 경우는 월수 60~80엔대가 두 번째로 많았다. 반면, 실업 상태로 수입이 없던 자도 전체의 5.5% 있었다. 같은 출전에서 독신자의 경우를 보면, 31~40엔대가 34%, 41~50엔대가 22%, 21~30엔대가 20%의 상태이며, 실업 무수입자는 8%를 차지하고 있었다. 세대주 그룹에 비해 월간 평균 수입이 약간 낮았다.

한편, <표 2-6> 조사 대상자들이 잉여 생활비를 어디에 사용했는지에 대해 <표 2-7>을 통해서 보도록 하자.

〈표 2-7〉 1927년 고베시 거주 조선인 세대주의 잉여 생활비와 그 용도

구분		조선소 직공	하역꾼	보조	인부	토건 노동	하숙업	제강소 직공	실업자	기타	계(명)	%
잉여금 있음	송금과 저금	13	6	0	0	1	0	0	0	8	28	5.96
	송금	9	2	0	0	0	0	0	0	3	14	2.98
	저금	45	49	20	16	12	13	7	0	69	231	49.14
소계		67	57	20	16	13	13	7	0	80	273	58.08
잉여금 없음	부족 없음	6	4	5	1	2	0	8	0	11	37	7.88
	부족함	19	22	17	12	9	9	6	26	40	160	34.04
소계		25	26	22	13	11	9	14	26	51	197	41.92
합계(명)		92	83	42	29	24	22	21	26	131	470	100

* 출전: 앞의 神戸市 社会課, 『神戸居住半島民族の現状』. 김광열 『한인의 일본이주사 연구 – 1910~1940년대』(논형)에서 재인용.

생활비 잉여금이 있는 사람이 58%, 잉여금이 없는 사람 42%였다. 생활비 잉여금이 있는 사람 중에는 저금하고 있던 사람이 가장 많았고, 고향에 송금하고 있던 사람도 소수나마 있었다. 생활비 잉여금이 없는 사람 중에는 생활비 부족자가 압도적으로 많았다. 같은 조사 대상자인 <표 2-6>의 조선인들은 수입이 많지는 않았지만 그들 중에서 50% 가까이가 꾸준히 저금을 하고 있었다. 가족을 동반하여 이국땅에 살면서, 최대한 절약하며 열심히 생활했던 모습이 상상된다. 하지만, 그들 중 30%를 넘는 사람들이 생활비 부족이라는 곤란한 상황에 처해 있었는데, 그와 같은 생활 상황이 계속되면 결국 극빈자가 되는 사람들도 있었다.

그 관련 사례로서 1928년 아이치(愛知)현이 지역거주 조선인의 극

제2장 일본거주 조선인의 주거, 취로, 생활 양태

빈 상황을 조사한 결과를 보도록 하자. 아이치현 사회과의 조사에 따르면, 1928년 11월 아이치현 거주 조선인은 총 11,876명이었고 세대 구성자는 805명이었는데, 그 중에서 556명·137세대가 극빈자로 분류되었다.[30] 단 이 조사에 따르면, 일본인과 조선인은 극빈의 의미가 상당히 달랐다. 전자는 빈곤 원인이 대체로 '세대주의 노쇠 및 질병 등에 의한 노동 부족', '세대주 사망', '자녀 과다' 등이었던 것에 비하여, 후자의 경우는 15~49세의 청장년층이 많았음에도(297명), 그 수입이 너무도 적었기 때문이었다. 빈곤자의 취업률은 일본인이 37.5%였던데 비해, 조선인은 겨우 17.8%였다. 조선인의 경우는 노동이 가능한 청장년층이 많았음에도 취로 기회가 적었기 때문에 결국 극빈자로 전락했던 것으로 판단된다.

(2) 1930년대의 상황

이번에는 1930년대 조선인의 생활 및 노동 상황에 대해 오사카부와 도쿄부의 거주자 사례를 검토하고자 한다. 아래 <표 2-8>은 1932년 오사카부 거주 조선인 세대주의 일당과 월간 노동일을 나타낸 것이다.

---

30 愛知県社会課, 『極貧者調査』, 1927. 조사 주체의 설명에 따르면, 극빈자 분류에 민족별 차이를 둔 이유는 일반적으로 조선인의 생활 수준이 일본인의 생활 수준보다 낮기 때문이라고 한다. 그러나 조사의 대상이 된 조선인은 생활의 장이 일본이었기 때문에, 일본인과 동일한 기준으로 극빈자를 산출했어야 한다. 만일 일본인과 같은 기준으로 산출하였다면, 조선인 극빈자 수는 훨씬 많았을 것이다.

〈표 2-8〉 1932년 오사카시 거주 조선인 세대주의 수입과 노동일

(단위: 명, %)

일당 \ 노동일	5일 이내	6~10일	11~15일	16~20일	21~25일	26~31일	인원계(%)
50전 이하	2	8	5	24	12	41	92 (1.25)
51~1엔	53	160	228	308	254	849	1852 (25.07)
1엔 1전~1엔 50전	127	510	647	887	582	1370	4123 (55.82)
1엔 51전~2엔	33	86	126	194	192	483	1114 (15.08)
2엔 이상	9	23	32	37	29	75	205 (2.78)
계 (%)	224 (3.03)	787 (10.66)	1,038 (14.06)	1,450 (19.63)	1,069 (14.47)	2,818 (38.15)	7,386 (100)

* 출전: 大阪府 社会課,『大阪居住朝鮮人の生活状態』, 1934. 김광열,『한인의 일본이주사 연구-1910~1940년대』(논형)에서 재인용.

조사 대상자 7,386명의 수입을 보면, 전체의 82%에 해당하는 사람들이 하루 1.5엔 이하의 일당을 받고 있었고, 그 중에서 1엔 이하가 26%였다. 가장 높은 2엔 이상의 일당을 받고 있었던 사람은 전체의 2.8%에 지나지 않았다. 한편, 월간 노동일을 기준으로 보면, 26~31일이 38.2%, 16~20일이 19.6%, 21~25일이 14.5%, 11~15일이 14.1%, 6~10일이 10.7%, 1~5일이 3%였다. 월간 노동 26~30일의 비율이 가장 많았으나, 노동일 20일 이하도 47.4%나 되었다.

이상을 통해 당시 오사카 거주 조선인 세대주들 중에서 적지 않은 사람들이 생활 곤궁의 상태에 처했을 것으로 추측된다. 상기 표의 출전에 의하면, 놀랍게도 조사 대상의 2,818 세대 중 2,437

세대가 빚을 내어서 생활하고 있었다는 것이 확인된다. 그들의 월간 수입액에 대한 빚 액수와 비율을 보면, 1엔 이하 3~4%, 1~3엔 5~10%, 3~4엔 10~15%, 4~5엔 15~20%, 5~10엔 20~25%, 15~20엔 45~50%, 20엔 이상 50% 등이었다. 즉 적건 많건 그들 대부분이 곤궁 상태로 인해 근린 동포에게 빚을 내어서 생계를 유지하고 있었던 것이다.

그들 중에는 노동 수입으로 빚을 갚고 정상적인 생활을 회복한 사람도 있었겠지만, 적지 않은 사람들은 실업 상태가 계속되어 극빈자층에 속하게 되었다. 그러한 극빈 상태에 있었던 사람들이 어떻게 해서 연명하고 있었는지 <표 2-9>를 통해 살펴보자.

〈표 2-9〉 오사카부 거주 조선인 극빈세대의 구호 상황

수입 형태	5엔 이하	6~ 10엔	11~ 15엔	16~ 20엔	21~ 25엔	26~ 30엔	31~ 35엔	36~ 40엔	계 (세대)	%
시 당국	53	8	0	0	0	1	0	0	62	18.29
方面위원회	10	1	4	0	2	0	0	0	17	5.01
사설 단체	4	2	2	1	1	1	0	0	11	3.24
친척, 이웃	56	78	35	43	15	14	5	3	249	73.45
계	123	89	41	44	18	16	5	3	339	100.00

* 출전: 大阪府 社会課, 『大阪居住朝鮮人の生活状態』, 1934. 김광열, 『한인의 일본이주사 연구-1910~1940년대』(논형)에서 재인용.

조사 대상 339세대 중에서 가장 많은 73.5%의 세대가 '친척 이웃'의 도움을 받고 생활하고 있었다. 그 다음으로 18.3%의 세대가 '시 당국'의 지원을 받고 있었다. 하지만, 그 금액을 비교해 보면, 오사카시에서 받는 구호 금액은 대부분 5엔 이하로 집중되어 있던

반면, '친척 이웃'에 구호를 받는 세대는 5엔에서 40엔까지 골고루 분포되어 있었다. 즉 후자의 경우가 한층 다양한 형태로 도움받고 있었다는 것을 알 수 있다.

이번에는 1930년대 중반 도쿄부에 거주했던 조선인의 월간 수입 상황에 대해 보도록 하자.

아래 <표 2-10>은 1934년 11월에서 1935년 2월까지 도쿄부에 거주하던 조선인을 대상으로 직업별 수입 상황을 조사한 것이다. 그들의 월간 수입액을 많은 순으로 보면, 11~20엔이 47.3%, 21~30엔 24.3%, 31~40엔 11.1%, 1~10엔 6.7%, 41~50엔 4.9% 등이었다. 이들 전체의 월간 수입 평균은 24.9엔이었으며, 종사 인원이 많은 직업 순으로 수입 평균을 보자면 '인부' 19.6엔, '토목건축업' 20.8엔, '공업' 26.8엔, '상업' 34엔이었다. 이 표와 같은 출전에서 확인되는 독신 노동자의 월간 평균 수입은 18.2엔이었다. 독신자의 월간 수입이 세대주에 비해 낮았던 것을 알 수 있다.

아래의 <표 2-11>은 <표 2-10>의 조사 대상자들이 생활비 잉여금을 어디에 사용했는지 조사한 것이다. 이를 자세히 들여다 보면, 그들 중에서 소수(5.6%)만 생활비 잉여금을 '저금'이나 '송금'을 했고, 전체 세대의 68.1%는 생활비가 부족하여 살기 힘든 상태였다.

제2장 일본거주 조선인의 주거, 취로, 생활 양태

〈표 2-10〉 1930년대 중기 도쿄부거주 조선인세대주의 월간 수입

구분	10엔 이하	11~ 20엔	21~ 30엔	31~ 40엔	41~ 50엔	51~ 70엔	71~ 100엔	101엔 이상	없음	계 (명)	평균 수입 (엔)
농업	0	1	1	2	0	0	0	0	0	4	30.25
광업	2	32	0	0	0	0	0	0	0	34	13.37
공업	1	31	57	49	28	12	9	4	0	195	26.92
토건업	22	280	102	39	13	10	2	0	0	468	20.78
상업	7	48	66	30	10	19	8	3	1	192	34.03
교통업	0	6	13	8	11	3	3	1	0	45	41.52
공무업	0	1	5	4	10	6	1	0	0	27	44.70
인부	70	463	189	64	13	7	1	2	1	810	19.60
기타	7	36	35	19	8	4	3	3	0	115	21.17
실업	7	6	0	0	0	0	0	0	1	14	11.29
무직	13	10	1	0	1	2	0	0	0	28	14.61
불명	0	1	0	0	0	0	0	0	0	1	13.50
계(명)	129	915	469	215	94	67	27	13	3	1,933	24.93
%	6.67	47.33	24.26	11.12	4.87	3.43	1.40	0.67	0.21	100	

* 출전: 東京府 社會課, 『東京居住朝鮮人勞働者の現狀』, 1936. 김광열, 『한인의 일본이주사 연구-1910~1940년대』(논형)에서 재인용.

〈표 2-11〉 1930년대 중기 도쿄부거주 조선인세대주의 생활비 용도

구분	잉여금이 있는 자					잉여금이 없는 자			합계(명)
	송금·저금	송금	저금	기타	소계	부족 없음	부족	소계	
농업	0	0	0	1	1	2	1	3	4
광업	0	0	2	2	4	27	3	30	34
공업	2	8	35	208	253	120	290	410	663
상업	3	3	17	51	74	31	87	118	192
교통업	1	3	2	18	24	10	11	21	45
공무업	1	1	5	10	17	2	8	10	27
기타	2	6	21	209	238	113	574	687	925
실업	0	0	0	0	0	6	8	14	14

무직	0	1	0	4	5	4	19	23	28
불명	0	0	0	0	0	1	0	1	1
계(명)	9	22	82	503	616	316	1,001	1,317	1,933
백분비	0.49	1.14	4.24	26.02	31.87	16.35	51.78	68.13	100

* 출전: 東京府 社會課, 『東京居住朝鮮人勞働者の現狀』, 1936. 김광열, 『한인의 일본이주사 연구-1910~1940년대』(논형)에서 재인용.

이상과 같은 생활 상황 하에서 도쿄거주 조선인들 중에서는 공적 구호를 받지 않으면 살아갈 수 없는 극빈자가 존재했다. 아래 <표 2-12>는 상기 표의 출전에서 확인되는 조선인 극빈자에 대한 구호 상황이다.

〈표 2-12〉 도쿄부 거주 조선인 극빈자의 구호 상황

구분	세대주		독신자		인원(계)	%
	인원	금액(엔)	인원	금액(엔)		
방면위원	17	110.10	5	39.00	22	5.31
식권	155	135.65	210	149.25	365	88.16
진찰권	15	82.90	10	44.10	25	6.04
그 외	2	29.00	0	0.00	2	0.48
합계	189	357.65	225	232.35	414	100.00

* 출전: 東京府 社會課, 『東京居住朝鮮人勞働者の現狀』, 1936. 김광열, 『한인의 일본이주사 연구-1910~1940년대』(논형)에서 재인용.

즉 구호 대상자 즉 극빈자는 세대주 189명, 독신자 225명이었다. 이를 도쿄부의 1934년 11월 조사 대상자 전체 중에서 어느 정도의 비율이었는지를 보면, 세대주는 9.1%, 독신자는 12.2%였다. 위 표의 출전을 통해 구호를 받았던 내용을 보면, '방면(方面)위원'에 의한 자가 5.3%, '식권'에 의한 자가 88.2%, '진찰권'에 의한 자가

6%, '그 밖'에 의한 자가 0.5%였다. 역시 당사자들이 연명하기 위해 우선해야만 했던 식사 제공이 가장 많았고, 다음이 의료 기회의 제공이었다.

다만 앞의 <표 2-11>에서 확인 한 바에 의하면, 생활비가 부족하여 곤란을 겪고 있던 세대가 전체의 약 52%를 차지할 만큼 많았다. 그 상황을 감안하면 상기 <표 2-12>의 공공 구호 대상자들 이외에도, 같은 시기 도쿄에는 만성적인 곤궁 상태에 있는 조선인들이 산재하고 있었다고 추측된다. 그 곤궁 상태에 있던 사람들이 어떻게 해서 생계를 유지했는지는 현존의 사료 상황으로 확인할 수 없다. 다만, 1932년 오사카시 거주자의 사례에서 봤듯이, 인근의 지인으로부터 빚이나 부조를 받으며 겨우 생활을 지탱하고 있었다고 추측된다. 그 배경으로서 그들의 일본 도항 자체가 지연과 혈연 등의 연고에 의한 형태였다는 것을 들 수 있다.

3. 6대 도시의 공공 실업구제 토목사업에 취로한 조선인의 상황

1920년대 중기 이후, 일자리를 찾는 조선인의 도일이 매년 증가함에 따라 당초부터 선택의 폭이 넓지 않았던 일본 내 조선인의 취로 시장은 한층 협소해졌다. 일본정부는 실업 문제의 완화를 위해 1925년부터 도쿄, 요코하마(横浜), 오사카, 교토, 고베, 나고야(名古屋) 등 6대 도시에서 실업구제 목적의 토목사업을 실시하였는데, 만성적 실업 상태에 있었던 조선인들도 그 사업에 취로 기회를 노렸다.

1925년부터 시작된 일본의 실업구제 토목사업은 1928년까지는 동계에만 실시되었으나, 실업문제가 한층 심각해지자 1929~1931년에는 실시 기간 및 지역을 확대하였고, 1932~1933년에는 농촌 지역의 구제도 겸한 형태로 전개되었다.[31] 이 실업구제 토목사업에 취로를 희망하는 사람은 실시 지역의 직업소개소에 실업 등록을 해야 하는 전제 조건이 있었다.

아래 <표 2-13>는 1925~1934년의 일본 전국 및 도쿄시, 오사카시, 나고야시의 실업 등록자 수, 그리고 그 중에 존재하던 조선인의 인원과 비율을 나타낸 것이다.

전체의 실업 등록자에 대한 조선인의 비율은 사업이 시작된 1925년에는 약 10%에 지나지 않았지만, 1928년에는 50%를 넘을 만큼 증가하였고, 그 후 1929년부터는 감소의 경향을 보였다. 도쿄와 나고야의 조선인 등록자 비율은 1928년에 급증한 이후 감소하는 전체적 경향과 연동되어 있었지만, 오사카에서는 좀 더 시기가 빠른 1926년부터 증가하는 경향을 볼 수 있다.

그것은 실시 주체인 각 시의 사업실시 당국에 의해 실업등록 기간이 변칙적으로 설정되고 있었기 때문이었다. 예를 들면, 조선인 최다 거주 지역인 오사카시는 사업 개시의 이듬해부터 실업 등록자의 반수 이상을 조선인이 차지하자 등록의 접수를 비공개로 바꾸었고, 도쿄시와 나고야시도 동일한 이유로 사업의 공고를 하지 않고

---

31 加瀬和俊, 「失業者救済公共土木事業における就労者選別方式と朝鮮人登録者」, 『戰間期日本の対外經濟関係』, 日本經濟評論社, 1992.

제2장 일본거주 조선인의 주거, 취로, 생활 양태

등록 기간을 단축하였다.[32] 본래라면 당연히 구제되어야 했던 조선인 실업자가 등록 단계에서 제한당하고 있었던 것이다.

〈표 2-13〉 1920~1930년대 일본 내 실업 등록자 중의 조선인 비율

지역 구분	연도	등록자 전체 a	조선인 b	b/a (%)
전국	1925	24,417	2,920	11.9
	1926	29,971	8,230	27.4
	1927	25,331	8,452	33.4
	1928	34,388	19,130	55.6
	1929	40,115	15,545	38.8
	1932	171,489	38,605	22.5
	1933	151,062	33,585	22.2
	1934	101,658	22,652	22.3
도쿄부	1925	15,667	1,369	8.7
	1926	12,701	1,475	11.6
	1927	8,379	1,687	20.1
	1928	19,160	10,496	54.7
	1929	22,603	6,235	27.6
	1932	45,559	9,215	20.2
	1933	43,679	8,010	18.3
	1934	34,375	6,425	18.7
오사카부	1925	3,484	1,030	29.5
	1926	7,530	4,017	53.3
	1927	4,642	1,970	42.4
	1928	1,488	317	21.3
	1929	12,359	6,452	52.2
	1932	26,169	13,307	50.9
	1933	29,955	15,613	52.1
	1934	20,564	10,593	51.5

32 각 시에서 실업 등록업무를 변칙적으로 실시한 사실에 대해서는 앞의 카세 카즈토시 논문 371, 372항을 참조.

나고야시	1925	1,287	275	21.3
	1926	4,363	1,712	39.2
	1927	3,710	1,978	53.3
	1928	6,373	4,568	71.6
	1929	4,338	2,722	63.7
	1932	17,546	9,364	53.4
	1933	13,559	4,707	34.7
	1934	6,457	2,696	41.8

* 출전: 1928년분까지는 「6大都市における失業救済事業」(『社会政策時報』 제108호, 1930년),
1929년 이후는 加瀬和俊, 「失業者救済公共土木事業における就労者選別方式と朝鮮人登録者」
(『戦間期日本の対外経済関係』日本評論社, 1992)에서 작성. 김광열, 『한인의 일본이주사
연구-1910~1940년대』(논형)에서 재인용.

또한, <표 2-13>에서 1929년 이후에 조선인 실업 등록자가 전체적으로 감소 경향이 나타난 것은 또 하나의 실업자 등록방식 변경이 있었기 때문이었다. 그것은 1929년 이후에 아래와 같은 형태로 실시된 노동수첩제도(就労手帳制度)였다.

① 사업 시행지 시정촌(市町村)에 3개월 이상 거주하고 있는 자일 것

② 실제로 실업하여 생활이 곤란한 자일 것

③ 등록 신청자에 대해서 시정촌장은 직업 소개소장을 하여 방면위원, 경찰관리, 숙박소장 등의 활동 원조에 의해 전항 해당하는 자(구제를 요하는 자)인가 아닌가를 인정하여 구제를 필요로 하는 자를 등록시킬 것

④ 등록이 인정된 자에 대해서는 직업소개소는 본인의 사진을 첨부한 노동수첩(労働手帳)을 교부한다.

⑤ 노동수첩은 구직 혹은 취로 시에 상시 휴대하고 있지 않으면 안 된다.[33]

제2장 일본거주 조선인의 주거, 취로, 생활 양태

즉 시행지에 최저 3개월간 거주한 자, 생활 곤궁자에 한해서 등록을 허가하고 인정받은 자에게만 사진 첨부의 '노동수첩'이라는 신분 증명을 지급한다는 내용이었다. 이 노동수첩제도의 도입으로 인해 유동 인구가 많았던 조선인의 경우는 실업 등록에 불리하게 되었던 것이다.

이와 같은 노동수첩제도가 실시된 것은 실업구제 토목사업에 취로하는 조선인의 비율이 높다는 사회적 비판이 고조되었기 때문이라고 추측된다. 대표적인 비판론자로서 경제학자 후쿠다 토쿠조(福田德三)를 들 수 있다. 후쿠다는 실업구제 사업의 수혜자가 대개 조선인이기 때문에 조선인의 도일 증가, 즉 '실업의 수입'을 초래하게 되고 결국 일본의 실업 문제를 악화시키게 된다고 하였다.[34] 그러한 비판은 조선인의 도일을 일본 내에서 실업 문제를 증대시키는 요인으로서 취급하는 종래 치안 당국의 시점과 동일한 것이었다. 즉 조선인들이 도일했던 이유가 식민지 지배에 있다고 인식하여 문제를 해결하자고 하는 논의가 아니었다.

---

33 앞의 카세 카즈토시(加瀨和俊) 논문, 375쪽.
34 福田德三, 『厚生經濟硏究』 상권, 刀江書院, 1930. 또 나고야시에서 발행된 신문 『新愛知』 1930년 4월 16일자의 「일본인 노동자 구제하는 데에 위협(內地人勞動者救濟上に一脅威)」이라는 기사에서 조선인 실업등록자가 많은 것을 비판하였다.

4. 소결

본 절에서 상술하여 검토한 내용을 정리하면 다음과 같다.

식민지 조선에서 구직차 일본 도항을 선택한 한인들이 일본에서 가장 먼저 해결해야 했던 과제는 주거와 일자리였다. 그러나 그들이 그 두 가지를 해결하기는 매우 어려운 현실에 처해 있었다. 따라서 자연히 조선인들은 일본의 대도시 외곽에 일본인이 살지 않는 폐가나 불모지에 임시 주거를 만들어서 집단 거주한다든지, 빈민촌이나 피차별 부락(천민취급의 마을)에 사는 경우도 있었다.

일본거주 조선인들의 주된 주거 형태는 하숙집, 인부방, 밥집, 직장 더부살이, 기숙사, 노동자숙박소 등 이었다. 그 중에서도 하숙집, 인부방이나 밥집은 일자리 소개를 겸한 것으로서 그 주인은 대개 자금을 장만할 능력이 있고 일본어 소통도 되는 조선인이었다. 노동자숙박소는 대개 1923년 간토대지진 학살사건 이후에 일본 각지의 조선인인구가 많은 지역에서 설립되었는데, '친일융화' 단체들이 지방 행정기관으로부터 재정 원조를 받으면서 운영하고 있었다.

일본거주 조선인의 취직 방식은 시기에 상관없이 '지인'에 의한 소개 및 자력으로 해결하는 경우가 가장 많았다. '지인'이란 '동향인', '친척', '친구' 등에 해당한다. 그들의 직업은 전체적으로 임시직 일용노동이 가장 많았다. 세대주나 독신자에 따라 약간 달랐지만, 전자의 경우에는 일정정도 기술이 필요한 공장 노동자도 소수나마 있었다. 또한 1930년대 재일조선인의 직업 통계를 보면, 준비

제2장 일본거주 조선인의 주거, 취로, 생활 양태

자금을 필요로 하는 '상업' 종사자가 전체의 10% 정도로 증가해 있었다.

다음으로 노동 임금과 월간 노동일 수, 생활 상황, 실업 상황 등의 측면을 살펴보았다. 조선인 노동자는 같은 업종의 일본인 노동자와 비교해서 임금 수준이 10~50% 정도 낮았고, 월간 노동일 수도 적었다. 절반 정도의 사람들이 월간 노동일수 20일 이하였으므로 월간 수입도 대체로 낮은 편이었다. 한편 1920년대 후반 이후 일본의 6대 도시에서 실시한 실업구제토목사업에 취로하는 조선인들도 있었으나, 일본인 취로자에 비해 취로일이 적거나, 선정 조건이 불리한 경우에 처했다.

이상에서 확인했듯이, 일본거주 조선인은 대체적으로 곤궁한 생활을 하고 있었다는 것이 확인된다. 생활이 곤란한 사람은 지인 즉 친척 및 이웃에게 도움을 받거나, 지방 행정이 실시하는 구호로 겨우 연명하는 극빈자들도 있었다.

즉 한반도에서 구직 목적으로 일본으로 도항한 조선인들은 일본 각지에서 빈한한 생활을 하면서 일본 사회의 하층민에 편입되어 있었다. 그들이 일자리를 찾아 일본 도항을 선택한 이유는 식민지 강점으로 인해 한반도가 일본제국의 노동시장에 포함되었기 때문이었다.

제3장

1920~1930년대 일본거주 조선인의 출신 계층과 교육 수준[*]

1. 들어가며

1945년 8월 이전 피식민지 상태의 한반도에서 일본 열도로 이주한 조선인들이 그들의 고향에서 어떤 계층의 출신인지 분석한 선행 연구는 의외로 적다. 시기적으로 가장 빠른 연구로서 1935년에 제주도 출신자의 구직 도일을 분석한 마스다 가츠지(桝田一二)[1]의 논문을 들 수 있다. 그는 당시 제주도에서 일본으로 구직 목적으로 도항한 사람들 중에는 지주 및 자작농 출신자도 적지 않았다고 밝혔다.

1945년 이후에 그 관련 주제를 다룬 연구로서는 재일 학자 강재언 및 박재일의 저서[2]가 선구적이다. 이 두 사람은 공통적으로 조선

---

[*] 이 제3장의 내용은 김광열, 「한인의 일본 이주사 연구-1910~1940대」 (2010)의 「제2장 도일 한인의 출신 계층」과 졸고 「教育程度から見た1920, 30年代渡日朝鮮人の特質」(『一橋論叢』 第115卷第2号, 1996.2)를 수정 및 가필한 것임을 밝혀 둔다.
[1] 桝田一二, 「済州島人の内地出稼ぎに就いて」, 『桝田一二地理學論文集』, 弘詢社, 1976 재수록.
[2] 姜在彦, 『在日朝鮮人渡航史』 朝鮮研究所研究資料第一集, 1957; 朴在一, 『在

총독부의 대규모 미곡생산을 강요하는 식민지 농정에 의해 한반도 농촌이 광범위하게 몰락한 것이 도일 현상의 주원인이라고 언급하였다. 강재언은 도일자 중에 중간층 출신이 포함되어 있었지만, 낮은 교육 수준 때문에 일본에서 차별과 빈곤에서 벗어나지 못하였다고 했다. 한편 박재일은 도일 조선인이 몰락한 농촌 유민(流民)이고 전근대적인 비숙련 노동력이었으므로, 일본에서 저임금 노동, 장시간 노동, 불결·과격 노동 등의 직업에 종사할 수밖에 없었고 차별 대우를 받았다고 하였다. 그러한 인식은 그 후 다른 연구자들에게도 계승되어, 재일조선인의 원형은 식민지기 조선 농촌의 최하층 빈민이 도일하여 형성되었다는 인식이 굳혀졌다. 따라서 재일조선인 스스로도 1세들은 일본도항 이후 일본사회의 최하층에 편입되어 차별을 받으며 생활을 했기 때문에, 당연히 조선에서도 최하층 출신이라고 인식하는 경향이 있었다.[3]

일본거주 조선인 대부분이 농민 출신의 비숙련 노동자로서 고향에서의 경제적 곤궁을 해결하기 위해서 도일을 택하였다는 점에는 동감할 수 있다. 하지만, 그들이 '저열한 노동력'이었으므로 '차별적 대우를 받은 것은 당연'하다고 단순 등식화하는 것은 문제가 있다. 그것은 과거 일본제국이 '후진적인 조선'을 식민지 통치한 것은 당연하며, 그 결과 발전했다고 하는 '지배자의 논리'와 유사하기 때문이다.

日朝鮮人に関する総合調査研究』, 新紀元社, 1957.
3 예를 들면, 재일 사학자 박경식도 재일동포 1세들 대부분이 조선 농촌의 최하층 출신이라고 인식했었다.

제3장 1920~1930년대 일본거주 조선인의 출신 계층과 교육 수준

따라서 피식민지기의 한반도에서 도일을 선택한 사람들이 당시 조선에서 어떠한 위치에 있었으며, 왜 도일을 하였는지 더 천착할 필요가 있다. 후자에 관해서는 가지무라 히데키(梶村秀樹)에 의한 울산군 달리(현 울산시 남구 달동)의 사례 분석이 있다.[4] 그에 의하면, 재일조선인의 원형은 종래의 통설처럼 식민지기 조선에서 농촌 최하층이 도일하여 이루어진 것이 아니라, 당시 폭넓게 진행된 농촌 중간층 이농 현상의 일부로서 도일자가 나타난 결과였다고 정리했다. 비록 경상남도 일부 지역의 사례 분석을 통한 주장이긴 하지만, 일본거주 조선인의 주요 출신 지역이었던 한반도 남부의 기타 지역에서도 충분히 있을 수 있는 가설이라고 할 수 있다.

그 후 니시나리타 유타카(西成田豊) 연구[5]에서 도일 조선인의 소지금과 원직업 등을 검토하였지만, 기본적으로 박재일의 논지를 계승하고 있으며 식민지 지배를 당한 한반도에서 볼 때 그것이 무엇을 의미하는지는 주목하지 않았다.

따라서 이 장에서는 재일조선인 1세의 형성기라고 할 수 있는 1920~30년대를 중심으로 도일 및 일본거주 조선인에 관한 자료들을 검토하여 그들의 출신 계층에 대해 고찰하고자 한다. 먼저, 도일 조선인들이 고향에서 어떤 존재였는지 살펴보고자, 도일자의 경제적 상황을 가늠하기 위해 그들이 일본 도항 시에 소지했던 여비 이외의 소지금에 주목하고자 한다.

4　梶村秀樹,「1920~30年代朝鮮農民渡日の背景―蔚山郡達里の事例―」,『在日朝鮮人史研究』第6号, 1980년 6월.
5　西成田豊,『在日朝鮮人の「世界」と「帝国」国家』, 東京大学出版会, 1997.

또한 도일 및 일본거주 조선인들과 당시 한반도 거주 조선인의 교육 수준을 비교하여 전자의 출신 계층에 대해 고찰할 것이다. 교육 수준이란 당사자와 그 가정의 경제력에 직접 영향을 받는 것이기 때문이다.

2. 도일 조선인의 경제적 상황

1) 1920년대의 상황

1920년대 조선의 농민들은 열악한 영농 환경에 처해 있었다. 그들 중에는 경제적 곤궁을 해결하기 위해 주변의 도시 지역이나 일본 등으로 임금 노동을 하고자 이주한 사람이 많았다.

일본 도항을 선택한 조선인의 수는 1919년에 2만 명 정도에서 1922년에 7만 명, 1925년에 13만 명이 되었고, 1928년에는 무려 16만 명으로 증가하였다.[6]

아래 <표 3-1>은 1927년 4월에 야마구치(山口)현의 경찰부 특별고등과가 부관(釜關)연락선으로 시모노세키(下関)항에 상륙한 조선인을 대상으로 도항 형태와 목적을 직업별로 조사한 것이다. 이 표를 보면, 당시의 도일자가 어떠한 방법으로 또 어떤 목적으로 일본에 건너갔는지 알 수 있다.

---

[6] 森田芳夫, 「数字からみた在日朝鮮人」(金英達編, 『数字が語る韓国・朝鮮人の歴史』, 明石書房, 1996, 수록)를 참조.

제3장 1920~1930년대 일본거주 조선인의 출신 계층과 교육 수준

〈표 3-1〉 도일 조선인의 도항 형태와 목적

(단위: 명)

구분	친척 또는 남편의 초청				지인 등의 초청				기타				합계			
	취학	취직	기타	계	취학	취직	기타	계	취학	취직	기타	계	취학	취직	기타	계
농업	7	757	185	949	3	975	191	1,169	1	336	182	519	11	2,068	558	2,637
토공	1	259	55	315	1	318	30	349	0	183	31	214	2	760	116	878
광부	0	122	21	143	0	137	28	165	0	82	5	97	0	351	54	405
인부	4	677	106	809	2	840	150	992	0	403	53	456	6	1,942	309	2,257
짐꾼	0	56	16	72	0	101	4	105	0	26	6	32	0	183	26	209
직공	2	220	40	262	2	604	49	353	0	385	18	403	4	909	105	1,018
기타	6	463	694	1,163	0	312	244	556	1	189	148	338	7	964	1,086	2,057
계	20	2,576	1,117	3,713	8	2,987	694	3,689	2	1,614	443	2,059	30	7,177	2,254	9,461

* 출전: 山口県警察部特別高等課, 『來往朝鮮人の特別調査狀況』, 1927. 김광열, 『한인의 일본이주사 연구 – 1910~1940년대』(논형)에서 재인용.

먼저 도일 형태를 보면, 조사 대상 총인원 9,461명 중에서 3,713 명(39.2%)이 '친척 또는 남편의 초청', 3,689명(39%)은 '지인 등 초청', 기타 형태가 2,059명(22%)이었다. 즉 이 조사 대상자의 78%가 이미 도항해 있던 가족이나 친척의 초청으로, 또는 지인의 초청으로 일본행 연락선에 승선했었다는 사실, 즉 연고에 의지한 도항이 가장 많았다는 것을 알 수 있다.

한편, 그들의 도항 목적은 '취직'이 7,177명(76%)으로 가장 많았으며, 그 다음으로는 잡다한 목적으로 추정되는 '기타'가 2,254명(24%)이었고, '취학'도 극소수(30명: 0.3%) 있었다. 즉 구직 목적의 도일자가 가장 많았던 것이다. 그들의 도일 직전 직업은 농업 2,637명(28%), 인부 2,257명(24%), 직공 1,018명(11%), 토건 노동자 878명(9%), 광부 405명(4%), 짐꾼 209명(2%), 기타 2,057명(22%) 등으로 다양했다. 즉 도일자들은 농부 출신도 많았지만, 그 외에도 이미 임금

노동을 경험한 사람들이 훨씬 많았다는 것을 알 수 있다. 그들 중에는 일시 귀향했다가 재도일하는 사람들도 포함되었을 것이다.

한편 이 표의 출전에 의하면 도일자의 출신지는 경상남도가 4,684명(50%)으로 가장 많았고, 그 다음은 경상북도 2,022명(21%), 전라남도 909명(10%), 충청남도 352명(4%), 전라북도 289명(3%), 경기도 289명(3%), 충청북도 267명(3%) 등의 순이었다. 즉 전체 도일자 중에서 경상남북도 출신자가 71%로 압도적으로 많았고, 전라남북도 출신자는 13%였다. 전체 도일자의 84%가 일본 열도에서 가장 가까운 한반도의 남부 4도 출신이었던 것이다.

이번에는 도일자들의 경제 상태를 추측할 수 있는 '여비 이외 소지금액' 상황에 대해 <표 3-2>를 통해 보도록 하자.

〈표 3-2〉 도일 조선인의 여비 외 소지금 상황

구분	없음	1엔 미만	5엔 미만	10엔 미만	20엔 미만	50엔 미만	50엔 이상	계(명)
농업	183	444	951	611	321	90	37	3,627
토공	38	146	363	237	75	17	2	878
광부	16	78	199	82	27	3	0	405
인부	100	433	1,076	451	169	26	2	2,257
짐꾼	3	43	67	75	17	4	0	209
직공	5	104	560	236	77	26	10	1,018
기타	506	357	623	333	143	67	29	2,057
계(명)	851	1,605	3,838	2,025	829	233	80	9,461

＊출전: 山口縣警察部高等警察課, 『來往朝鮮人の特別調査狀況』, 1927. 김광열, 『한인의 일본이주사 연구－1910~1940년대』(논형)에서 재인용.

이 표에 의하면, 1엔 이상 5엔 미만의 소지금을 지녔던 사람들이 3,838명(41%)으로 가장 많았다. 그 다음은 5엔 이상 10엔 미만을 소지했던 2,025명(21%)이었다. 또한 10~20엔 소지자가 829명(8.8%), 20~50엔 소지자 233명(2%), 50엔 이상 소지자 80명(0.8%)이 있었다. 반면, 1엔 미만의 극소액을 소지한 자는 전체 17%인 1,605명이었고, 소지금이 전무한 사람은 전체 9%인 851명에 불과했다.

즉 이 조사에 의하면, 도일 당시에 소지금 여유가 있었던 사람이 없었는 사람보다 훨씬 많았다. 그 중에는 10엔 이상 여유 금액을 지닌 사람이 전체의 12%에 이르렀고, 극소수지만 예상외의 거액을 소지한 사람도 확인된다. 더욱이, 20엔 이상 소지자 중에서 농부 출신이 41%를 차지하고 있었다는 것도 주목된다.

2) 1930년대의 상황

1929년 말에 시작된 세계 대공황의 여파로 일본은 공업과 농업의 이중 공황으로 인해 공산품과 농산물의 가격이 폭락하였는데, 당시 일본 경제에 병합된 한반도의 농업도 심각한 타격을 입었다. 그로 인해, 임금 노동을 목적으로 도일하는 조선인들이 1920년대보다 한층 증가하여, 1931년에는 14만 명, 1933년에는 20만 명의 규모에 육박했다.[7]

1932년에 조선인 최다 거주 지역인 오사카부(大阪府)가 관할 지역

---

7 앞의 森田芳夫, 「数字からみた在日朝鮮人」 참조.

에 거주하는 조선인 세대주 11,835명의 생활 상태를 조사한 『재판(在阪) 조선인의 생활 상태』[8]를 보면 조사 대상자들이 일본에 도항할 당시의 상황도 알 수 있다. 먼저 도일 이유를 보면 '농업 부진' 56%, '생활난' 17%, '돈벌이' 15%, '구직' 2%, '상업 부진' 1.9% 등의 순으로서, 그들 대부분이 조선에서 직면한 경제적 어려움을 해결하고자 일본행을 택했다는 것을 알 수 있다. 그리고 조사 대상자의 87%인 10,300명은 원래 농부였으며, 출신지는 전라남도 55%(6,487명), 경상남도 24%(2,780명), 경상북도 12%(1,270명)이었다. 전라남도가 많았던 것은 당시 동일 행정구역이었던 제주도(濟州島)에서도 제주-오사카 간의 연락선을 이용하여 공업도시 오사카로 임금 노동 목적으로 도항했던 사람들이 다수 있었기 때문이다.

상기 조사에서 오사카 거주 조선인 세대주들이 일본도항 당시 어느 정도 소지금을 갖고 있었는지도 알 수 있다.

〈표 3-3〉 1932년 오사카거주 조선인 세대주의 도일시 소지한 여비 외 금액

금액	없음	10엔 이하	20엔 이하	30엔 이하	40엔 이하	50엔 이하	100엔 이하	200엔 이하	300엔 이하	400엔 미만	400엔 이상
세대수	8,073	2,057	621	286	61	216	256	92	58	20	90
%	68.3	17.4	5.2	2.4	0.5	1.8	2.2	0.8	0.5	0.2	0.8

* 출전: 大阪府学務部社会課, 『在阪朝鮮人の生活状態』, 1934. 김광열, 『한인의 일본이주사 연구-1910~1940년대』(논형)에서 재인용.

〈표 3-3〉을 통해 확인되는 바는 도일 시에 소지금이 없었던 사

---

[8] 『在阪朝鮮人の生活状態』 1934년판은 오사카부 학무부 사회과에서 치안 및 복지 정책을 입안하는 기초 자료로서 제작하였다.

제3장 1920~1930년대 일본거주 조선인의 출신 계층과 교육 수준

람이 68% 정도로 많았으나, 그 외에 32%의 사람들은 다양한 액수의 여유 소지금이 있었다. 조사 대상자의 32%가 도일 시에 소지했던 여유 금액은, '10엔 이하' 17.4%, '20엔 이하' 5.2%, '30엔 이하' 2.4%, '50엔 이하' 2%, '100엔 이하' 2.2%, 100엔 이상 2.3%였다. 특히 전체의 2.3%는 100~400엔을 소지했는데, 그 중에서도 0.8%는 400엔 이상이라는 놀랄만한 고액을 갖고 일본에 도항했다.

1930년대 중기에는 일본에서 두 번째로 조선인 거주자가 많았던 도쿄부(府)도 관할 지역에 거주하던 조선인들의 생활상태를 조사하였다. 1934년 11월부터 1935년 2월까지 도쿄부 사회과가 조사한『재경(在京) 조선인노동자의 현상(現狀)』인데, 그를 통해 당시 도쿄에 거주했던 조선인들의 도일시 상황을 알 수 있다.

조사 대상이 된 도쿄거주 조선인은 세대주 1,933명과 독신자 1,766명이었고, 대다수가 한창 일할 나이인 20대부터 40대였다. 세대주들의 도일 이유는 '돈벌이' 40%, '생활난' 37%, '노동' 18.3% 등이었다. 대부분이 돈벌이와 생활난 해결을 목적으로 도일했다는 것을 알 수 있다. 독신자들의 주된 도일 이유도 '돈벌이' 41.6%, '생활난' 26.3%, '구직' 12.3%, '면학' 12% 등이었다. 세대주와 거의 유사했으나, 독신자의 경우는 12%가 '면학' 목적으로 도일했다는 것을 알 수 있다.

그『재경(在京) 조선인노동자의 현상(現狀)』에도 조사 대상자들이 일본도항 당시에 어느 정도 소지금을 갖고 있었는지 조사한 것이 있었다. 아래 <표 3-4>를 통해 보도록 하자.

〈표 3-4〉 1930년대 도쿄 거주 조선인의 도일시 예비 외 소지금

구분		없음	5엔 미만	10엔 미만	30엔 미만	50엔 미만	100엔 미만	150엔 미만	200엔 미만	200엔 이상	불명	계(명)
세대주	인원	840	282	192	344	139	84	9	13	23	7	1,933
	%	43.5	14.6	9.9	17.8	7.2	4.4	0.5	0.7	1.2	0.4	100
독신	인원	601	456	170	208	106	22	1	4	2	2	1,766
	%	34.1	25.8	9.6	11.8	6	1.3	0.1	0.2	0.1	0.1	100

* 출전: 東京府社會課, 『在京朝鮮人勞働者の現狀』, 1936. 김광열, 『한인의 일본이주사 연구－1910~1940년대』(논형)에서 재인용.

〈표 3-5〉 1930년대 도쿄 거주 조선인의 출신지 및 원직업

-세대주-

구분	경기	충북	충남	전북	전남	경북	경남	황해	평북	평남	강원	함북	함남	계(명)	%
자작농	16	43	25	35	170	292	402	23	11	11	35	14	34	1,113	63.08
소작농	16	7	20	26	34	68	84	8	4	7	6	3	9	294	16.65
어업	2			3	3	1								9	0.51
광부	1		1											2	0.11
직공	1	1		1	1	4	4			1				13	0.75
상업	13	2	10	9	12	42	45	4	5	7	6	3	6	164	9.32
인부		1		2		2	2							7	0.39
유식업					3	2		1		1				7	0.39
잡업	2				2	2	1		2					9	0.52
학생	1			1	3	6				3		2	2	18	1.02
무직				1	3	5	6		1	3		2	11	32	1.18
불명	4	1	4	4	5	15	10	9	12	13	5	13		95	5.39
계(명)	56	57	59	80	231	443	559	45	35	47	55	34	62	1,763	
%	3.17	3.23	3.34	4.53	13.08	25.08	31.65	2.55	1.93	5.66	3.11	1.98	3.51		100

-독신자-

구분	경기	충북	충남	전북	전남	경북	경남	황해	평북	평남	강원	함북	함남	계(명)	%
자작농	37	49	43	35	179	449	598	23	7	17	22	21	11	1,491	77.08
소작농	1	3	14	16	48	77	97	1	1	1	2	1	1	263	13.61
어업					2	1	1					1		5	0.26
광부			2				1					1		3	0.16
직공	2	1	1	1	5	4	4			1				19	0.96
상업	5	2	4	3	7	15	23	2		2	2		1	66	3.39
인부	4	2	3	1		4	6	2		1	1			24	1.21
유식업			1	1		1	6	1						10	0.52
잡업					1		2							3	0.15
학생						6								6	0.31
무직	1	1	1	1	5	2	3		1				1	9	0.47
불명	1				1	2	3		1				1	9	0.47
계(명)	51	58	69	58	248	567	757	29	9	23	27	23	14	1,933	
%	2.64	3.00	3.57	3.00	12.83	29.33	39.16	1.50	0.47	1.19	1.40	1.19	0.72		100

* 출전: 東京府社會課, 『在京朝鮮人勞働者の現狀』, 1936. 김광열, 『한인의 일본이주사 연구-1910~1940년대』(논형)에서 재인용.

즉 도일 당시의 여유 소지금을 세대주와 독신자로 나누어서 조사했는데, 전자의 경우는 '없음'이 44%, 5엔 미만이 15%, 10엔 미만이 10%, 30엔 미만이 18%, 100엔 미만이 12%, 100엔 이상이 2% 등이었다. 후자의 경우는 '없음'이 34%, 5엔 미만이 26%, 10엔 미만이 10%, 30엔 미만이 12%, 100엔 미만이 7%, 100엔 이상이 0.5% 등이었다. 즉 전체적으로 보면, 소지금의 여유가 전혀 없는 사람보다, 있었던 사람이 더 많았다. 여유 자금 소지자는 독신자에 비해 세대주 쪽이 많았고, 그중에는 아주 소수이지만 200엔 이상이라는 놀랄만한 고액을 소지했던 사람도 있었다. 그것은 세대주의 대부분이 고향에 생활의 근거를 남기지 않고 가족 동반으로 도일한 경우가 많았기에, 소유 재산을 전부 처분하여 구직 또는 전직에 필요한 자금을 준비한 사람들 중의 일부라고 추측된다. 이 표의 출전에서도, 도항시에 많은 소지금이 있던 사람들은 일본에서 상업 또는 인부 하청업 등을 하기 위한 사업 자금으로 준비한 것이라고 한다. 특히 세대주들이 독신자보다 소지금의 여유가 많았는데, 그것은 가족 부양을 위해 일본에서 새로운 사업을 시작할 준비를 한 다음에 일본행 연락선을 탔기 때문이라고 추측된다.

<표 3-5>의 출전은 <표 3-4>와 같은데, 이를 통해 당시 도쿄거주 조선인들의 출신지와 원래 직업도 알 수 있다. 출신지부터 보면, 세대주의 경우는 경상남북도 68%, 전라남북도 16%, 충청남북도 7%였고, 독신자의 경우는 경상남북도 57%, 전라남북도 18%, 충청남북도 6%였다. 즉 도쿄부에 거주하던 조선인들은 전체의 8할 정도가 한반도 남부의 경상 전라 4도 출신이었다.

또한 그들이 도일 전의 직업을 보면, 세대주의 경우는 농업 91%(자작농 77%, 소작농 14%), 상업 3% 등이었으며, 독신자의 경우는 농업이 80%(자작농 63%, 소작농 17%), 상업이 9%였다. 당시 도쿄거주 조선인의 경우에도 고향에서 농업을 했던 사람들이 압도적으로 많았는데, 주목할 점은 소작농보다도 자기 소유의 농지를 가진 자작농 출신이 훨씬 많았다는 것이다. 이를 앞에서 봤던 도일 시의 소지금 여유 상황과 연결지어서 볼 필요가 있을 것이다.

이상에서, 1927년 시모노세키 항에 상륙한 조선인들, 1932년 오사카 거주 조선인들, 1935년 도쿄 거주 조선인들을 대상으로 수상

제3장 1920~1930년대 일본거주 조선인의 출신 계층과 교육 수준

경찰서 및 지방 행정단체가 실시한 조사를 인용하여, 조사 대상자들의 도일 당시의 소지금 상황과 원래 직업 및 출신지 등을 살펴보았다. 먼저 그들 대부분이 한반도 남부의 경상 전라 4도의 출신이었으며 원래 농업 종사자였다. 또한 그들이 일본도항 당시의 소지금액을 보면, 전체의 32~62%의 사람들은 소지금 여유가 있었으며, 그 중에서 소수의 사람들은 놀랄 정도의 고액을 소지하고 있었다.

그러면 당시 그들의 여비외 소지금이 가지는 의미는 무엇일까. 예를 들어 여유 소지금이 10엔이라면, 그 금액을 당시 한반도거주 조선 농민이 처한 일반적인 경제 상황에 비교해 보면 그것이 갖는 의미를 알 수 있다고 판단된다.

1920년대 말에서 1930년대 초 한반도 농가의 대부분은 대공황의 여파로 인해 영농 수지가 악화되었고 1인당 쌀 소비량도 줄어들었다. <조선총독부통계연보(朝鮮総督府統計年報)>에 의하면 1929년의 조선인 1인당 연간 쌀 소비량 평균은 3말 8되였는데, 그를 당시의 평균 곡물 가격으로 환산하면 11엔 78전이었다.[9] 즉 당시 성인 1명이 1년 동안 소비하는 쌀 1년분의 가격이 약 12엔이었는데, 그 금액은 하층 농민들에게는 적지 않은 액수였다고 추측된다.

---

9 조선인 1인당 연간 평균 쌀 소비량은 日本学術振興会, 『朝鮮米穀経済論』(岩波書店, 1935)의 93쪽, 당시 조선의 미곡 평균가격은 『朝鮮総督府統計年報』 1935년판을 참조.

3. 일본거주 조선인의 교육 수준

이 절에서는 1945년 8월 이전 일본에 거주했던 조선인의 교육 수준을 당시 한반도에 거주했던 조선인의 그것과 비교하여, 무엇이 확인되고 그 의미는 무엇인지 고찰하고자 한다.

1) 한반도 거주 조선인의 교육 수준

먼저 1920년대 전반 한반도의 회사 및 공장에 근무하던 노동자들의 교육 수준에 대해 보도록 하자. 아래 <표 3-6>은 조선총독부 내무국 사회과가 1922년 조선에서 종업원 10명 이상의 회사나 공장에서 근무하던 조선인 노동자들의 교육 수준을 조사한 결과이다. 비록 민족별로 분류되어 있지는 않으나, 이로서 당시 한반도에 거주하던 노동자 일반의 교육 정도는 엿볼 수 있다.

<표 3-6> 1920년대 초 한반도 거주 노동자의 피교육 수준

구분	공업 및 광업	토목 건축업	농업목축 수산업	통신 운수업	잡업	계(명)
중학교 및 고등보통학교 졸업	148	17	5	0	0	170 (0.35%)
동상 중퇴	330	4	2	3	0	339 (0.71%)
소학교 및 보통학교 졸업	4,446	52	67	402	2	4,969 (10.34%)
동상 중퇴	3,456	94	13	70	0	3,633 (7.56%)

제3장 1920~1930년대 일본거주 조선인의 출신 계층과 교육 수준

서당수학 및 독학	9,351	1,475	98	524	4	11,452 (23.84%)
무교육	25,192	1,574	404	275	25	27,480 (57.2%)
계(명)	42,923 (89.34%)	3,216 6.69(%)	599 1.25(%)	1,274 2.65(%)	31 0.03(%)	48,043 (100%)

* 출전: 朝鮮総督府 内務局 社会課, 『会社及工場に於ける労働者の調査』1923년. 김광열, 『한인의 일본이주사 연구-1910~1940년대』(논형)에서 재인용.

이 표의 조사 대상자 48,043명 중에서 공업 및 광업 부문에서 일하던 사람들이 전체의 89%로 가장 많았다. 그 다음으로 토건업 7%, 통신운수업 3%, 농업축산수산업 1%, 잡업 0.06%의 순이었다. 한편, 그들의 교육 수준은 중등 교육기관인 고등보통학교 및 중학교 졸업이 0.4%, 초등 교육기관인 보통학교 및 소학교를 졸업이 10.3%, 서당 수학 또는 독학이 23.8%였고, '무교육'이 무려 57%에 달했다. 따라서 이 <표3-6> 조사 대상자들의 평균적인 교육수준은 결코 높은 편이 아니었다고 할 수 있다.

단, 이 조사에는 서당, 보통학교(초등 교육), 고등보통학교(중등 교육) 등 조선인 전용의 교육 기관도 포함되어 있었으나, 민족별 구분이 되어있지 않기 때문에 조선인 노동자의 비율을 정확하게 알 수는 없다. 다만, 같은 해에 조선총독부가 실시한 다른 통계를 보면, 전체 공업 부문에서의 민족별 구성은 조선인 84%, 일본인 15%, 외국인(중국인) 0.83%이었다.[10] 따라서 상기 <표 3-6> 조사 대상자들의 민족별 분포도 그와 유사했을 것으로 추측된다.

---

10 朝鮮総督府, 『朝鮮総督府統計年報』1922년판의 「現在戸口職業別」.

그리고 '중학교 및 고등보통학교'라는 항목으로 산출된 170명 중에서 조선인은 소수였다고 추측된다. 그 이유는 다음과 같다. 1915년~1920년 동안 조선인의 중등교육기관인 고등보통학교 졸업자는 관립 1,535명, 사립 1,299명으로 계 2,834명이었으나, 일본인의 중등교육 기관인 중학교와 고등여학교를 1915년~1920년에 졸업한 인원은 총 2,844명이었다.[11] 하지만 1920년 당시 한반도 거주자 전체의 민족별 세대를 보면, 조선인은 319만 1153세대였는데 비해 일본인은 9만 4514세대에 지나지 않았다.[12] 즉 당시 한반도에서는 97 대 3의 비율로 조선인 인구가 압도적으로 많았으며, 1920년 당시 한반도에서 고등보통학교를 졸업한 조선인은 1만 세대 중에서 9명 정도에 지나지 않을 정도로 희귀한 존재였던 것이다.

이번에는 당시 한반도 전체에서 조선인의 취학률은 어느 정도였는지 보도록 하자. 아래 <표 3-7>은 조선총독부가 발행한 『조선국세조사보고(朝鮮国勢調査報告)』 1925년판과 『조선총독부통계연보(朝鮮総督府通計年報)』 1930년판에서 조선인의 취학 상황을 발췌하여 재작성한 것이다. 이를 통해 1925년과 1930년 당시 한반도에서 조선인의 취학률이 어느 정도인지 파악할 수 있다.

---

11 조선인과 일본인의 중등 교육 기관 졸업자 수의 비교는 『朝鮮総督府統計年報』 1920년판의 「教育編」, 「戸口編」을 참조.
12 앞의 『朝鮮総督府統計年報』 1920년판, 「戸口編」.

제3장 1920~1930년대 일본거주 조선인의 출신 계층과 교육 수준

〈표 3-7〉 1925년 및 1930년 한반도에서 운영된 교육기관의 조선인 취학 상황

구분	보통학교	소학교	고등보통학교	중학교	고등여자학교	여자고등보통학교	실업학교
1925년	385,415	842	9,118	174	236	2,072	5,791
	57.33%	0.13%	1.36%	0.03%	0.04%	0.31%	0.82%
1930년	457,709	1,128	10,974	328	587	4,422	10,932
	56.7%	0.16%	1.6%	0.05%	0.09%	0.64%	1.59%

구분	전문학교	사범학교	기타학교	대학예과	서당	합계(명)	
1925년	1,020	1,703	57,895	89	208,310	672,265	
	0.15%	0.25%	8.615%	0.01%	30.99%	100%	
1930년	1,681	1,478	46,040	86	150,892	686,257	
	0.24%	0.22%	6.71%	0.01%	21.99%	100%	

* 출전: 朝鮮總督府, 『朝鮮国勢調査報告』 1925년판 및 『朝鮮総督府通計年報』, 1930년판. 김광열, 『한인의 일본이주사 연구-1910~1940년대』(논형)에서 재인용.

〈표 3-7〉을 보면, 1925년 한반도에서 모든 교육기관에 재적하던 조선인 학생은 672,265명이었다. 그 중에서 가장 많은 인원이 있던 교육기관은 조선인 전용의 초등교육기관인 '보통학교'였고 재학생 수는 385,415명(57%)이었다. 제2위는 전통적 한문 사숙인 서당이었고 208,310명(31%)이 재학하고 있었다. 즉 보통학교와 서당에 다니는 학생 수가 전체 조선인 학생의 88%에 달했다.

1930년 한반도의 전체 교육기관에 재적하던 조선인 학생 686,257명이었다. 그 중에서 보통학교 재학이 457,709명(67%)으로 가장 많았고, 다음으로 서당에 15,892명(22%)이 다니고 있었다. 역시 이 두 종류의 교육 시설에 전체 조선인 학생의 89%가 집중되어 있었다. 1925년과 1930년을 비교하면 서당은 9% 감소한 반면, 보통학교는 9% 증가하였다. 즉 보통학교의 취학 연령층에서 서당보다 보통학

103

교를 선택하는 사람들이 증가하였기 때문이라고 추측된다.

한편, 보통학교에서 중등교육 기관인 고등보통학교 또는 여자고등보통학교에 진학하는 생도는 매우 드물었다. 중학교와 고등여학교는 원래 일본인 전용의 교육 시설이었기 때문에, 조선인 재학생은 극소수였다. 1925년이나 30년에도 고등보통학교, 여자고등보통학교, 중학교, 고등어학교에 재학했던 학생 수를 전부 합쳐도 전체 취학자 수의 2%에 지나지 않았다. 더욱이 고등교육 기관인 전문학교, 사범학교 또는 대학 예과에 재학했던 학생은 한층 희소한 존재였다.

1925년과 1930년에 한반도 거주 조선인의 취학률이 어느 정도였는지는 다음과 같이 추산할 수 있다. 1925년에 한반도거주 조선인의 총인구는 19,020,030명 이었는데, 그 중 취학 가능 연령층(5세부터 24세까지)의 인구는 7,828,666명이었다.[13] 후자와 <표 3-7>의 1925년 한반도 전체 교육기관의 조선인 학생 합계와 대조하면 당시 조선인의 취학률은 8.58% 정도가 된다. 그 중에서 초등교육기관인 보통학교의 취학률을 추산해보면 다음과 같다. 그 해 보통학교 재학 연령에 해당하는 5세부터 14세까지 인구가 4,481,326명이었으므로,[14] 그것과 앞의 <표 3-7>의 보통학교 재학자 수를 비교하면 1925년의 보통학교 취학률은 8.6% 정도가 된다.

---

13 朝鮮總督府, 『朝鮮国勢調査報告』 1925년판의 「道別本籍及び国籍別人口表」. 조선의 보통학교 입학 가능 연령은 6세 이상이었고, 1925년 「国勢調査」의 연령별 인구 조사에는 연령층 구분을 5년씩 하고 있으므로 입학 가능 최저 연령에서 가장 근접한 5세 이상의 항목을 인용하였다.

14 위의 『朝鮮国勢調査報告』 1925년판, 「道別本籍及び国籍別人口表」.

제3장 1920~1930년대 일본거주 조선인의 출신 계층과 교육 수준

　1930년 시점에는 한반도 거주 조선인의 총인구가 20,438,103명이었다. 그 중에서 취학 가능 연령층인 6세부터 24세까지의 인구는 전체 39%인 8,067,717명이었고, 보통학교 취학 연령에 해당하는 6세부터 12세까지의 인구는 3,612,952명이었다.[15] 이를 근거로 1930년에 한반도 거주 조선인의 취학가능 연령층 취학율은 9% 정도였고, 그 중에서 보통학교 취학율을 추산하면 12.67%가 된다.

　이상을 통해, 1925년과 1930년 두 시기에 한반도 거주 조선인의 전체 교육기관에 대한 취학률은 겨우 9% 정도에 지나지 않았으며, 그 중에서 초등교육기관(보통학교)의 취학율은 8.6~12.7% 정도였다는 것이 확인된다. 그에 비해, 당시 한반도 거주 일본인의 취학율은 어느 정도였는지를 1925년의 통계로 보면, 취학가능 연령층이 172,337명이었고 각종 학교에 재학하던 인원은 69,641명이었으므로,[16] 일본인의 취학률은 약 40%에 달했다. 즉 당시 한반도에서 조선인과 일본인의 취학률은 매우 큰 격차가 있었다.

　한편, 1945년 이전 한반도 거주 조선인의 식자율은 어느 정도였는지 체크해 보도록 하자. 아래 <표 3-8>은 1930년 한반도 거주 조선인의 읽기 쓰기 능력을 나타낸 것이다.

　이 조사를 통해 당시 조선인의 식자율을 추측할 수 있다. 단, 여기에는 한자와 한문을 읽기 쓰기할 수 있는 사람들은 조사되지 않았다. 한문을 쓰고 판독할 수 있는 사람이 한층 배우기 용이한 한글

15　위의 『朝鮮国勢調査報告』 1930년판, 「読ミ書キノ程度及年齢別人口」.
16　위의 『朝鮮国勢調査報告』 1925년판, 「諸学校生徒一覧」, 「道別本籍及び国籍別人口表」.

을 읽지 못할 확률은 매우 낮으므로, 위 표 중의 '한글 및 가나 읽기 쓰기 불가능'에 포함되지 않는다고 봐야 할 것이다.

<표 3-8>에 의하면, 1930년 한반도에 거주하던 조선인의 문맹률은 78%에 육박하고 있었으며, 취학 연령층인 6세부터 24세까지의 조선인들만 보더라도 문맹률이 73%를 상회하고 있었다. 일본에 도항한 사람들이 가장 많았던 한반도 남부의 전라, 경상 지역의 4개도의 경우를 보면, 모두 당시 일반적인 문맹률보다 높았다. 특히 전라남도, 경상북도, 경상남도의 경우는 문맹률이 80%를 상회하고 있었다.

〈표 3-8〉 1930년 한반도 거주 조선인의 한글 및 일본문자(가나) 읽기쓰기 능력

구분	전국	6~24세	전라북도	전라남도	경상북도	경상남도
한글과 가나 읽기쓰기 가능	6.79%	13.21%	5.59%	5.76%	4.95%	6.21%
가나만 읽기쓰기 가능	0.03%	0.0005%	0.001%	0.02%	0.04%	0.08%
한글만 읽기쓰기 가능	15.44%	13.28%	15.49%	14.12%	11.81%	10.73%
한글과 가나 읽기쓰기 불가능	77.74%	73.46%	78.92%	80.10%	83.20%	82.98%

* 출전: 朝鮮総督府, 『朝鮮国勢調査報告』, 1930년판의 『読ミ書キノ程度及年齢別人口ー朝鮮人』. 김광열, 『한인의 일본이주사 연구 – 1910~1940년대』(논형)에서 재인용.

단 조선어와 일본어 둘 다 읽기 쓰기가 가능한 사람은 전체의 7%밖에 되지 않았으며, 취학 연령층에서도 13% 정도에 지나지 않았다.[17]

---

17 한일합방 이후 20년이 지난 1930년 시점에도 일본어에 능숙한 조선인이 7%밖에 되지 않았던 것은 그 당시에도 조선인의 일본에 대한 관심은 결코 높지 않았다는 것을 시사한다.

제3장 1920~1930년대 일본거주 조선인의 출신 계층과 교육 수준

이상에서 보았듯이, 피식민지기 한반도에 거주하던 조선인의 일반적인 교육 수준은 매우 낮았다. 그에 비례하듯이 식자층의 비율도 22% 정도에 지나지 않았다. 취학 연령층의 90%가 초등교육 기관인 보통학교도 다니지 못했고, 중등교육 이상의 학력이 있는 사람은 취학 연령층 전체의 3% 정도에 지나지 않았다.

조선총독부 통계에 의해 1912년부터 1925년까지 공립 보통학교의 입학자 수 대비 졸업자 수를 비교해 보면, 후자의 전자에 대한 비율은 21%에 지나지 않았다.[18] 즉 당시 한반도에 거주하던 조선인 청년 중에서 보통학교를 정상적으로 졸업했던 사람은 상당히 희소한 존재였다고 할 수 있다.

2) 일본거주 조선인의 교육 수준

이 항에서는 식민지기 한반도에서 일본 도항을 선택했던 조선인들의 교육 수준에 대해 검토하고자 한다. 먼저 1920년대 전반부터 일본에서 조선인 인구가 가장 많았던 오사카(大阪)에 거주하던 조선인들의 상황을 보도록 하자.

아래 <표 3-9>는 오사카시 사회부가 1923년 4월 당시 관할 지역에 거주하던 조선인 18,191명의 학력을 조사한 것이다. 이 표의 항목 중에서 '심상(尋常)소학교,' '고등소학교,' '중학교' 등은 일본의

---

18 『朝鮮総督府統計年報』 1935년판, 「公立普通学校生徒異動」 참조. 이에 따르면 같은 기간에 공립보통학교의 평균 졸업율은 '보통과'가 40%, '고등과'가 44%였다.

초등 및 중등 교육기관인데, 즉 그 정도의 학력에 해당하는 수준이라는 의미이다.

그 조사 결과를 보면, 전체 조사 대상자 18,191명 중에서 '문맹'이 9,798명(54%) 있긴 했으나, 그 외에도 '소학교 중퇴' 5,449명(30%), '소학교 졸업' 2,175명(12%), '고등소학교 졸업' 641명(3.5%)이 있었고, '중학교 중퇴' 이상도 146명(0.8%)이었다. 즉 조사 대상자들의 절반 정도는 학교 교육을 경험한 사람들이었다는 것을 알 수 있다.

또한 그들의 일본어 독해력도 조사했는데, '전부 이해'가 2,826명(16%), '약간 이해'가 5,522명(30%), '전혀 모름'이 9,843명(54%)이었다. 그런데 특이점으로서 '문맹'으로 분류된 사람들 중에서도 일본어를 '전부 이해'한다는 사람이 550명이나 있었다는 것이다. 그 자세한 이유는 확인되지 않으나, 그들은 비록 정식으로 교육기관에서 수학한 적은 없고 문자 해독은 하지 못하지만, 오사카 지역을 중심으로 장기 거주한 결과로서 일상생활에 필요한 일본어 회화가 가능했던 사람들이라고 추측된다.

〈표 3-9〉 1923년 오사카 거주 조선인의 교육 수준

일어 독해력	문맹	심상소학교 중퇴	심상소학교 졸업	고등소학교 졸업	중학교 중퇴	중학교 졸업	전문학교 졸업	계(명)
A	550	947	830	400	66	27	6	2,826
B	2,272	2,144	920	163	18	5	0	5,522
C	6,976	2,358	407	78	23	1	0	9,843
계(명)	9,798	5,446	2,157	641	107	33	6	18,191

* 출전: 大阪市社会部調査課,『朝鮮人労働者問題』(1924). A는 일본어 완전 해독자, B는 일본어 약간 해독자, C는 일본어 불해독자를 의미함. 김광열,『한인의 일본이주사 연구-1910~1940년대』(논형)에서 재인용.

제3장 1920~1930년대 일본거주 조선인의 출신 계층과 교육 수준

〈표 3-10〉 1928년 도쿄 거주 조선인 노동자의 교육 수준

구분	세대주		독신자		계	
	인원	%	인원	%	인원	%
문맹	129	32.3	502	31.37	631	31.6
서당	28	7	87	5.44	115	5.8
보통학교 중퇴	11	2.8	237	14.81	248	12.4
보통학교 졸업	187	46.8	613	38.31	800	40
고등보통학교 중퇴	14	3.5	17	1.06	31	1.6
고등보통학교 졸업	26	6.5	48	3	74	3.7
전문학교 중퇴	2	0.5	86	5.38	88	4.4
전문학교 졸업	3	0.8	10	0.63	13	0.7
전문학교 졸업 이상	0	0	0	0	0	0
계	400	100	1,600	100	2,000	100

* 출전: 東京府 社會課, 『在京朝鮮人勞働者の現狀』(1929). 김광열, 『한인의 일본이주사 연구-1910~1940년대』(논형)에서 재인용.

이번에는 1920년대 후반 도쿄 지역에 거주하던 조선인의 경우를 검토해 보자. 위의 <표 3-10>은 도쿄부 사회과가 1928년 5월 현재 관할 지역에 거주하던 조선인 노동자들을 대상으로 생활 상태를 조사한 자료에서 그들의 교육 수준에 관한 부분을 발췌한 것이다.

대상자들을 세대주와 독신자로 나누어서 조사하였다. 세대주의 경우는 대상자 400명 중에서 문맹이 129명(32%), 보통학교 졸업이 187명(47%), 고등보통학교 졸업이 26명(7%), 전문학교 중퇴 이상이 5명(1%)이었다. 한편 독신자의 경우는, 조사 대상자 1,600명 중에서 문맹이 502명(31%), 보통학교 졸업이 613명(38%), 고등보통학교 졸업이 48명(3%)이었으며, 전문학교 중퇴 이상이 96명(6%)이었다. 즉 <표 3-10>의 조사 대상자들은 문맹이 전체의 30% 정도 있었지만, 보통학교 졸업자가 전체 40% 정도를 차지하고 있었고, 소수

의 고등보통학교 경험자 이외에도 극소수나마 최상급 교육기관인 전문학교 출신자도 존재했다는 것이 확인된다. 즉 당시 한반도에서는 최상급 교육기관인 전문학교 수학자가 극히 희소한 존재였으나, 1920년대 말 도쿄거주 조선인 독신자의 경우는 전문학교 중퇴 이상의 학력 소지자가 5%나 있었다.

이는 비록 1928년 당시 도쿄부에 거주하던 조선인에 대한 샘플 조사였으나, 대상자를 작위적으로 선택할 이유가 없는 생활상태 일반에 대한 조사라고 생각된다. 그 결과를 보면 조사 대상자의 학력 평균은 한반도 거주 조선인들의 그것에 비해 많이 높았으며, 중등교육 이상 고등교육의 경험자들도 전체의 10%에 달했다는 것이 확인된다. 그것은 도쿄가 일본의 수도로서 고등교육 기관이 가장 집중된 곳이었기에 상급 교육기관에서 공부하기를 희망하며 한반도에서 도일을 선택했기 때문이라고 추측된다.

한편 <표 3-10>의 출전[19]에서 조사 대상자들이 일본 도항을 선택한 이유도 알 수 있다. 세대주(400명)의 도일 이유는 '생활난' 53%, '노동' 21%, '돈벌이' 19%, '면학' 7% 이었으며, 독신자(1,600명)의 경우는 '생활난' 56%, '돈벌이' 14%, '노동' 13%, '면학' 11%, '세상 구경' 3% 이었다. 즉, 세대주나 독신자를 막론하고, 전체의 절반 이상의 사람들이 조선에서의 '생활난' 즉 경제적 문제를 해결하기 위해 일본행을 택했다는 것이다. 단, 그들 세대주 중의 7%, 독신자 중의 11%는 '면학' 즉 일본의 상급 교육기관에서 공부하고 싶어서

---

19 東京府 社會課, 『在京朝鮮人勞働者の現狀』1929년판의 '第3章, 勞働市場と朝鮮人勞働者' (『集成』第2券 수록).

제3장 1920~1930년대 일본거주 조선인의 출신 계층과 교육 수준

일본행을 선택한 사람들이었다.

하지만 그들이 일본에서 직면한 현실은 그런 희망을 이루기 힘들었다. 그 이유는 조사 대상자들의 주된 직업이 '일용직 노동자', '공장 잡역공', '행상', '인부 청부업' 등[20]이었다는 사실로도 알 수 있다. 즉 당시 한반도 거주 조선인들 중에서 희귀한 존재였던 중등교육 이상의 학력자들이 '구직' 또는 '면학'을 위해 일본 도항을 선택했지만, 그들은 일본에서 단순 육체노동을 해야 생활을 할 수 있었던 것이다.

이번에는 1930년대 일본에 거주했던 조선인의 교육 수준에 대해 살펴보자.

〈표 3-11〉 1934년 도쿄 거주 조선인 노동자의 교육 수준

구분	대학졸업	전문학교 졸업	중학 졸업	고등소학 졸업	소학 졸업	소학 중퇴	문맹	계
인원	1	13	165	186	1,330	661	3,177	5,533
%	0.02	0.23	2.98	3.36	24.04	11.95	57.42	100

* 출전: 東京府社會課, 『在京朝鮮人勞働者の現狀』 1936. 김광열, 『한인의 일본이주사 연구-1910~1940년대』(논형)에서 재인용.

〈표 3-12〉 1935년 일본거주 조선인 전체의 교육 수준

구분	대학 졸업	전문·고교 졸업	중학 졸업	소학 졸업	문맹	미취학자	계
인원	1,406	1,797	6,787	194,752	347,437	38,861	591,040
%	0.24	0.3	1.15	32.95	58.78	6.58	100

* 출전: 內務省警保局, 『社會運動の狀況』 1935년판. 김광열, 『한인의 일본이주사 연구-1910~1940년대』(논형)에서 재인용.

---

20 앞과 같은 자료의 '第1章 朝鮮人勞働者の調査に就いて'.

111

위의 <표 3-11>는 도쿄부가 1934년 도쿄에 거주했던 조선인 노동자를 대상으로 생활 상태를 조사한 것이고, <표 3-12>는 내무성 경보국이 1935년 일본거주 조선인 전체를 대상으로 조사한 자료에서 교육 수준에 해당하는 부분을 추출한 것이다.

이 두 표의 경우에도 '소학교', '고등소학교', '중학교'는 차례대로 한반도의 보통학교, 고등보통학교 등에 해당한다고 보면 될 것이다.

먼저 <표 3-11>을 보면, 1934년 도쿄에 거주하던 조사 대상자들의 피교육 정도는 '문맹'이 57% 있었지만, '보통학교 중퇴' 12%, '보통학교 졸업' 24%였으며, 중등교육 경험자도 6.3% 있었다. 또한 그들 중에는 최상위 교육기관인 전문학교 이상의 학력 소지자도 14명 있었다.

이번에는 1935년 일본에 거주하던 조선인 전체의 교육 수준을 알 수 있는 <표 3-12>를 보도록 하자. 조사 대상자 591,040명 중에서 대상 외인 '미취학자'를 제외하고 보면, '문맹'이 59%로 가장 많았으나, '소학교 졸업' 33% 이외에도 '중학교 졸업'이 1.2%였으며, 고등교육 기관인 전문학교 및 대학 졸업자도 0.54% 있었다. 여기에서 전문학교란 한반도 소재의 학교일 수도 있는데, 당시 일본의 고등교육 기관 중에서도 전문학교와 대학은 거의 동급으로 최상위 교육을 하는 곳이었다. 그 졸업자들 중에 3천 명이 넘는 일본거주 조선인들이 포함되어 있었던 것은 놀라운 사실이다.

제3장 1920~1930년대 일본거주 조선인의 출신 계층과 교육 수준

4. 소결

본 장의 제1절에서는 1927년 시모노세키항 상륙자, 1932년 오사카 거주자, 1935년 도쿄 거주자 등에 대한 조사 자료를 이용하여, 도일을 선택한 조선인들의 도일 목적, 출신지, 고향에서의 원직업, 도일시 경제 상태 등을 검토해 보았다. 도일 조선인의 대부분은 지리상 일본에서 가까운 한반도 남부지역의 출신이었는데, 경상남북도, 전라남북도의 출신자가 가장 많았다. 그들은 생활난 해결을 위해 구직 목적으로 또는 면학 목적으로 도일하였고, 대개가 이미 일본에 거주하던 가족이나 친지 등의 초청으로 즉 연고에 의존한 형태로 도항했다. 그들 도일자의 원래 직업은 대개 농업이었는데, 자신의 농지를 소유한 자작농이었던 사람도 적지 않았다. 또한 그들이 일본 도항할 때의 경제 상황에 해당하는 '여비 이외의 소지금' 조사를 참고해 보니, 전체 도일자의 반 이상은 소지금 여유가 있었으며, 그 중에는 소수이나마 놀랄만한 큰 금액을 소지했던 사람도 있었다. 이상에서 검토한 일본 도항자들의 원래 직업과 여비 외 소지금의 상황을 통해, 그들의 대부분은 출신 지역에서 중간층 이상에 해당하는 사람들이었다고 판단된다.

본 장의 제2절에서는, 1920~1930년대에 한반도에 거주한 조선인과 일본거주 조선인의 교육 수준을 파악하고자, 조선총독부의 조사 자료, 일본 대도시의 행정기관 및 내무성 경보국 등의 조사 자료를 활용하여 양측을 비교 검토해 보았다. 그 결과 전자에 비해 후자 즉 일본거주 조선인의 교육 수준이 전반적으로 높았다는 것을

확인할 수 있었다. 당시 한반도에서 중등교육을 경험한 조선인은 희귀한 존재였으나, 일본거주 조선인 중에는 중등교육 이상의 학력자들을 적지 않게 볼 수 있었으며, 소수나마 고등교육 경험자들도 존재했다는 것을 확인했다.

취학률이 매우 낮았던 당시 한반도의 일반적인 교육 환경에서 보통학교 이상의 학력을 가지는 것은 경제적 여유가 있는 농촌의 중산층 이상이라야 가능했다고 판단된다. 본래 그들은 조선의 지역 사회 발전에 도움이 될 만한 사람들이었지만, 식민지배 체제 하에서 그들이 처한 현실은 미래에 대한 비전을 가질 수 없었기에 면학, 구직 등의 기회를 찾아 일본으로 도항했다고 판단된다.

하지만, 제2장에서 확인했듯이 일본에서 수많은 조선인들이 직면한 생활은 열악한 것이었다. 그와 같은 현실에서, 일본의 조선에 대한 식민지 지배는 물론 일본 사회의 차별적 현실에 대해 불만을 품는 사람들이 나타난 것은 당연한 결과였다고 할 수 있다.

제4장

1920년대 전반 일본거주 조선인의 사회운동[*]

1. 들어가며

1945년 이전 일본 열도에서 조선인 인구가 대도시를 중심으로 눈에 띄게 증가하기 시작한 것은 1920년대 전반이었다. 이 장에서는 1920년대 전반 일본에서 조선인 활동가들이 주도한 사회운동에 초점을 맞추어 그들이 어떠한 운동을 전개하였는지 검토하고자 한다.

본 주제와 관련하여, 종래의 연구[1]에서는 1920년대 초기에 일본의 사회사상가 및 운동가들과 교류하는 과정을 거쳐 아나키즘과

---

[*] 이 제4장은 金廣烈, 「1920年代初期日本における朝鮮人社会運動 —黒濤会を中心に」, 『日朝関係史論集—姜徳相先生古希・退職記念』(新幹社, 2003)를 수정 가필한 것임을 밝혀둔다.

[1] 대표적인 것으로서 통사적 연구인 岩村登志夫, 『在日朝鮮人と日本労働者階級』(校倉書房, 1972)와 朴慶植, 『在日朝鮮人運動史—8・15解放前』(三一書房, 1976)를 들 수 있다. 또한, 일본인 활동가와 조선인 및 중국인 활동가가 교류했던 코스모클럽에 관한 松尾尊兊, 「コスモ倶楽部小史」(『京都橘女子大学研究紀要』第26号, 2000.3)라든지, 小野容照, 「金若水の渡日と『大衆時報』創刊—日本における朝鮮人社会主義勢力の形成に関する一考察」(『在日朝鮮人史研究』No.38, 2008.10)도 참고할만 하다.

마르크스레닌주의로 분열하였고, 차츰 노동운동으로 전환하면서 대중에 영향을 미쳤다고 평가하였다. 그에 관해 필자는 초기 운동에서 운동가들이 분열한 이유를 고려할 때에는, 각 운동의 활동가들이 처한 사회경제적 상황도 볼 필요가 있다고 언급한 적이 있다.[2] 사회운동을 고찰할 때에는 일본 관헌의 감시기록은 물론, 활동가가 처해 있던 생활환경도 주목하면 당시 그들이 왜 그런 운동을 전개했는지 설명할 수 있다고 판단했기 때문이다.

이 장에서는 먼저 1920년대 초 일본의 사회사상 및 사회운동의 주요 동향, 그리고 그와 교류하던 조선인 사회운동가들의 움직임을 살펴본 다음, 그 과정을 거쳐 결성된 조선인 최초의 사회사상 단체인 흑도회에 대해 검토한다. 그를 통해서 당시 일본거주 조선인의 사회운동이 가진 본질과 한계를 고찰하고자 한다.

2. 1920년대 초 일본 사회운동의 동향

1) 1910년대 일본 사회사상계의 동향 개관

1910년대 일본의 사회사상은 크게 리버럴리즘(자유주의)과 사회주의로 나눌 수 있다. 천황제 국가의 전제정치에 대해 비판적이라는 공통점은 있었지만, 사회 변혁을 지향하고자 하는 추진력은 후

---

2 앞의 졸고「1920年代初期日本における朝鮮人社會運動 —黑濤会を中心に」.

제4장 1920년대 전반 일본거주 조선인의 사회운동

자 측이 훨씬 강했다. 리버럴리즘의 대표주자는 요시노 사쿠조(吉野作造), 후쿠다 도쿠조(福田德三), 오야마 이쿠오(大山郁夫) 등 사회과학자들이 주도한 '레메이카이(黎明會)'였다. 특히 요시노는 1916년에 '민본(民本)주의'의 선언이라 일컬어지는「헌정의 본의를 밝혀 그 유종의 미를 거두는 방도를 논함(憲政の本義を說いてその有終の美をもたらすの途を論ず)」,³이라는 논문을 발표하여 일본식 민주주의의 이론적 선구가 되었다. 그들 리버럴리스트들은 일본 자본주의의 발전과 더불어 약진한 소부르주아적 지식인의 정치적 관심을 대표하고 있었다고 할 수 있다.

그들은 이른바 '다이쇼(大正)데모크라시'라는 시대적 사조(思潮)를 주도하였으며, 그 주장의 핵심은 보통선거와 의원내각제를 실현하는 것이었다. 1918년부터 20년 초에 걸쳐 일본에서는 종래 남성 고액 납세자만 유권자로 인정했던 선거 제도를 20세 이상의 모든 남성에게 선거권을 주는 '보통선거' 제도로 개정하자는 운동이 활발히 전개되었다. 1920년 2월, 도쿄에서 일본 전국의 사회운동단체에 의한 보통선거 요구 시위가 전개되어, 수상 관저와 여당 정우회(政友會) 본부까지 행진하였다. 따라서 일본 국회에서 헌정회와 입헌노동당 등의 야당을 중심으로 보통선거법을 제정하자는 움직임이 활발해졌다. 그러나 하라 타카시(原敬)를 수반으로 하는 정우회 내각은 의회를 해산시켰고, 그 후 중의원 총선거에서도 보통선거 반대파인 정우회가 다시 승리했다.

---

3 요시노(吉野作造)의 이 논문은 『中央公論』1916年1月 발행호에 수록.

한편, 메이지(明治)기 일본의 사회주의는 독일식 맑스주의보다 모든 권력을 부정하고 개인의 자립을 추구하는 아나키즘적인 경향이 강했다. 노동자계급이 아직 형성되지 않았던 당시는 개인의 해방과 자각을 우선하는 개인적 사회주의가 유효하다고 생각되었기 때문이었다.[4] 따라서 사회운동은 전제주의 권력을 부정하는 방향으로 전개되었으니, 천황제 정부는 그를 철저하게 탄압하였다. 그 대표적인 사례가 1911년에 고토쿠 슈스이(幸德秋水)를 비롯한 사회주의자 12명을 "천황 암살을 음모"했다는 누명을 씌워 '대역죄'로 사형시킨 사건이었다. 그로 인해 일본의 사회운동은 얼어붙었고 이른바 '겨울의 시대'가 도래했다.

그러나 1912년 이후 일본 사회운동에서 새로운 변화가 나타났다. 대표적인 예로서 1912년 8월 스즈키 분지(鈴木文治) 등에 의해 노동자 상조단체 '유아이카이(友愛會)'가 결성된 것을 들 수 있다. 이 단체는 인도주의와 자유주의에 입각하여 자본가들의 전근대적이며 무제한적 착취로부터 노동자를 보호하기 위해 설립되었다[5]. 그 후 유아이카이는 점차 도쿄(東京), 오사카(大阪), 교토(京都)를 비롯한 일본 각지에 지부 조직을 확장하였다.[6] 또한 메이지기 사회운동가들도 다시 활동하기 시작했다. 고토쿠 슈스이가 사형된 이후 일본 아

---

[4] 隅谷三喜男,「社會運動の發生と社會思想」, 岩波講座,『日本歷史』18 現代1, 1972, 195쪽.

[5] 小山仁示,「大正デモクラシーの統合と分極」, 吉田光 ほか 編,『近代日本社會思想史』II, 有斐閣, 1971, 7쪽.

[6] 우애회는 1920년 대회에서 일본노동총동맹 우애회(日本勞動總同盟友愛會)로, 1921년 대회에서는 일본노동총동맹으로 개칭하면서 일본 최대의 노동운동 단체로 확대 발전한다.

나키즘 운동의 이론적 리더로 부각한 오스기 사카에(大杉 榮)와 아라하타 칸손(荒畑寒村)은 1913년부터 상디칼리즘 연구회를 개최하면서 기관지 『긴다이시소우(近代思想)』를 발행하였다. 맑시즘의 리더였던 사카이 토시히코(堺 利彦)는 1915년 9월에 새로이 『신사카이(新社會)』라는 잡지를 발간하여 재출발을 선언했다.

상디칼리즘이란 개인적 사회주의를 기초로 한 노동조합 자유연합주의에 입각한 사회를 추구하는 것으로 중앙집권적인 독재 권력을 반대한다. 풀어서 말하자면, '아나키즘의 노동운동판'이라 할 수 있는 사상이다. 일본에서의 그것은 프랑스 노동운동에 영향을 미쳤던 아나르코 상디칼리즘의 영향을 받은 것으로, 이후 일본 노동운동에 많은 영향을 미친다.

1914년 유럽에서 제1차 세계대전이 시작되자, 일본도 영일동맹을 근거로 영국-프랑스-러시아의 3국 협상 연합국 측에 가담하여 참전했다. 일본의 참전 목적은 열강이 유럽에서 전쟁에 집중하고 있는 틈새를 노려, 중국 및 서태평양에 있는 독일의 이권을 탈취하고자 하는 것이었다.

한편 세계대전이 전개되는 도중인 1917년 2월, 전쟁반대 분위기가 고조된 러시아에서 로마노프 봉건왕조를 붕괴시키고 자유주의 임시정부를 설립한 혁명이 성공하였고, 동 10월에는 레닌이 이끄는 프롤레타리아 기반의 볼쉐비키가 봉기하여 임시정부를 무너트리고 사회주의 정권을 수립하였다. 그러나, 일본의 지식인들이 그 러시아 10월혁명의 정체를 파악하기까지는 시간이 걸렸다. 즉 1918년 2월, 잡지 『신 세카이(新世界)』에 게재된 다카바타케 모토유키(高畠素之)

의 논문「정치운동과 경제운동」을 통해서 러시아혁명은 볼셰비키의 중앙집권적 독재정권으로 실현된 것이라고 처음 밝혀졌다.[7] 그에 대해 사카이 토시히코, 아라하타 칸손 그리고 야마카와 히토시(山川均) 등은 볼쉐비키 혁명정부를 찬성하는 입장에 섰으나, 오스기 사카에를 비롯한 아나키스트들은 러시아 10월혁명이 소수파 의견을 압살한 볼셰비키의 정치적 야망에 의한 것이라고 반대하는 입장을 취했다.

2) 1920년대 초 일본의 사회경제 상황과 사회운동

제1차 세계대전 중, 일본은 주력 상품인 면제품을 아시아 주변국과 뒤늦게 참전한 미국에 대거 수출하였고 해운업도 호황을 누렸다. 그 과정에서 미츠이(三井), 야스다(安田), 오쿠라(大倉), 미츠비시(三菱), 스미토모(住友) 등과 같은 독점 자본(재벌)이 형성되었다. 결과적으로 일본은 러일전쟁 이후 면치 못했던 채무국 상태를 탈피하고 채권국의 지위를 만회하였다.

제1차 세계대전기(1914~18년)에 일본 산업계의 취업구조는 크게 변화하였다. 제1차 산업(농, 임, 어업) 종사자가 12% 감소한 것에 비해, 제2차 산업(광공업) 종사자는 38% 증가, 제3차 산업(서비스업) 종사자는 22% 증가하였다. 이로 인해 노동자 임금이 지속적으로 상승하였으나 1917년경부터 폭등한 물가로 인해 서민 생활에 대한

---

7 赤松克麿, 『日本社會運動史』, 岩波書店, 1962, 150쪽.

불안감이 고조되었다.[8] 특히 1918년 일본은 러시아 혁명에 간섭한 출병으로 인해 쌀값을 비롯한 소비자 물가가 폭등하여 도시부에서는 폭동이 일어날 정도였다('쌀소동'). 또한 대전 종결 무렵부터 임금 체불 또는 해고당한 노동자들이 쟁의를 일으켰다. 1916년에 108건이었던 동맹파업 건수는 1917년에 398건, 1918년에 417건, 1919년에 497건으로 증가했다.[9] 당시 일본은 치안경찰법에 의해 파업이 금지되었으나, 대전 종결 후의 공황으로 인해 기업들의 종업원 해고가 확산되자 노동자들은 그에 대항하여 생존권 보호를 위한 파업을 감행했다.

그러나 노동 쟁의에 대해 정부와 자본가는 압박과 탄압을 강화했고, 그로 인해 일본의 노동운동계는 점차 아나르코 상디칼리즘의 영향을 받은 급진파가 득세하였다. 1920년 10월 오사카의 나카노지마(中之島) 공회당에서 개최된 일본노동총동맹 우애회 전체대회도 그 영향을 받아, 의회를 통한 정치적 행동에 반대하는 보통선거 반대파(급진파; 관동지부)가 찬성파(관서지부)를 압도하였다.[10] 이는 당시 일본의 노동운동계에서 상디칼리즘 경향의 급진파가 영향력을 확장하고 있었다는 것을 알 수 있는 좋은 사례이다. 그런 상황에서도 일본의 맑시스트들은 의회 진출에 의한 정치적 행동을 계속 추구하고 있었다. 따라서 당시 일본사회운동계는 대중운동의 전개 방식을 두고 이른

8　石井寬治,『日本経済史』(第2版), 東京大学出版会, 290~291쪽.
9　앞의 赤松克麿,『日本社会運動史』같은 곳.
10　友愛会第8周年大会, 1920.10.3.『社会・労働運動大年表』解説編, 法政大学大原社会問題研究所デジタルライブラリー.

바 아나키즘 대 볼쉐비즘의 대립('아나-볼 대립')이 본격화되었다.

다만 오스기 사카에는 맑시스트와의 협동전선을 포기하지 않고 이념을 초월한 사회운동단체의 통일전선을 구축하고자 했다. 그 결과 1920년 12월 도쿄의 간다(神田)청년회관에서 일본내 사회운동 및 노동운동 단체들이 모여 사회운동 상황에 활력을 불어넣고자 일본사회주의동맹을 결성했다. 그러나 천황제 정부의 경찰은 이듬해 1921년 5월에 일본사회주의동맹도 강제해산 시켰다. 이후 일본 사회운동은 다시 아나키즘세력과 볼쉐비즘세력으로 나뉘어서 대립하는 양상이 지속되었다.

그 대립은 1922년 여름『전위(前衛)』(7·8월 합병호)에 맑시스트 야마카와 히토시(山川 均)의「무산계급운동의 방향전환」이 발표되자 변화가 일어났다. 야마카와 논문은 이른바 '방향 전환론'이었는데, 그 내용은 종래의 일부 지도자들에 의한 운동에서 탈피하여 광범위한 대중적 기반 즉 무산계급을 기반으로 한 운동으로 변모하고, 그들을 정치세력으로 결속시켜야 한다는 주장이다. 즉 종래 일본의 사회운동 전체에 강한 영향을 미치고 있던 상디칼리즘을 극복하고자 하는 의도에서 제안된 것이다. 이 야마카와의 주장은 일본의 노동운동에 큰 영향을 미쳤고, 결국 일본 최대의 노동운동 단체인 총동맹도 그를 수용하게 되었다.

1922년 중반, 불황에 직면한 일본 재계가 노동자계급에게 더욱 희생을 강요하였고, 일본 노동운동계는 이에 대항하여 총동맹을 중심으로 전체 노동단체를 통일하여 대항하고자 했다. 1922년 9월 오사카의 덴노지(天王寺)공회당에서 개최된 '일본노동조합 총연합'

의 창립대회는 운동방침과 조직론을 둘러싸고 맑시스트들이 지원하는 총동맹파와 상디칼리스트들이 지원하는 반총동맹파가 격렬하게 대립해서, 결국 운동전선 통일을 이루지 못했다. 그 후 노동총동맹 내부에서 상디칼리즘 세력은 축출되었고, 노동운동계에서 상디칼리즘의 입지는 급속히 좁아졌다. 당시의 상황에 대해 이론적 지도자 야마카와 히토시는 다음과 같이 말했다.

> … 대중성을 띤 운동이 출현함에 따라 아나키스트와 맑시스트와의 관계에도 변화가 일어났습니다. 우리들의 운동이 본질적으로 사상운동의 틀을 벗어나지 않았을 때는 아나키스트와 맑시스트가 사상면에서 논쟁을 하면서도 같이 해 나가도 지장이 없었습니다. 그러나 대중성을 띤 운동이 출현하자 같이 해 나갈 수 없게 되었던 것입니다. 그래서 확실히 아나키즘과 맑시즘의 분화(分化)작용이 완성되었다고 생각합니다.[11]

3. 도쿄거주 조선인 학생의 거주 상황과 사회사상에 대한 관심

1) 조선인 학생의 거주 상황

일반적으로 사회사상과 사회운동에 대한 관심은 식자층에서 나

---

11 山川均, 『自傳』, 岩波書店, 1961, 378~379쪽.

올 확률이 높다. 따라서 당시 일본거주 조선인 중에서도 학생에 의한 운동부터 살펴보고자 한다.

일본 경찰행정의 최상위 기관인 내무성 경보국이 편찬한『조선인 개황(朝鮮人槪況)』1920년판에 의하면, 그 해 6월 말의 일본거주 조선인 총수는 31,376명이었고, 그 중에서 학생은 828명이었는데 도쿄 거주자가 682명으로 가장 많았다[12]. 즉 조선인 학생들은 일본 중에서도 고등 교육기관이 집중된 수도 도쿄에 모여 있었던 것이다.

당시 일본에 유학했던 조선인 학생은 크게 네 가지 부류로 나눌 수 있다. 부유층의 자제, 조선총독부의 지원을 받는 '관비 유학생', 종교단체로부터 지원받는 민간단체 유학생, 그리고 스스로 학비와 생활비를 해결해야 하는 고학생 등이다. 그 중에서도 학비와 생활비의 일부 혹은 전부를 스스로 해결해야 했던 고학생은 학업에 집중하기 어려운 현실에 처해 있었다. 당시 그들의 생활상황을 1925년에 내무성 경보국이 도쿄거주 조선인학생에 대해 조사한 자료를 통해 엿볼 수 있다. 먼저 일반 학생의 경우이다.

> 일반 학생(비 고학생)은 보통의 하숙이라든지, 식사가 나오는 비전문 하숙에서 거주하는 자가 대부분인데, 하숙비는 지역에 따라 집에 따라 다소 높고 낮음이 있기는 하지만, 보통 세끼 식대와 방값이 27,8엔 내지 35,6엔이므로, 거기에 기타 잡비를 더하면 하숙비만 해도 40여 엔 이상이 필요하다. 월사금과 기타 비용을 합계하면 (한달에) 50엔

---

12 內務省 警保局 保安課,『朝鮮人槪況』第三(1920.6)을 참조.

제4장 1920년대 전반 일본거주 조선인의 사회운동

내지 8,90엔의 비용이 필요하다.[13]

다음으로 고학생의 생활상황도 아래와 같이 파악하고 있었다.

그들은 보통 노동자처럼 임금을 취득할 목적으로 오로지 노동에 종사하는 사람과는 달리, 여유 시간을 이용해서 통학하려는 사람들이므로, 고용주들은 이를 환영하지 않는다. … (중략) … 고학생의 절반 이상은 신문 배달이라든지 제반 행상을 한다. 신문 배달은 월수입이 24엔에서 30엔 인데, 식비 등을 공제하면 남는 것도 별로 없으므로 통학자는 월사금에 차질이 있는 상황이다. 또 낫토(納豆), 인삼, 엿 등의 행상을 하는 경우는 더욱 심한 상황인데, 하루 매상액이 1엔이나 1엔 50전이고 그 중에서 이익은 3할에서 5할 정도에 지나지 않는다. 기타 인부, 토공, 직공 등은 그와 크게 차이가 없다. 이들 고학생은 주로 군(郡)지역에서 방만 빌리고, 부근의 대중 식당에서 1끼에 10전 내지 15전의 식사를 하고, 식비가 없어서 한두 끼로 때우는 날이 많은 모양이다. 이렇게 생활이 곤란하니, 당연히 입학하기 어렵고 입학했다 하여도 야학이나 통학하기 편리한 학교를 선택한다. 또한 고학생치고 완전히 졸업할 수 있었던 사람은 매우 적었다.[14]

이를 통해, 당시 일본거주 조선인 고학생들은 일반 학생들에 비

---

13 內務省 警保局, 『在京朝鮮留學生槪況』(1925.12), 「第一章, 第五項 學生の生活狀況」.
14 위의 『在京朝鮮留學生槪況』, 「第四章 鮮人苦學生狀況」.

125

해 매우 곤궁한 생활을 하고 있었다는 것을 알 수 있다. 그들 고학생은 학업과 생활을 양립시키기 위해서 갖은 노동을 하면서 가까스로 생활을 유지하고 있었고, 대부분이 집세의 부담을 줄이기 위해 도쿄시 교외의 '군(郡)지역'에 기거하였다. 거기에는 경제적 이유 이외에도 당시 도쿄 시내의 일본 집주인들이 조선인에게 방을 빌려주지 않았다는 민족차별적 이유가 있었다. 관련 사례로서, 당시 도쿄의 학생가였던 간다(神田)에서는 공공연하게 '내지(內地)인에 한함'이라는 빈방 광고가 나붙을 정도였다.[15]

이상과 같은 현실 아래에서 조선인 고학생들 중에는 민족차별과 계급모순을 실감하고 사회주의에 경도되는 사람들도 있었다. 또한 당시 일본에서 유행하던 자유주의 사상과 운동에 접근하는 조선인도 있었다. 그들은 일본의 사회운동가들과 교류하면서 지적 자극을 받기도 했다.

2) 고조된 사회운동에 대한 관심

일본거주 조선인이 일본의 사회사상 및 사회운동 단체에 가입한 최초의 사례는 도쿄거주 조선 청년들에게서 볼 수 있었다. 즉 3·1운동 직후인 1919년 4월에 백남훈(白南薰: 早稻田大學 졸업), 변희용(卞熙瑢: 早稻田大學 재학), 김준연(金俊淵: 東京帝國大學 재학), 최승만(崔承萬: 東京外語學校 재학) 등이 법학자 요시노 사쿠조(吉野作造: 도쿄제국대학 법과 교수) 등

---

15 司法省 刑事局, 『思想月報』 第7号(1935.1).

제4장 1920년대 전반 일본거주 조선인의 사회운동

이 주도한 자유주의 단체 레이메이카이(黎明會)에 가입한 것을 들 수 있다[16]. 3·1운동이 강력한 탄압으로 인해 종결되자, 일본거주 조선인 유학생들 중에서 일본의 자유주의 운동에 경도된 사람들이 있었다는 증좌였다.

1920년 1월 25일 도쿄에서 조선인 청년들에 의해 도쿄고학생동우회(東京苦學生同友會: 이하 '동우회')라는 단체가 발족되었다. 이는 이미 1917년에 설립되었던 도쿄노동동지회(東京勞動同志會)의 후신으로서, 고학생과 노동자의 상호부조를 목적으로 한 단체였다. 그 동우회는 당시 일본 경찰로부터 '요 시찰인 갑(甲)호'로 감시받던 이기동(李起東: 회장)과 한윤동(韓潤東: 총무)을 비롯하여 김약수(金若水: 본명 金科全), 박열(朴烈: 본명 朴準植), 백무(白武), 최갑춘(崔甲春), 황석우(黃錫禹), 임택룡(林澤龍)이 간부로 활약했으며, 설립 이후 회합과 강연회를 개최했다. 특히 그들은 1920년 5월부터 조선인 노동자들의 지식 함양을 위해 근성(槿城)학교라는 야학을 운영하고 있었다[17]. 또한 동우회 활동가 중에는 일본 사회주의 운동과 교류하는 사람들도 있었으므로, 조선인을 감시하던 일본 경찰은 다음과 같은 기록을 남겼다.

---

16 朝鮮總督府 警務局 東京出張員, 『在京朝鮮人狀況』(1924.5). 또한 이들의 출신학교는 내무성 경보국의 『朝鮮人槪況』第二(1918.5)와 『朝鮮人槪況』 第三(1920.6)을 참조.
17 內務省 警保局, 『朝鮮人槪況』第三(1920.6) 참조. 내무성은 1916년부터「要視察朝鮮人視察內規」에 근거하여 전국의 경찰에게 조선인 활동가들의 반일 사상과 활동을 분석해서 '甲号', '乙号' 등의 등급으로 나누어 감시하게 했다.

> 다이쇼(大正) 9년 경제계 격변 전후에 도쿄(東京), 교토(京都), 오사카(大阪), 나고야(名古屋), 고베(神戸) 등에서 노동자 단체를 조직하는 자 있어, 그 추세를 간파한 학생은 종래의 태도를 일변하여 그에 접근하기를 시도하였으나 대개 실패하였다. 도쿄의 조선 고학생동우회만이 학생 입회자가 점차 증가하여 그 행동이 학생단체라고 할 수 없는 점이 있을 뿐 아니라, 일부 고학생은 사상이 점차 좌경하여 내지(內地) 공산주의자에 접근하기에 이르러…[18]

즉 도쿄고학생동우회 멤버들이 일본인 사회주의자들과 교류하고 있었다는 것을 감시하고 있었다. 하지만 당시 도쿄에서는 그들 외에도 일본인 사회주의자가 주최하는 모임에 참석한 조선인 청년들이 있었다. 1920년대 전반에 도쿄거주 조선인의 사회운동을 면밀하게 감시했던 내무성 경보국과 조선총독부 감찰과의 기록들[19]을 바탕으로 당시 그들의 동향을 정리하면 아래와 같다.

1920년 12월 도쿄 YMCA회관에서 열렸던 일본사회주의동맹 창립대회에는 당시 니혼(日本)대학에 재학하던 김판권(金判權)이 참석하였다. 이는 일본거주 조선인이 일본사회운동의 집회에 참석한 최초의 사실로서 확인된다. 이듬해 5월, 사회주의동맹이 제2회 대

---

18 앞의 『朝鮮人槪況』 第三 참조.
19 당시 일본거주 조선인 사회사상 선각자들의 동향에 대한 설명은 內務省 警保局, 『朝鮮人近況槪要』(1922.1), 동 『在京朝鮮留學生槪況』(1925.12), 坪江豊吉, 『朝鮮民族獨立運動秘史』, 285쪽(嚴南堂書店, 1966) 등 참조. 츠보에(坪江)는 조선총독부 감찰과장을 지냈고 해방 이후는 일본법무성의 법무사무관, 법무연구원을 역임했다.

제4장 1920년대 전반 일본거주 조선인의 사회운동

회 직후에 경찰에 의해 강제 해산당한 후에는 사카이 토시히코(堺利彦) 등이 주최하던 '코스모클럽(コスモ俱樂部)'에 조선인 청년들이 출입했다. 1921년 6월 24일 개최된 코스모 클럽의 강연회에는 권희국(權熙國), 정태신(鄭泰信), 원종린(元鐘麟) 등이 개회사와 강연을 시도했는데, '논지 불순'이란 이유로 임석 경관에게 중지당했다. 그들은 또 다카츠 마사미치(高津正道: 와세다早稻田대학 교수)가 주도하는 와세다대학 맑스주의 학생단체인 교민카이(曉民會)에도 참가했다. 또한 같은 시기에 니혼(日本)대학 학생 김약수와 고학생 박열은 아나키스트 오스기 사카에(大杉榮)나 이와사 사쿠타로(岩佐作太郎) 등이 주최하는 모임에 참가하고 있었다.

1921년 10월, 도쿄거주 조선인 선각자들은 점차 독자적인 사상단체를 만들고자 동지를 모으기 시작했다. 원종린은 신인연맹(新人聯盟)이라는 조선인 사상단체를 만들고자 창립 취지서를 발표하고 동지를 모았는데, 그와 별도로 임택룡과 함께 흑양회(黑洋會)라는 단체를 조직하고자 했다. 다만 같은 시기에 김약수, 박열, 백무 등도 사상단체를 조직하려고 준비하고 있었기에, 그들과 같이 협의하여 새로운 단체를 만들기로 했다.

3) 흑도회의 결성과 회원 동향

1921년 11월 29일, 김약수, 박열, 백무, 임택룡, 김판권, 권희국, 원종린, 장귀수(張貴壽: 일명 판수), 김은국(金恩國), 정태성(鄭泰成), 조봉암(曺奉岩) 등의 조선인 활동가들은 일본인 아나키스트 이와사 사쿠타

129

로의 집에서 '에스페란트 강습회'라는 명목으로 집회를 개최했으나, 임석경관에게 노동문제를 논의한다고 트집잡혀 해산당했다.[20] 사실 이날의 모임은 재일조선인 최초의 사상단체 흑도회(黑濤會)를 결성하려는 것이었는데, 일본 경찰은 모임이 열린 당시와 그 직후까지 에스페란트어 및 노동문제의 강습회라고 인식했던 것으로 추측된다. 왜냐하면 현존하는 일본 관헌의 기록에서 흑도회 결성 사실에 대해 명기되기 시작한 것은 1925년의 자료이기 때문이다.[21]

단체명을 "흑도회"라고 정한 명확한 이유는 알 수 없으나, 결국 그렇게 정한 것은 당시 이와사 집의 회합에 참석했던 조선인 활동가 중에 일체의 권력을 부정하고 개인의 자립을 추구하는 아나키즘에 매료된 사람이 많았기 때문이라고 추측된다. 또한, 흑도회원 중에는 김약수, 박열, 백무, 임택룡 등과 같이 고학생동우회원을 겸한 사람이 많았는데, 이는 당시 고학생동우회가 일본 내의 조선인 사회운동에서 어떤 위상에 있었는지 알 수 있다.

1922년 1월, 고학생동우회 회원들은 '사회운동 보급'이란 명목

---

20 앞의『朝鮮人近況概要』(1922.1)를 참조.
21 당시 재일조선인의 운동을 항상 철저히 감시하고 있던 내무성 경보국은 1925년 12월의 조사자료『在京朝鮮留學生槪況』에서 처음으로 흑도회가 결성된 사실을 기록하고 있다. 경보국은 평소에 감시했던 주요 사실은 반드시 해당 년도의 기록에 남겼다. 그런 전력을 보면, 그들이 흑도회 결성 사실을 간파했으면서도 당해 년도의 기록에 남기지 않았을 리는 없다고 생각된다. 하지만 이유는 확실하지 않지만 1921년 11월에 이와사 집에서 열린 모임에 대해 다른 목적의 것이라고 파악했던 것으로 추측된다. 일본 관헌이 흑도회가 결성된 사실을 알게 된 것은, 1923년 9월 관동대지진 직후에 폭탄 테러를 기도하였다는 허위 혐의로 박열을 체포하고 그를 심문하는 과정에서였다고 생각된다.

으로 귀국하여, 『조선일보』 2월 4일자에 '전국 노동자 제군에게 격함'이라는 선언문을 발표했다. 그것은 도쿄 고학생동우회가 일본의 사상단체 및 노동단체와 손을 잡고 전면적인 계급투쟁을 전개한다는 내용이었다. 그 선언문은 당시 조선에서 사회운동단체가 신문 지상을 통해 '계급투쟁 선언'을 게재한 최초의 것에 해당한다.

1922년 5월 1일 도쿄의 시바(芝)구 시바우라(芝浦)에서 개최된 제3회 노동절(메이데이) 행사에 고학생동우회의 백무(白武)가 지인들과 함께 참가했다. 즉 일본에서 개최된 노동절 행사에 최초로 조선인이 참가한 것이라고 판단되는데, 당시 백무는 발언 기회를 얻어 청중에게 박수를 받았고 사회운동가 후세 타츠지(布施辰治), 사카이 도시히코(堺利彦), 오스기 사카에(大杉栄) 등도 우호적인 태도를 취했다고 한다.[22]

4. 흑도회의 활동

흑도회의 이름을 걸고 전개한 운동은 별로 확인되지 않는다. 그것은 설립 직후부터 당시 일본 사회운동 계에서 확연해진 아나키스트와 볼쉐비키 사이의 대립에 영향을 받았기 때문이라고 추측된다. 이하에서는 당시 흑도회원 중에서 가장 명확한 활동을 했던 2개 그룹에 주목하여 그 동향을 자세하게 검토해 본다.

22　山田昭次, 『関東大震災時の朝鮮人虐殺とその後』, 創史社, 38쪽.

1) 김약수를 중심으로 한 신문 『대중시보(大衆時報)』 그룹

흑도회 회원 중에는 1922년부터 『대중시보(大衆時報)』라는 한글−한자 병용의 신문을 발간한 김약수 외 수 명의 그룹이 있었다. 현재 『대중시보』는 제4호(1922년 6월 1일자 발행)만 볼 수 있는데, 그를 통해 김약수 그룹의 동향을 보고자 한다.

먼저 편집후기인 「편집실에서」를 보면 "월 2회 발간을 하게 되었다"고 하니, 이 신문은 같은 해 4월 중에 창간된 것으로 추측된다. 전체 8면으로 지면 수는 많지 않으나, 비교적 많은 정보를 싣고 있었다. 기사의 주제는 자본주의 체제에 대한 비판, 사회주의 선전, 조선총독부에 의한 정책과 조선인 탄압에 대한 비판, 영국의 식민지 인도와 병합지 아일랜드의 상황, 세계와 일본의 정세, 일본거주 조선인 학생과 그 사회운동 등에 관한 것이었다. 그 기사들 대부분은 발행인 김약수를 비롯해 정우영, 이여성(李如星) 등이 집필한 것으로 확인된다. 기사 중에는 경찰당국의 검열을 받아 검게 지워진 흔적들도 있으나, 언론의 자유가 제한된 환경에서도 집필자들은 완곡한 표현이나마 제국주의 비판과 맑스주의 선전을 하고 있었다.

또한 「편집실에서」에 의하면, 『대중시보』는 자매지로 일본어 신문 『청년조선(青年朝鮮)』을 발행했다는 사실을 알 수 있다. 현재 유일하게 볼 수 있는 『청년조선』 창간호(1922년 2월 15일자)에 의하면, 주필은 정우영이었고 발행소는 『대중시보』와 동일한 '도쿄 간다(神田)구 니시키(錦)정 1정목(丁目)'이었다. 그 기사는 일본인 독자를 대상으로

제4장 1920년대 전반 일본거주 조선인의 사회운동

당시 조선인이 처한 부조리한 상황을 고발하는 내용이었다. 전체 8면 중에서 경찰의 사전 검열에 의해 지워진 부분이 적지 않았는데, 그 중에는 박열이 쓴 '강아지(犬コロ)'라는 제목의 시도 있었다.[23] 그리고 훗날 흑도회 이후에 박열과 행동을 같이했던 정태성의 글도 게재되었다. 즉 『청년조선』의 발간에는 당시 흑도회 회원들 전체가 관여했던 것으로 판단된다.

한편 『대중시보』 제4호에 게재된 「소식(消息)」과 「편집실(編輯室)에서」의 기사를 통해서 흑도회의 동향을 알 수 있다. 먼저 「소식」란에 의하면, 1922년 4월 1일 간다(神田)의 조선YMCA회관에서 흑도회와 고학생동우회가 당시 한반도에서 제기되던 '내정 독립' 및 '조선인 참정권획득' 운동에 반대하는 연설회를 개최했으나, 경찰에 강제 해산되었다고 한다.

또한 '편집실에서'에 의하면, 1922년 5월 1일 우에노(上野) 공원에서 개최된 제3회 '메이데이(노동절)' 행사에 고학생동우회원 5명도 참가했지만, 감시하던 경찰에게 검거당했다고 한다. 이는 일본거주 조선인이 최초로 일본의 노동절 행사에 참가했다는 기록인데, 동우회의 회원은 흑도회와 대부분 겹치므로 흑도회 활동의 일

---

[23] 그 후 박열과 동지적 동거를 하게 되는 허무주의자 카네코 후미꼬(金子文子)의 진술에 의하면, 1922년 1월경 정우영의 집에서 『靑年朝鮮』 창간호의 교정본에 실린 박열의 '강아지(犬コロ)'라는 시를 읽고 그 때까지 보지 못한 강한 반항 정신이 깃든 내용이라 감동했다고 한다 (東京地方裁判所, 『被告人朴準植 金子文子 特別事件主要調書』, 201쪽). 그러나 그 『靑年朝鮮』 창간호에 게재된 박열의 시는 대부분 사전 검열에 의해 삭제되었으므로 현재 그 전모를 파악할 수가 없다.

환으로 간주해도 무방할 것이다[24].

2) 박열을 중심으로 한 신문 『흑도(黑濤)』 그룹

박열과 그 주변의 사람들은 위에서 본 김약수 그룹과는 다른 환경에 처해 있었다. 먼저 박열이 일본에 도항하게 된 이유 및 1923년 중반까지의 생활과 사상 상황에 대해, 1923년 9월 일본 경찰에게 취조받은 기록[25]을 통해 정리해 보자.

박열은 관비 장학생으로 경성(京城)고등보통학교에 다니던 중에 3·1운동에 참가한 것을 계기로 1919년 10월에 경찰의 추적을 피해 일본에 도항했다고 한다. 당시 일본에 거주하던 조선인 고학생들이 그랬듯이, 박열도 신문배달, 우편배달, 인력거꾼, 완탕장수, 야경, 점원, 인삼 행상, 엿장수, 날품팔이 등의 일들을 전전하면서 생활했다. 그러던 중 사회주의에 관심을 가지게 되었고, 당시 일본에서 손쉽게 구할 수 있었던 제정러시아 말기의 사상서를 탐독한다든지, 일본인 아나키스트들이 주최하는 모임에 참석하면서 사상적 식견을 쌓았다. 그 후 러시아의 10월(볼쉐비키)혁명은 소수파들

---

24 이러한 당시 흑도회원 누구가 참석했는지는 명확하지 않으나, 이로 보아 적어도 1922년 전반 시점에는 흑도회가 분열이나 해산된 것으로 보여지지는 않는다. 따라서 1921년 12월 내지 22년 1월에 흑도회가 해산했다는 이와무라 토시오의 주장(岩村登志夫 前揭書, 64쪽)은 수정할 필요가 있다.
25 박열의 생활과 사상 형성에 대한 정리는 그가 1923년 9월 일제 경찰에게 체포된 후 예심판사가 심문한 기록인 東京地方裁判所, 『被告人 朴準植 金子文子 特別事件主要調書』, 212~215쪽을 참조했음.

제4장 1920년대 전반 일본거주 조선인의 사회운동

을 탄압하여 이루어진 독재 체제라는 사실을 알고 그에 대해 반감을 가졌다. 그 후, 박열은 자유와 자치에 의한 무권력 무지배의 세계 즉 아나키즘의 세계를 동경하게 되었고, 점차 직접 행동으로 권력에 항거하고자 하는 급진적 아나키스트가 되었다. 그가 생계를 위해 일상에서 갖은 일을 해야 했던 고된 경험에서 나온 행동이었다고 할 수 있다.

실제로 박열은 흑도회가 결성되기 전인 1921년 가을까지 혈권단(血拳團) 또는 의권단(義拳團)이란 사적 조직을 만들어 '반민족적 행위자'라고 간주되는 사람들에 대해 '응징' 명목으로 집단 린치를 가하기도 했다. 그들의 그러한 행동은 민족차별과 계급차별을 동시에 겪어야 하는 현실에 대한 울분의 분출이었다고 보여진다. 하지만, '반민족적'이라는 판단을 주관적으로 하여 당사자에게 폭력 행위를 하는 것이 당연하다고 할 수는 없다. 사실, 그로 인해 박열은 경찰에 체포되어 유치장 신세를 진 적도 수차례 있었다. 따라서 박열과 그 주변 사람들은 일본 정부의 공식 행사가 있을 때마다 "주거 부정의 구류 상습자"라는 명목으로 '예비검속 제도'의 대상이 되어 유치장에 감금당하는 경우가 종종 있었다. 박열은 그 때마다 치욕을 느끼며 한층 강한 반일 감정을 가지게 되었다고 한다.

또한 그는 생활하기 위해 갖가지 육체노동을 하던 중에 체력이 고갈되어 결핵에 걸려서 노동자 숙소에서 홀로 앓아 누웠던 적도 있었다. 당시 상당히 허무감을 느꼈다고 한다. 박열이 점차 니힐리즘적인 사고를 하게 된 배경에는 그 자신의 일상생활에 기인했다고 할 수 있다. 박열 스스로도 다음과 같은 진술을 하고 있었다.

135

어떠한 시대나 사회에도 행하여지는 진리와 선은 결국 강자를 위해 주어진 구실이며, 사회의 질서 법률 제도 도덕 종교 국가 주권 등 어떤 것도 유형무형으로 약육강식의 투쟁 관계를 표시하는 미명에 지나지 않는다. …(중략)… 나는 인간성을 신뢰할 수 없다고 알고 난 후, 적막 고독의 감을 갖는 동시에, 내 자신이 조선인으로 태어나 약자인 것, 또 그보다 인간으로서 약자인 것을 저주하게 되었다. 나는 원래 만물의 존재를 부정함과 동시에 견딜 수 없는 학대 아래에서 약자로서 참고 따르는 것이 저주스러워졌고, 모든 사물에 대한 반발 복수를 통해 모든 사물을 멸망시키는 것이 거대한 자연에 대한 합리적인 행동이라고 믿게 되었다.[26]

박열의 니힐리즘 사상은 1922년 2월경 가네코 후미코(金子文子)라는 일본인 허무주의자를 만난 후에 더욱 확실해졌다. 같은 해의 4월경부터 박열은 가네코와 '동지로서의 동거'를 하였는데, 두 사람은 니힐리즘의 세계를 실천하기에는 현실적으로 불가능하므로 그 첫 단계로서 아나키즘 세계를 실현하는 것이 바람직하다고 합의했다. 그리고 아직 발행하지 못했던 흑도회 명의의 신문을 제작하기로 했다[27].

이하에서, 박열과 가네코 후미코(金子文子)가 중심이 되어 발간한 소신문 『흑도(黑濤)』의 내용을 검토하며 그들이 지향했던 바가 무엇

---

26 앞의『被告人 朴準植 金子文子 特別事件主要調書』, 216쪽.
27 위의『被告人 朴準植 金子文子 特別事件主要調書』같은 곳. 당시 박열에게는 이미 별도로 <대중시보>라는 소신문을 발행하고 있던 김약수 그룹에 대한 경쟁심도 있었다고 추측된다.

제4장 1920년대 전반 일본거주 조선인의 사회운동

이었는지 보도록 하자. 1922년 7월 10일에 창간된 『흑도(黑濤)』는 총 4면으로 구성된 일본어 신문이었는데, '흑도'라는 제호를 사용한 것을 보아 흑도회의 기관지로서 간행했다고 생각된다. 그 『흑도』 창간호의 기사 중에 있는 '선언(宣言)'은 내용으로 보아 다름 아닌 흑도회 결성 시에 사용한 '선언'이라고 추측된다. 약간 길지만, 일본거주 조선인 최초의 사상단체인 흑도회가 지향한 바가 무엇인지 파악하는 근거가 되므로 아래에 인용해서 보고자 한다.

> 우리는 어디까지나 철저히 자아로 산다. 일상의 일거일동이라 할지라도 그 출발을 전부 자아에서 구해야 한다. 우리는 철저한 자아주의자로서 인간은 서로 미워하지 말고 서로 친하게 지내며 도울 수 있다는 것을 알았다.
>
> 우리는 사람마다 자아의 자유가 있음을 무시하고 완전한 개성의 발전을 방해하는 모든 불합리한 인위적인 통일에 어디까지나 반대하며, 또 전력을 다하여 그를 파괴하는데 노력한다.
>
> 우리에게는 아무런 고정된 주의가 없다. 인간은 일정한 틀에 박혀 있게 될 때 타락하고 사멸하는 것이다. 마르크스와 레닌이 뭐라고 지껄였던, 크로포트킨이 뭐라고 말했던 간에 우리에게는 귀중한 경험이 있으니까 아무 소용이 없다.
>
> 우리에게는 우리로서의 귀중한 경험이 있고 …(20자 보이지 않음)… 우리는 우리 자신이 해야 할 일과 하지 않아야 할 일을 우리 자신 스스로가 규율한다. 외부에서 오는 어떠한 강한 권력도 우리의 행동을 규율할 수 없다. … (하략)

즉 이 '선언'은 개인의 자립을 추구하고 외부 권력의 압박을 일체 부정하는 아나키즘의 색채가 짙은 내용이다. 다만, 후반부터 자신들은 종래의 아나키스트와는 다르다는 점을 표방하고 있다는 것에 주목할 필요가 있다. 즉 "마르크스와 레닌이 뭐라고 지껄였던, 크로포트킨이 뭐라고 말했던지, 우리에게는 귀중한 경험이 있으니까 아무 소용없다"라는 부분이다. 그 "우리"란 일상생활에서 차별적 상황에 처해 있던 일본거주 조선인을 의미한다고 판단되는데, 일본에서 경험한 것을 토대로 독자적 방식으로 운동을 전개해 갈 것이다, 라고 표방하고 있다. 즉 그들의 '선언'은 민족주의에 기반을 둔 아나키즘 운동을 지향하겠다는 것이었다.

『흑도』창간호의 기사는 조선인 무산계급의 슬픔, 흑도회원들이 경찰에 검거당했을 때의 경험담, 독립운동 소식 등으로 구성되었다. 다만 전체 구성을 앞에서 봤던『대중시보』와 비교하면, 일반 대중 상대의 사상계몽을 하는 기사는 적었다. 그 이유로서,『흑도』의 집필자들 대부분이 평소 생계유지를 위한 노동에 훨씬 많은 시간을 할애했어야 했던 고학생이었기 때문이라고 추측된다.

'낡은 공동주택의 이층에서(ボロ長屋の二階から)'라는 편집후기도 주목할 필요가 있다. 그 '공동주택의 이층'이란 다름 아닌『흑도』의 발행소이며 박열과 가네코가 동거하던 도쿄 세타가야(世田谷)[28]의 단칸방을 의미한다. 그 편집후기를 보면, 당초 8면을 발행하고자 했지만 경찰의 방해로 모금이 곤란해져서 4면으로 발행할 수 밖에

---

28 『黑濤』창간호 1면의 발행소 주소를 보면 '도쿄(東京) 세타가야(世田谷) 이케지리(池尻) 412번지'라고 되어있다.

없었다는 것 등의 어려운 상황을 명기하였다. 즉 낮에는 독지가와 광고주를 물색하거나 생계유지를 위해 분주했으며, 밤에는 원고정리 작업에 여념이 없었다고 한다. 그리고 말미에는 '흑도회 잡지부 임시 심부름꾼 박열, 가네코 활랑(金子活浪)'이라고 공동 서명하였는데, 후자는 바로 가네코 후미코였다. 가네코도 박열과 같이『흑도』의 발행 과정에 직접 참가하고 있었던 것이다.

한편 당시 박열과 가네코는 일본인 사회주의자들과도 교류를 지속하면서『흑도』의 발행 자금을 모으고 있었다고 추측된다. 즉 두 사람이 오스기(大杉)를 비롯한 일본인 아나키스트들이 자주 모였던 도쿄 코마고메(駒込) 센다기정(千駄木町)의 모치즈키 카츠라(望月桂) 집을 종종 방문했다는 증언이 있다[29].

상술하여 검토했듯이, 1920년대 전반에 박열을 중심으로 한 그룹은 매우 곤란한 현실 아래에서도 아나키즘 계몽지『흑도』를 발행했다는 것을 확인했다. 그들이 흑도회의 기관지로서『흑도(黑濤)』를 발행한 것은 이미 김약수 그룹과는 확연히 다른 방향을 선택했다는 선언이라고 할 수 있다.

3) 1922년 시나노가와(信濃川) 학살사건 항의운동과 흑도회의 해산

일본거주 조선인의 사회운동은 1922년 7월부터 9월 사이에 전개된 시나노가와 조선인노동자 학살사건 항의운동을 기점으로 변

---

29 小松隆二,『大正自由人物語 —望月桂とその周辺』, 岩波書店, 1988, 183쪽.

화가 일어났다.

  1922년 7월 22일자『요미우리(讀賣)신문』은 니이가타(新潟)현에 위치하는 신에츠(信越) 전력회사의 시나노가와 수력발전소 건설공사장에서 전율적인 조선인 노동자 학살사건이 있었다고 보도하였다. '지고쿠다니(地獄谷)'라 불리던 그 공사 현장에서는 조선인 노동자들을 이탈하지 못하게 감옥방(監獄部屋)이란 곳에 감금하며 강제노동을 시켰고, 비인간적인 대우를 견디지 못해 도주한 조선인들은 일본인 감독에게 무참히 학살당했다는 사실을 폭로하는 내용이었다.

  이 보도를 접한 일본거주 조선 지식인들은 분노에 떨었다. 도쿄의 유학생단체인 학우회와 흑도회는 대책을 협의하고 '조선인 노동조사회'를 발족시켰으며, 김약수, 박열, 백무, 나경석(羅景錫) 등을 니이가타현으로 보내서 진상을 조사하였다. 그 결과 학살당한 조선인노동자가 100여명에 이른다는 사실을 알아냈다.

  또한 그들은 같은 해 9월 7일 도쿄 YMCA회관에서 일본인 사회운동가들과 함께 그 학살사건을 규탄하는 '시나노가와(信濃川) 학살문제 연설회'를 개최하였다. 당일 참석한 조선인 활동가는 김약수, 박열, 변희용, 백무, 이여성, 황석우, 장귀수, 김종범(金鐘範), 서상일(徐相一), 정운해(鄭雲海), 이강하, 신영우(申榮雨: 염파), 박치호(朴治浩), 유진걸(柳震杰), 이주화(李周和), 김형두(金炯斗) 등이었다. 일본인 참석자는 다카츠 마사미치(高津正道), 나카미오 고리키(中名生幸力), 고이케 카오루(小池薰), 우라타 타케오(浦田武雄), 모치즈키 카츠라(望月桂), 와타나베 미치조(渡辺滿三), 사카노 하치로(坂野八郎), 하시우라 토키오(橋浦時雄), 이토 이치로(伊藤逸郎), 도미오카 치카에(富岡誓, 별명 中浜哲) 등이었다.[30] 이를 보면, 당해

제4장 1920년대 전반 일본거주 조선인의 사회운동

사건의 잔인함과 부당함을 규탄하기 위해 조선인 및 일본인 활동가들이 민족과 주의를 초월하여 회동했다는 것을 알 수 있다. 처음에는 사카이 토시히코(堺利彦)와 오스기 사카에(大杉榮) 같은 사회운동계 명사들도 연사로 예정되어 있었지만, 두 사람은 경찰의 탄압을 예상했던지 연설회 당일에는 결국 참석하지 않았다.

연설회는 김약수의 사회로 진행되었으나, 시작한지 얼마 되지 않아 임석한 경관이 '내용 불온'의 이유로 해산 명령을 했다. 결국 강제 해산시키려는 경찰과 그에 반발하는 연사들 간에 난투극이 일어나서 연설회는 종료되었다. 하지만, '시나노가와 학살문제연설회'는 종래 일본에서 볼 수 없었던 조선인과 일본인 사회운동가들의 연대투쟁이었다고 평가할 수 있다.

그 연설회에 등단한 연사 중에는 박열도 있었다. 그는 "…그러한 반인도적인 행위는 항상 오야카타(親方-일용노동자 그룹의 우두머리)들의 향응을 받아 온 세 명의 순사에 의해 조장되었던 것이다. 그러한 무질서 상태에 대해 일본정부는 아무런 구제책을 강구하지 않고 있다. 이 나쁜 제도는 현재의 자본주의적 사회조직에 인한 결과이므로, 이 사회제도를 근본적으로 파괴할 필요가 있다고 나는 생각한다"고 하였다.[31] 이를 통해서도 당시 박열의 문제해결 방식은 직접행동 주의였다는 것을 엿볼 수 있다.

---

30 이 '시나노가와(信濃川) 학살문제 연설회'에 대한 일본경찰의 감시 기록은 朴慶植, 『朝鮮人强制連行記錄』(未來社, 1965)의 223~228면에 수록되어 있다.
31 위의 朴慶植, 『朝鮮人强制連行記錄』(未來社) 같은 곳.

평소 제각기 활동하고 있던 흑도회 관련의 활동가들이 그 학살 사건과 같은 적나라한 민족차별에 대해서는 공동으로 항의하는 행동을 취했다. 그러나 사실 흑도회 내부에서는 이미 김약수 그룹과 박열 그룹의 대립이 확연해지고 있었다. 아래는 당시 고학생으로 도쿄에 거주하던 홍진유(洪鎭裕)의 진술인데, 이를 통해서도 그들의 대립 조짐을 엿볼 수 있다.[32]

> … 간다(神田)의 조선 기독교청년회관에서 시나노가와(信濃川) 조선인학살사건이 동기가 되어 조선인 노동조사회라는 것이 생긴다고 하여, 나는 그날 일을 마치고 돌아가던 중 거기에 방청하러 가니, 조선인 공산주의자인 김약수가 그 모임의 사회를 보고 있었습니다. 내가 보니까 노동자조사회인가 뭔가라고 하면서 거의 노동자로 보이는 사람은 한 명도 없어 이상하게 생각했고, 김약수가 훌륭한 옷을 입고 매우 뻐기면서 노동자에 대해 잘 아는 것처럼 말을 해서 나는 야유를 퍼부었습니다. 그랬더니 신염파라는 사람이 나의 주소를 가르쳐 달라고 하면서, 노동자 일은 노동자 자신이 해야 한다, 저 사람들은 야심으로 한다고 말했습니다. 나는 신염파에게 주소를 적어주었는데, 약 반 달 정도 있다가 신이 나의 주소로 찾아와 노동자의 일은 노동자 자신이 하자면서 흑우회라는 것을 만들자고 이야기를 했고, 그리고 장

---

32 앞의 『被告人 朴準植 金子文子 特別事件主要調書』의 318쪽에 의하면, 홍진유는 함경남도 원산 출생으로 1914년에 도일하여, 철공소 인부, 전기회사 직공, 상점원, 신문배달원 등을 전전하면서 츄오(中央)대학 법학부에서 2년 반 정도 수학하였으나, 부친의 병 때문에 귀국하여 농사를 짓다가 다시 도일하여 인쇄공장 직공, 미장이 등을 하면서 생활하고 있었다.

제4장 1920년대 전반 일본거주 조선인의 사회운동

상중의 소개로 박열을 알게 되었고 …[33]

홍진유는 '조선인 노동조사회'를 결성하는 모임에 참석했으나, 노동자의 현실을 잘 모르는 것으로 보이는 사람들이 주도하는 상황에 거부감을 느꼈고, 결국 박열 등이 주도하는 아나키즘 단체 흑우회에 가담하게 된 것이다. 이를 통해, 박열 그룹과 김약수 그룹이 대립한 이유 중에는 서로의 경제적 환경이 달랐다는 점도 있었던 것을 알 수 있다. 또한 운동 전개의 방법론이 달랐으므로, 박열 그룹은 김약수 그룹에 대해 노동자를 이용하는 정치적 야심가라고 비판했던 것이다.

흑도회가 완전히 분열된 것은 1922년 9월 말에서 10월 중순 사이라고 판단된다. 박열은 1922년 11월경에 홍진유, 박흥곤, 신염파, 서상일, 서동성, 장상중 등과 함께 흑우회(黑友會)라는 아나키즘 단체를 결성하였다. 또한 같은 무렵에 김약수, 김종범, 안광천, 이여성, 변희용 등의 그룹은 기존의 막연한 사회주의적 경향과는 확연히 다른 북성회(北星會)라고 하는 맑스주의 단체를 결성했다.[34]

흑도회에서 이탈한 조선인 맑시스트들은 일본노동총동맹 측과 교류를 가지는 한편, 도쿄 등 대도시에 거주하던 조선인 노동자들을 조직화하는 운동을 전개했다. 그 결과 1922년 11월 15일에 최갑춘, 손영식, 백무 등의 주도로 도쿄조선노동자동맹회(東京朝鮮勞動者同盟會)가 결성되었고, 같은 해 12월 1일에는 총동맹 간사이(關西)노동

---

33 앞의 『被告人 朴準植 金子文子 特別事件 主要調書』, 320쪽.
34 앞의 朴慶植, 『在日朝鮮人運動史—8·15解放前』, 106쪽.

동맹회와 김약수, 김종범 등의 응원 하에 오사카조선노동동맹회(大阪朝鮮勞動者同盟會)가 설립되었다. 김약수는 『노동신문(勞動新聞)』 1922년 12월 5일자에 투고한 「조선 노동계급의 신흥운동」이란 기사를 통해, "오늘까지 일본에서의 조선인 운동은 항상 일부의 유학생 운동에 의해 주도된 상황이었다. 그러나 금후의 운동은 정말 무산계급의 정예에 의해 이끌어질 것이다"라고 설명했다. 그것은 앞에서 언급했듯이, 야마카와 히토시(山川均)의 「무산계급운동의 방향전환」에서 "일부 선각자만의 운동에서 대중적 기반 위의 운동으로… 정치투쟁으로"[35]라는 주장에 영향을 받은 것이라고 할 수 있다.

이처럼 1920년대 초에 시작된 일본거주 조선인의 사회운동은 맑시즘 그룹이 지원하는 노동운동과 아나키즘 운동으로 분리되었다고 할 수 있다.

5. 소결

1921년 11월 도쿄에서 결성된 조선인 사회사상 단체 흑도회(黑濤會)는 아나키즘 성향의 명칭을 사용하였으나, 당시 도쿄거주 조선인 중에서 사회운동에 관심을 가진 지식인들이 혼재되어 있던 단체였고, 그들이 종래 일본 사회운동과 교류하는 과정에서 체득한 경험을 조선인 독자의 운동단체로 시작한 것이었다. 그러나 발족

---

35 앞의 山川均, 『自傳』 같은 곳.

이후 흑도회는 맑시즘 경향을 띤 김약수 중심의 그룹, 아나키즘 경향의 박열 중심의 그룹으로 나뉘어 활동했다. 전자는 『대중시보』라는 맑시즘 성향의 신문 발행을 중심으로, 후자는 『흑도』라는 아나키즘 성향의 신문 발행을 중심으로 활동을 전개했다. 당시 그와 같이 흑도회원들이 2개의 그룹으로 나뉘어 활동했던 이유는 각자가 지향하는 운동 방법론의 차이에 있었지만, 서로 경제적 환경이 달랐다는 점도 있었다고 판단된다. 예를 들면, 박열을 중심으로 한 고학생들이 표출했던 허무주의와 아나키즘이 섞인 운동 경향은 민족차별과 계급차별을 동시에 겪어야 하는 현실에서 나온 것이라고 할 수 있다. 다만 당시 시나노가와(信濃川) 조선인노동자 학살사건과 같은 민족차별 사건에 대해 단합된 항의 활동을 보여주었듯이, 흑도회원들의 사상 기저에 공통적으로 존재한 것은 민족주의였다.

재일조선인 최초의 사회사상 단체인 흑도회는 설립 1년 후인 1922년 10월 중순 경에 해산했다고 판단된다. 비록 김약수 그룹과 박열 그룹이 제각기 별도의 활동을 전개하였지만, 일본거주 조선인 사회운동의 맹아기인 1920년대 초에 흑도회가 설립된 것은 해당 운동사에서 의의있는 사건이라고 할 수 있다.

제5장

1920년대 후반~1930년대 전반 일본거주 조선인의 노동운동[*]

1. 들어가며

이 장의 목적은 일본거주 조선인에 의한 노동운동이 전개된 1920년대 후반부터 1930년대 전반의 시기를 대상으로 그 실태를 개관하는 것이다.

먼저 일본내 조선인 최대의 노동단체인 재일조선노동총동맹(이하 '재일노총')이 1925년 설립 이후 1929년까지의 주요 활동을 검토한다. 또한 그 재일 노총과 협조 관계에 있던 일본인 노동단체인 일본노동조합전국협의회(이하 '전협')가 설립되는 과정과 그 성격을 파악하고자 한다. 그 두 사안을 먼저 검토하는 이유는 재일노총의 지도부가 1930년을 기점으로 산하 조합원을 전협 산하의 산업별 노조로 합류한 진상을 파악하기 위해서이다. 그 다음에는 1930년부터 1934년까지 전협 내부에서 조선인 조합원들이 어떤 형태로 존재했는지를 밝히고자 한다. 그에 관해 기존의 일본 노동운동사

---

[*] 이 장은 필자의 논문「1930년대 일본 혁신노동조합의 한인조합원 운동」(『일본역사연구』제23집, 2006)을 수정 가필한 것임을 밝혀 둔다.

연구¹에서 단편적으로 언급된 적은 있지만, 전협의 전국 산하단체에서 조선인 조합원들이 어떻게 존재했고 무슨 활동을 했는지 구체적으로 검토하여 공개한 적은 없었기 때문이다.

기존의 재일조선인운동사 연구²에서는 1920년대에 재일 노총과 산하 조직이 일본 각지에서 활동한 사실이나, 1930년대에 전협 조직에서 전위적 활동을 했다는 사실을 주목한 적이 있다. 다만, 재일노총 지도부가 1930년에 전협 산하로 합류한다고 결정한 것에 대해 민족 고유의 운동을 저해한 "오류"라고 비판하는 논조가 많았다. 하지만 그 비판론은 해당 사실을 당시 재일노총이 처한 운동 환

---

1 대표적인 연구로서 渡部徹, 『日本労働組合運動史―日本労働組合全国協議会を中心として』(青木書店, 1954); 岩村登志夫, 『在日朝鮮人と日本労働者階級』(校倉書房, 1972) 등이 있다. 또한 1922년에 창립되어 일본의 혁신적인 좌익운동을 리더 역할을 했다고 자처하는 일본공산당은 스스로의 역사 기록 『日本共産党70年史』(新日本出版社, 1993)에서 1945년 8월 이전 외곽 단체에 소속되어 있던 조선인들의 활약에 대해 일체 언급하지 않았다.
2 朴慶植, 『在日朝鮮人運動史―8.15解放前』(三一書房, 1974); 水野直樹, 「新幹会東京支会の活動について」(『朝鮮史叢』, 1975); 梶村秀樹, 『解放前の在日朝鮮人運動史』(神戸学生青年センター, 1981); 高峻石, 『コミンテルンと朝鮮共産党』(社会評論社, 1983); 金森襄作, 「在日朝鮮労働総同盟の解体と日本労働組合全国協議会への加盟について」(『大阪地方社会運動史編纂ニュース』 第18号, 1983); 谷合佳代子, 「1930年代在阪朝鮮人労働者の闘い」(『在日朝鮮人史研究』 第15号, 1985); 外村大, 「1930年代中期の在日朝鮮人運動―京阪神地域・民衆時報を中心に」(『在日朝鮮人史研究』 第28号, 1991); 金廣烈, 「1930年代名古屋地方の朝鮮人労働運動」(『在日朝鮮人史研究』 第23号, 1993); 石坂浩一, 『近代日本の社会主義と朝鮮』(社会評論社, 1993). 즉 필자도 상기 1993년의 졸고에서 1920년대 말 당시 일본 각지에서 설립된 새로운 지부들이 편입되는 중이었던 재일노총이 전협에 합류한 것은 오류였다고 언급한 적이 있다. 한국 근대사 연구 분야에서는 김인덕, 『식민지시대 재일조선인운동 연구』(국학자료원, 1996); 정혜경, 『일제시대 재일조선인민족운동 연구』(국학자료원, 2001) 등이 있다.

제5장 1920년대 후반~1930년대 전반 일본거주 조선인의 노동운동

경과 전협에 합류해 있던 상황을 종합적으로 검토한 결과는 아니라고 판단된다.

따라서 이하 각 절에서, 1920년대 후반 당시 재일노총이 처해 있던 상황 및 1930년 이후 전협의 산업별 노조에 합류한 조선인 조합원의 존재 상태를 객관적으로 검토할 것이다. 또한 그들이 1930년대 전반에 일본 각지 전협의 산업별 노조에서 전개한 운동에 대해 사실 차원에서 밝히고자 한다.

2. 1920년대 일본거주 조선인의 노동운동과 일본 노동운동계 상황

1) 재일본조선노동총동맹의 창립과 그 활동

1945년 8월 이전 일본에서 조선인에 의한 노동운동이 본격적으로 시작된 것은 1922년 11월 최갑춘(崔甲春) 등에 의한 도쿄조선노동동맹회 설립과 같은 해 12월 김약수(金若水) 송장복(宋章福)에 의해 오사카조선노동동맹회가 설립된 이후였다. 그 후 1924년에 일본 내 조선인 인구가 13만 명을 육박할 정도로 증가하자, 1925년 초에 상기 두 단체를 중심으로 각지의 조선인 노동단체들과 함께 통합 단체를 설립하는 시도가 추진되었다. 그 결과, 1925년 2월 22일에 도쿄, 오사카, 교토 등 각지의 조선인 노동단체를 망라한 재일본조선노동총동맹(이하 '재일노총')이 창립되었다.[3] 아래는 그 재일노총이

창립 대회에서 채택한 행동강령이다.

> 하나, 우리는 단결의 위력과 상호부조의 조직으로 경제적 평등과 지식의 계발을 기한다.
> 하나, 우리는 단호한 용기와 유효한 전술로서 자본가 계급의 억압과 박해에 대해 철저히 항쟁할 것을 기한다.
> 하나, 우리는 노동자계급과 자본가계급이 양립할 수 없다는 것을 확신하고 노동조합의 실력으로 노동자계급의 완전한 해방과 자유평등의 신사회 건설을 기한다.[4]

이를 보면, 재일노총은 창립 시점부터 계급투쟁을 명확하게 표방한 단체였다는 것을 알 수 있다. 창립 이후 재일노총은 일본 내의 민족단체들과 연대하며 조선인노동자 권리 옹호에 앞장섰고, 일본인 노동단체들과 협력 관계도 유지했다. 그 결과 1926년 10월 시점에 재일노총은 간토(関東)조선노동연합회(東京, 神奈川, 山梨 등의 1,400명)와 간사이(関西)조선노동연합회(大阪, 京都, 兵庫 등의 930명) 등을 산하에 둔, 일본거주 조선인 최대의 노동단체로 발전했다.[5]

---

3 內務省 警保局, 『社会運動の状況』(이하 『社状』로 약칭함) 1931년판, 1075쪽. 이 『社会運動の状況』은 1930년부터 내무성 경보국이 산하의 특별고등경찰(이하 '특고') 기관에 의해 각종 사회운동의 동향을 감시 및 분석하여 대외비 자료로서 매월 발행했던 『特高月報』의 1년분을 정리하여 해마다 발행한 것이다. 해당 자료에 의하면, 1925년 2월 재일노총이 설립되는 과정에서 일본노동조합총동맹 및 도쿄전차노동자자치회의 협력이 있었음을 알 수 있다.

4 앞의 朴慶植, 『在日朝鮮人運動史―8・15解放前―』, 125쪽.

제5장 1920년대 후반~1930년대 전반 일본거주 조선인의 노동운동

재일노총은 1929년까지 매년 전체 대회를 개최하여 시의적절한 운동방침을 세우고 일본거주 조선인 노동운동을 선도하는 역할을 하였다. 이하에서는 재일노총의 조직에 근본적인 변혁이 일어나는 1920년대 말의 운동 상황을 보도록 하자.

1928년 5월 13, 14일에 재일노총은 도쿄시 혼죠(本所)구의 도쿄대학 세틀먼트강당에서 제4회 전체대회를 개최하여, 일반정세보고 외 13개 의안을 토의한 후, 다음과 같은 '선언'과 '일반 운동방침'을 발표했다.

> 선언: 조선인의 생활과 권리가 유린당하고 있다. 정당과 조합운동의 관계에서 인식부족으로 인한 오류를 청산한다. 조합운동의 정당한 기능과 그 직능 조직을 위해 결사적인 노력으로 조직된 노동자를 산업별 조합으로 조직하고자 노력한다. 조합운동의 통일전선을 강화하고 신간회를 적극 지지하여 조선 피압박대중의 전투적 정당이 되기 위해 노력한다.
>
> 운동방침: 조선 내외를 막론한 전민족적 공동 투쟁에 적극 참가해야 한다. 일본 노동시장에서 노동을 하고 있다는 사정으로 일본무산계급과 공동 투쟁을 전개하지 하지 않으면 안 된다.[6]

그 중에서 '전민족적 공동 투쟁'이라 함은 당시 한반도에서 진행

---

5 內務省 警保局,「大正15年中における在留朝鮮人の狀況」, 1926년 12월.
6 1928년 재일노총 제4회 전체대회의 상황은 朴慶植,『在日朝鮮人運動史―8・15解放前―』, 181~182쪽.

되던 '공동운동' 단체 신간회(新幹會)의 설립에 호응하자는 의미였고, '산업별 조합으로 조직'은 노동조합 본연의 형태인 산업별 조직으로 재편성하여 조합원들의 권리옹호 운동을 효율적으로 추진하겠다는 것이다.

단 그에 관해 당시 재일노총이 처한 현실은 '일본 좌익 노동조합의 적극적인 협력과 지도를 기대'[7]하였지만, 그를 실천하기는 힘든 상황이었다. 그 첫 번째 이유는, 재일노총 산하의 조합원들 대부분의 직업이 일용직 육체노동이었으므로, 바로 일본인 노동조합처럼 산업별로 재편하는 것은 어려운 현실이었다. 두 번째 이유는, 조직 재편을 위해 협조를 구할 상대였던 일본노동조합전국평의회(이하 '평의회')가 같은 해 4월 10일의 대규모 탄압으로 인해 붕괴 직전의 상황이었기 때문이다. 또한 동년 11월에는 '쇼와(昭和)천황'의 즉위식 직전에 치안 당국이 감행한 대규모 '사전 검속'에 재일노총 중앙위의 활동가들도 포함되었기에 제4회 전체대회에서 정했던 운동방침은 실천할 수 없었다.

한편 1920년대 말에는 도쿄 이외의 지방 도시에도 조선인 인구가 증가한 결과, 해당 지역에서 조선인 노동자의 권익옹호를 위한 노동운동 단체들이 신설되었다. 그 대표적인 사례로서 1928년에 니이가타(新潟)조선노동조합, 1929년에 효고(兵庫)조선노동조합, 도요하시(豊橋)조선노동조합, 치바(千葉)조선노동조합, 아이치(愛知)조선노동조합 등의 설립을 들 수 있다.

7　崔雲擧,「在日本朝鮮労働運動の最近の発展」,『労働者』1927년 9월호.

제5장 1920년대 후반~1930년대 전반 일본거주 조선인의 노동운동

　1929년 1월, 재일노총은 전국대표자회의를 개최해서 기관지 발행, 정치적 자유획득, 구(舊) 노동동맹 절대 지지, 일본노동조합전국협의회와 공동 위원회 구성, 희생자 구원, 신간회본부 신사간부 추방, 등을 결의했다.[8] 그 중 '일본노동조합전국협의회와 공동 위원회 구성'이란, 전년 4월 10일의 대탄압으로 붕괴된 평의회 후신으로 설립된 일본노동조합전국협의회와 소통하는 기구를 설립하겠다는 것이라고 판단되는데, 거기에는 전년 제4회 대회 때에 선언했던 '산업별 조합조직'에 관한 논의도 포함되었다고 추측된다.

　한편, 재일노총은 그 1929년 3월에 제5회 전국대회를 개최했다. 대회 당일에는 실업반대운동, 최저임금 획득, 자유노동자상해보험법 획득, 범태평양노동조합회의 대표파견, 해방운동희생자구원회 지원, 제악법령 철폐, 산업별 재편 외 기타 안건을 준비하고 연설 및 토의에 들어갔으나, 감시 중이던 임석 경관으로부터 연사의 발언 중에 "불온"한 내용이 있다고 하여 15명이 "발언 중지", 18명이 검거되었기에 폐회할 수 밖에 없었다.[9]

　하지만 1929년에 재일노총은 산하 조직을 통해 '원산 총파업'(1~4월) 및 광주학생운동의 응원 투쟁, 반민족단체 상애회(相愛會) 배격 운동, 각종 민족기념일 운동 등을 전개하였다. 또한 일본 각지에서 신설된 조선인 노조들이 모두 재일노총 산하단체로 가맹하여, 1929년 10월 시점에 재일노총은 산하 조합원 23,500명의 대규모 단체로 발전해 있었다.[10]

8　위의 朴慶植, 『在日朝鮮人運動史―8・15解放前―』, 187쪽.
9　위의 朴慶植, 『在日朝鮮人運動史―8・15解放前―』, 193쪽.

2) 1920년대 후반 일본 진보파 노동조합의 상황

이 항에서는 1920년대 후반에 재일노총과 협조관계에 있던 일본인 진보 계열의 노동조합이 어떤 상황에 처해 있었는지 검토하고자 한다. 그 이유는 1930년에 재일노총의 조선인 조합원들이 진보파 일본인 노조 전협의 산업별 노조로 합류했을 당시, 전협 측은 어떤 상황에 처해 있었는지 파악해두기 위해서이다.

1925년 5월, 일본 최대의 노동단체인 일본노동총동맹(이하 '총동맹')은 향후의 운동방침을 둘러싸고 현실주의를 표방하는 온건 그룹과 정치운동을 표방하는 맑스주의 그룹 사이에서 대립이 심화되었다. 그 결과 같은 해 5월 24일에 총동맹의 맑스주의 그룹은 독자적으로 일본노동조합전국평의회(이하 '평의회')라는 새로운 노동단체를 설립하였다. 이후 평의회는 일본공산당 외곽의 대중 단체로서 일본 진보계 노동운동을 주도하는 존재가 되었다.

평의회는 1928년 3월 모스크바에서 개최된 국제공산주의 노동단체 프로핀테른 제4회 대회에 고쿠료 고이치로(國領伍一郎), 나베야마 사다치카(鍋山貞親)를 파견했는데, 그들은 프로핀테른의 중앙위원으로 선출되었고 평의회는 프로핀테른 일본지부가 되었다. 그러나 그 정보를 파악한 일본정부 내무성 경보국 산하의 특별고등경찰(이하 '특고')은 그들이 귀국하기 전 4월 10일에 평의회에 대해 치안유지법 위반의 "결사금지 단체"라는 명분으로 강제 해산시킨다는 강경

---

10 『社状』1930년판, 1151쪽.

제5장 1920년대 후반~1930년대 전반 일본거주 조선인의 노동운동

조치를 취했다.[11]

1928년 6월 이후, 구 평의회 활동가들은 일본공산당 도쿄지방 조직책인 이토 다모츠(伊藤保: 山口縣 출신, 明治大學 정치경제학과 수료, 26세)를 중심으로 평의회를 계승하는 후속 단체 일본전국노동조합협의회(이하, 전협)를 결성하고자 준비에 착수했다. 그리하여 같은 해 12월 5일에 전협의 전국대표자협의회가 개최되었으며, 기관지 『노동신문(勞動新聞)』을 통해 전협이 결성된 사실이 공표되었다.[12] 그 전국대표자협의회에서 선출된 전협의 상임위원은 위원장인 이토를 비롯한 고바야시 나오에(小林直衛: 京都大學 경제학과 졸업, 일본공산당원, 노동신문 발간 담당, 31세), 가메이 젠이치(龜井 善一: 三重縣 출신, 중학교 중퇴, 26세) 등이었다.[13] 즉 1928년 12월 일본에서 새로 설립된 진보계 노동조합 전협의 중앙위원회는 전원이 사회 경험이 별로 없는 젊은이들로 구성되었다.

한편 전협의 중앙위원장 이토는 그 1928년 12월 5일 전국대표자 회의에서 행동강령을 준비한다고 알렸고, 상임위원회에서 정한 행동강령 30개를 기관지인 『노동신문』 제2호 특별호를 통해 공표하였다.[14] 그 전협의 행동강령 30개는 노동운동 단체로서 무엇을 지향하는지 잘 드러내고 있으므로 아래에 인용해서 보도록 한다.

---

11 『社狀』1931년판, 196쪽.
12 『社狀』1931년판, 197쪽.
13 『社狀』1931년판, 202쪽, 207쪽.
14 『社狀』1931년판, 208쪽.

1) 노동자의 언론・출판・집회・결사의 자유, 2) 노동조합의 조직 및 활동의 자유, 3) 노동자의 파업 자유, 4) 치안유지법・쟁의조정법・폭력행위단속법・기타 일체의 노동자억압 제법령의 철폐, 5) 어용조합・계급협조조합 및 노동 관료의 철저한 배격, 6) 노동자 정당가입의 자유, 7) 남녀 18세 이상의 선거권 및 그 행사의 절대 자유, 8) 7시간노동제(주 39시간 노동)와 광업노동・위험작업・남녀 18세미만 노동자의 5시간 노동을 즉시 실시, 9) 최저 3엔 임금을 즉시 실시하고 휴일 일급을 전액 지급, 10) 단체계약권의 획득, 11) 국고금액 부담에 의한 실업보험법의 획득 및 노쇄한 노동자・사망 노동자의 유족에 대한 국고부담 보험법을 획득, 12) 건강보험법의 철저한 개정―보험금의 전액 국고부담, 13) 공장설비의 개선, 14) 공장법・광업법・선원법의 개정과 교통운수・광산・수산・산림・염전・토목건축 등 노동자의 특별법 획득, 15) 관료적 취업규정의 철폐, 16)봉 건적 고용계약・임시 고용제도 철폐, 17) 부인・청소년 노동자 보호법 제정, 18) 노동자의 투표에 의한 노동감독 설치, 19) 자주적 공장위원회・공장대표자회의를 조직하는 투쟁, 20) 노동자가 부담하는 조세의 일체철폐, 21) 공적 비용에 의한 노동자주택의 설치 및 노동자에 의한 관리권 획득, 22) 해방운동희생자 구원을 위한 투쟁, 23) 전국노동조합전선 통일, 24)전국적 산업별 노동조합 조직의 확립, 25) 조선・대만 노동자의 노동조합운동 자유와 내지(일본) 노동자와 동일한 대우를 획득, 26) 범태평양노동조합 회의 지지, 27) 국제노동회의 아시아노동회의 반대, 28) 대 중국간섭 절대 반대, 29) 소비에트 러시아의 방위, 30) 제국주의 전쟁 반대

제5장 1920년대 후반~1930년대 전반 일본거주 조선인의 노동운동

이 중에서 25번의 '조선·대만 노동자의 노동조합운동 자유와 내지(일본) 노동자와 동일한 대우를 획득'라든지, 28번 '대 중국간섭 절대 반대', 30번 '제국주의 전쟁 반대' 등의 항목은 일본에 거주하는 조선인 및 중국인들이 관심을 가질만 한 항목이었다.

그 후 전협은 1929년 2월 10일에 발행된 『노동신문』 제4호에서 일본에서 "유일한 혁명적 노동조합 – 적색조동조합"이고, 구 평의회의 후신이며 "프로핀테른 일본지부"라고 자평했다. 단 그러한 전협 스스로의 선전은 치안당국로 하여금 '치안유지법 위반'이라는 명분으로 탄압을 계속하게 하는 구실을 주었다. 실제로 1929년 4월 16일, 일본 전국 각지의 특별고등경찰은 일본공산당과 그 외곽 단체인 전협에 대해 대규모 탄압을 가했고, 다수의 전협 활동가들을 검거했다.(4·16 사건) 이 전국 규모의 대탄압으로 인해 전협의 조직은 당연히 급속하게 약화되었다.

다만 그 직후부터 잔존 활동가들에 의해 전협 중앙조직을 재건하는 운동이 시작되었다. 중심적 역할을 한 것은 간토(關東)출판노조의 사토 슈이치(佐藤秀一: 大倉상업학교 졸업, 일본공산당원, 30세)였다. 그는 1929년의 5월 1일 노동절 직후에 먼저 간토지방협의회를 재건한 다음, 6월 상순에 일본공산당의 조합부장(전협 지도책임)이 되어 가와사키 다테오(川崎堅雄: 日本대학 전문부 1년 중퇴, 일본공산당원, 29세) 등과 함께 당조직 재건을 위해 활동하였다. 그리고 7월 상순에 일본공산당 지도부가 확립되자, 젠노 젠시로(前納善四郎: 심상소학교 졸업, 일본공산당중앙위원 겸임, 오사카지역 조직책, 30세)에게 조합부장 직책을 물려주고, 가와사키와 함께 전협의 중앙위원회(이하, 중앙위) 상임위원이 되어

전협 산하의 조직을 재건하는 데에 주력했다.¹⁵

전협의 재건 운동은 1927년의 금융공황 이후 일본 노동계에서 하층 노동자의 고용 불안이 확산되던 상황과 맞물렸다. 그 결과 1929년 7월에서 8월에 걸쳐 전협의 지방 협의회에 가맹 노조들이 늘어서 오사카, 고베(神戶), 시즈오카(靜岡) 등지에 지방협의회가 재건되었으며, 홋카이도(北海道) 및 도호쿠(東北) 지방에도 재건 운동이 시작되었다. 하지만 당시 전협은 중앙위와 지방조직의 연계가 아직 원활하지 않은 상태였기에 전국 각지에서 일어난 노동쟁의에 "전국적 산업별 파업으로 전 노동자는 궐기"하자는 격문을 보낼 정도였다.¹⁶

한편, 1929년에 4·16 대탄압을 경험한 일본의 노동운동계에서는 이른바 '합법적 운동'을 지향하는 움직임이 나타났다. 그 대표적인 움직임이 1929년 7월에 '합법주의'를 표방하며 설립된 전산업노동조합전국회의와 그 기반으로 동년 10월에 창설된 신노농당(위원장 오야마 이쿠오大山郁夫)이었다. 일본공산당 측은 그를 경계하는 차원에서 지도력 강화를 한다는 명분으로 외곽 조직을 당에 집중시키고자 했으나, 그 과정에서 전협 중앙상임위원 사토와 일본공산당 중앙위원 젠노 사이에 충돌이 생겼다. 사토는 당과 전협은 서로의 역할과 성격이 다르므로 활동을 구별해야 한다고 주장하였고, 젠노는 전협을 당의 통제 하에 있어야 한다고 주장했기 때문이었다.¹⁷ 운동의 주도권을 둘러싼 대립인데, 당시 전협이 처했던 현

15 『社狀』 1931년판, 210쪽.
16 『勞働新聞』 第8号, 1929年 6月 28日.

제5장 1920년대 후반~1930년대 전반 일본거주 조선인의 노동운동

실로 보아 사토 측의 주장이 타당했다고 판단된다. 그러나 대립의 결과로서 사토는 제명 처분을 당했으나, 사토를 지지하며 당 중앙을 비판하는 '혁명적 반대파'가 등장함으로서 일본 각지에서 서서히 진행되던 전협 재건의 운동은 정체에 빠졌다.

하지만 전협에서 이상과 같은 상황이 진행되고 있던 1929년 12월에 일본거주 조선인의 최대 노동단체인 재일본조선노동총동맹('재일 노총')이 산하 조합원을 전협 산하의 산업별 노조로 합류한다는 방침을 정하게 된다. 이하에서 당시 재일 노총의 핵심 간부들이 그 방침을 실행하는 과정에 대해 고찰하도록 하자.

3) 재일노총 지도부의 전협에 대한 합류 결정

1929년 4월 재일노총은 1928년 5월 제4회 전체대회와 1929년 1월의 전국대표자회의에서 확인한 '산업별 노조'의 방침을 실천하기 위해 전년 12월에 새로 설립된 일본 진보노조 전협에게 협조를 구했다.[18] 그러나 같은 달 4월 16일, 일본 전국의 특고 경찰은 다시 사회운동 전체에 대탄압을 가했고, 일본공산당과 전협의 재건 운동을 하던 활동가들 이외에도, 김천해(金天海), 박득명(朴得銘) 등 재일노총의 중앙위원들을 일제히 검거했다.

---

17 앞의 渡部徹, 『日本労働組合運動史―日本労働組合全国協議会を中心として』, 122쪽.
18 吉浦大蔵, 『朝鮮人の共産主義運動』(司法省刑事局, 『思想研究資料』特輯第71号), 84쪽.

그와 같은 난관에 봉착하자, 재일노총의 잔존 활동가들은 종래의 운동 방식과는 근본적으로 다른 변화를 추구하기 시작했다. 그것은 재일노총의 산하 조합원을 전협 산하의 산업별 노조로 합류시켜서 조선인과 일본인 노동자가 공동으로 운동을 전개한다는 방식이었다. 이에 대해 종래의 관련 연구에서는 전년의 코민테른 제6회 대회에서 식민지의 당 활동과 피억압 민족의 독자적인 노동운동은 식민지 종주국에 존재하는 유사 운동에 통합한다고 채택한 방침, 즉 이른바 "일국일당(一國一黨)"의 운동방침을 교조적으로 추종한 것이라고 비판했다.[19]

그러나 앞에서 확인했듯이, 이미 그 전에 재일노총은 매년의 전체 대회에서 조직의 형태를 '산업별 노조'로 재편성하겠다는 방침을 정하고 있었다. 즉 산하 조합의 구성원들에게 이미 약속했던 사안이었다. 그리고 일본 진보노조 전협을 그에 대해 구체적인 형태로 협력할 상대로 정한 것이다. 그 이유로는, 당시 전협이 일본의 노동조합 중에서 "조선·대만 노동자 노동조합운동의 자유 및 일본노동자와 동일한 대우를 획득", "제국주의 전쟁 반대" 등과 같은 국제주의적 행동강령을 가장 먼저 표방한 단체였기 때문으로 추측된다.

또한 재일노총의 활동가들은 이미 1929년 10월 당시에 전협으로 대표되는 일본 진보계 운동단체와 연대 활동을 하고 있었던 것이 확인된다. 1928년 3월 15일과 1929년 4월 16일 두 차례에 걸친 치안당국의 대규모 탄압 이후, 일본 사회운동계에서 '합법적 운동'

---

[19] 앞의 각주 2에서 명기한 연구들 참조.

제5장 1920년대 후반~1930년대 전반 일본거주 조선인의 노동운동

이 주창되었고, 그 연장선상에서 1929년 10월 4일에 신노농당(新勞農黨)이 창설되었다. 단 그 신노동당의 창설식 현장에는 재일노총 회원, 신간회 회원, 조선청년동맹 회원 등 백여 명이 난입하여 "배반자 합법주의자들을 매장하라"라고 외치면서 "우리들은 반대한다"는 전단을 살포하면서 대회 진행을 방해했다.[20] 그와 같은 조선인 단체원들의 행동은 당연히 전협 등의 일본 진보계 운동단체와 사전 상의를 한 결과라고 판단된다. 한편, 전협 측도 재일노총을 비롯한 일본거주 조선인 활동가들과 협력 태세를 추진하고 있었다고 추측된다. 전술 한 바와 같이, 전협은 치안당국의 거듭된 탄압으로 산하 조직이 와해 직전의 상황에 처해 있었으므로, 그 재건을 위해서도 재일노총에게 협력을 구했을 것이라고 추측된다. 그리고 그 1929년 말에 재일노총과 전협 양측의 지도부는 산하 단체를 합친다고 정한다. 이하에서 그 후 재일노총 지도부에서 무엇을 어떻게 진행하였는지 검토하도록 하자.

 1929년 12월에 접어들자 재일노총 중앙위원회의 활동가들은 산하단체에 대해 전협으로 합류하는 정당성을 설파했다. 그 이론적 리더는 중앙위의 집행위원장 김두용(金斗鎔)과 위원 김호영(金浩永)이었다. 1929년 12월 김두용은 '재일노총 해체 지침서'라고 할 수 있는 『재일 조선노동운동은 어떻게 전개해야 하는가』를 통해 민족주의로 과거의 조선에 대한 향수 즉 봉건주의로 회귀하는 것은 안 되므로, '혁명적 투쟁'을 통해 '해방운동'을 하려면 전협에 합류하는

---

20 이 1929년 신노동당 창당에 대한 일본거주 조선인 활동가의 방해 행동은 『社狀』 1929, 1183쪽을 참조.

161

것이 정당하다고 주장하였다.[21] 즉 종래의 일본거주 조선인 노동운동의 결함은 민족 위주의 활동을 고집한 것이었으나, 향후 조선인 노동자에 대한 각종 차별을 없애기 위해서는 일본 노동자들과 협력하여 공통의 적인 제국주의 및 자본가와 싸워야 하고, 그 실천으로서 조선인 노동자가 먼저 일본 유일의 혁명적 노동단체인 전협에 가맹하여 산업별 조합운동을 전개해야 한다는 주장이었다.

그에 따라 1929년 12월 14일, 두 김씨를 포함한 재일노총 중앙위원들은 비밀리에 오사카시 니시나리(西成)구에서 도쿄, 오사카, 교토, 아이치, 가나가와, 니이가타 등 일본 각지의 산하 단체 대표자들과 함께 '확대 중앙위원회'를 개최했고, 그 결과 다음 사항들을 정했다.[22]

  (1) '노총'은 '전협'에 가맹할 것. (2) 일산업 일조합주의에 따라 산업별조합을 조직하고 이를 규합하여 '전협'의 지도에 따라 '노총'을 재조직하고, 현재의 조직을 투쟁 과정에서 점차 산업별 조직으로 변경할 것. (3) 선언강령, 규약, 투쟁방침은 회의에서 나온 수정의견을 참조하여 상임위원이 작성할 것.

그 후, 김두용을 비롯한 재일노총 중앙위 위원들은 전협측 관련자와 논의하며 산하 조합원을 전협에 합류시키는 절차에 대해 다

---

21 1929년 당시 김두용의 주장에 대해서는 鄭栄桓, 「金斗鎔と"プロレタリア国際主義"」,(『在日朝鮮人史研究』 제33호, 2003)을 참조.
22 『社状』 1929년판, 1125쪽. 이 자료에 의하면, 1929년 12월 14일의 재일노총 비밀회의는 김두용의 사회로 진행되었다.

음과 같이 추진하였다.[23] 1929년 12월 말, 김두용은 와세다(早稻田) 대학 소비조합, 도쿄제국대학 신문사 등에서 전협 간부 아사누마(淺沼)와 만나서 합류 방식에 대해 논의했다. 1930년 1월 12일 김두용, 김호영, 이의석(李義錫)은 도쿄 혼고(本鄕)구 호라이쵸(蓬萊町)에서 상임위원회를 개최하여 재일노총 상임위원회를 신설될 전협 '조선인위원회'와 통합한 다음, 그를 중심으로 재일노총을 전협 산하의 조합에 합류하는 절차를 진행하기로 했다. 또한 1930년 1월 13일에 '조선인위원회' 기관지 『조선노동자(朝鮮勞動者)』 창간호를 발행했고, 동년 1월 15일에 조선인위원회 명의로 제1호 「재조직 재건투쟁 주간에 관한 지령」을 하달하여 재일노총의 산하단체는 전협의 지도하에서 산업별 노조로 재편해야 한다고 지시하였다.

같은 해 4월 4일, 이상의 동향을 감시하던 경시청 특고에게 전협 조선인위원회의 김두용 외 10명이 "치안유지법 위반" 혐의로 검거되었다. 하지만 재일노총의 산하 조합들은 전년 12월 14일에 중앙위가 개최한 비밀회의에서 결정했듯이, 모두 1930년 전반 중에 해당 지역 전협 산하의 노조에 합류했다. 예를 들면, 1930년의 2월 1일에 교토(京都)조선노조, 3월 30일에 미에(三重)조선노조, 4월 5일에 오사카조선노조, 5월 1일에 아이치(愛知)조선노조, 5월 10일에 효고(兵庫)조선노조, 7월 6일에 도쿄조선노조가 각각 해당 지역 전협 산하의 노조에 합류를 실행하였다.[24]

---

23 1929년 12월 이후 재일노총 중앙위가 전협 합류를 주도한 절차와 전협 조선인위원회가 설립되는 과정에 대해서는 『社狀』 1931년판, 1133쪽을 참조.
24 위와 같은 『社狀』 1931년판, 1133쪽.

3. 1930~1934년 전협 산하의 조직 상황과 조선인 조합원

1) 1930년 전협의 산하 조직과 조선인 조합원

(1) 전체 조직의 상황

아래 <표 5-1>은 내무성 경보국의 자료를 바탕으로 1930년 10~12월 시점에 일본 각지에 존재하던 전협 산하 지역별 노동조합과 조합원 수, 그리고 그 중에 존재했던 조선인 수를 명시한 것이다. 이를 통해 당시 각지의 전협 산하 노동조합에서 재일노총의 조선인 조합원 합류로 인해 어떤 변화가 있었는지 알 수 있다.

〈표 5-1〉 1930년 전협의 전체 조직 상황과 조선인 조합원 분포

대구분	지역별 단위	하부 단위조합	일본인	조선인	계/조선인비율
산업별 산하 단체	關東地方	金屬/交通運輸/電氣/纖維/通信/一般使用人 등 노조 東京지부	100/ 50/ 300/ 100/ 100/120	0	
		木材/出版/土建/化學 등 노조 東京지부	80/ 350/ 450?/ 200?	20/ 150/ ?/ ?	
		關東自由勞働者組合(東京)	0	693	
		소계	1,850	863	2,713/ 31.81%
	關西地方	出版/交通運輸/通信/一般使用人/纖維/電氣/木材/土木建築(準) 등의 노조 大阪支部	45/ 50/ 15/ 3/ 20/ 20/ 10/ 7	0	
		化學노조 大阪支部	50	1000	
		化學노조 兵庫支部	80	50	
		纖維/金屬/交通運輸/通信/印刷 등의 노조 兵庫支部	2/ 10/ 30/ 8/ 3	0	

제5장 1920년대 후반~1930년대 전반 일본거주 조선인의 노동운동

		纖維/ 自由勞働者組合 播陽支部	10/ 30	0	
		소계	393	1,050	1,443/ 72.77%
	中部地方	金屬/ 木材/ 化學 등 노조 名古屋支部	100/ 90/ 35	40/ 20/ 33	
		交通運輸/ 紡績 등 노조 名古屋支部	35/ 40	0	
		豊橋合同/ 中部合同/ 中部自由 등 노조	100/ 20 /70	80/ 0 /60	
		소계	490	233	723/ 32.68%
	北海道地方	函館港內/ 釧路合同/ 釧路金屬/ 札幌一般/ 旭川出版/ 全小樽 등 노조	436/ 46/ 22/ 24/ 28/ 280	0	836
		조합원 합계	3,569	2,146	5,715/ 37.55%
영향하 단체	關東	4단체	39	0	
	關西	京都纖維産業/ 京都合同/ 京都染物 등 노조	0/ 30/ 70	100/ 0/ 0	
		大阪 金屬/ 染物紡績/ 木材/ 印刷/ 化學/ 商店從業員/ 勞働者 등 노조	200/ 40/ 80/ 70/ 50/ 50/ 170	0	
		泉州勞働者組合	40	0	
		金屬노조 大阪支部	120	0	
		大阪足袋工組合中道支部	0	100	
		自由노조 尼崎支部(兵庫)	0	20	
		紡績노조 鳴尾分會(兵庫)	0	17	
		化學노조 兵庫支部	80	50	
	中部	岡崎合同노조	62	30	
		石川縣自由勞働者組合	0	250	
		기타 8단체	207	0	
	奧羽/中國/ 九州/北海道	7단체/ 6단체/ 3단체/ 3단체	236/ 692/ 34/ 172	0	
		준 조합원 합계	2,442	567	3,009/ 18.84%
		총계	6,011	2,713	8,724/ 31.1%

* 출전: 內務省警保局, 『社會運動の狀況』 1930년판(昭和5年). 조사 시기는 일본인은 1930년의 12월 말, 조선인은 10월 말이라고 함. 김광열, 「1930년대 일본 혁신노동조합의 한인조합원 운동」,(『일본역사연구』 제23집, 2006)에서 재인용.

상기 표를 통해, 1930년 말 당시 전협은 간토(關東), 간사이(關西), 주부(中部) 등의 지방에서 산업별 노조 조직에 진전이 있었던 한편, 아직 지방 연락기관인 지방협의회는 부분적으로 설립된 상태였다는 것을 알 수 있다.

이 시기 전협 산하의 단체들은 지역별로 전협 소속의 노조와 영향하 단체로 나뉘어져 있었다. 전협에 소속되었던 노조의 조합원은 5,715명이었고, 영향하 노동단체의 인원은 3,009명으로서, 합계 8,724명이었다. 단, 이 조합원 총수는 1930년 전반에 각지의 재일노총 산하 조합원들이 차례대로 합류하였고, 동년 6월에 전산업노동조합전국회의도 합류한 결과이다.[25]

1930년 말 당시, 전협 전체에서 조선인 조합원의 비율이 어느 정도였는지 개관하면, 전협 직속의 단체에서는 38%에 달하는 2,146명이었고, 영향하 단체에서는 19%에 해당하는 567명이 조선인이었다. 즉 1930년 전협 산하의 전체 구성원 중에서 31%가 조선인이었던 것이다.

주요 지방별로 보면 다음과 같다. 전협 본부가 있던 도쿄를 중심으로 한 칸토지방에는 일본인 조합원이 1,850명이었고 조선인 조합원이 863명이었다. 조선인이 전체의 32%였던 셈인데, 그들은 주로 화학, 출판, 목재, 토목건축 및 자유노동 등의 노조에 소속되어 있었다. 한편, 칸사이지방은 칸토 측에 비해 산업별 조직의 진전이 늦은 편이었다. 일본인 조합원은 오사카부(大阪府), 효고(兵庫)현,

---

25 『社狀』1930년판, 470쪽.

제5장 1920년대 후반~1930년대 전반 일본거주 조선인의 노동운동

세츠요(攝陽) 등의 지역을 합쳐도 393명에 불과했지만, 조선인 조합원은 일본화학노조 오사카지부에 1,000명이, 동 효고지부에는 50명이 소속되어 있었다. 즉 1930년 간사이 지방의 전협에는 조선인 조합원의 비율이 73%에 달했다. 일본화학노조 오사카지부에는 히가시나리(東成)구의 소규모 고무공장에서 근무하는 조선인들이 대거 가입했다.[26] 반면 기타 분야의 노조에는 조선인이 전혀 없었는데, 그를 통해 당시 칸사이 지방 거주조선인의 직업 분포를 추측할 수 있다.

주부(中部)지방의 전협계 노조는 주로 나고야 시를 중심으로 산업별 조직화가 이루어진 상태였다. 전협 나고야지부는 금속, 목재, 화학, 교통운수, 방적 등의 노조에 일본인 조합원 300명이 있었고, 조선인 조합원은 금속, 목재, 화학 등의 노조에 93명이 있었다. 도요하시(豊橋) 지역을 포함한 주부지방 전체 차원에서 보면 일본인 조합원이 490명, 조선인 조합원이 233명 있었다. 즉 주부지방 조선인 조합원의 비율은 약 33%였다.

지역별의 단위 조합 중에서 조선인 조합원의 비율이 압도적으로 높았던 곳은 간토(關東)자유노동자조합, 일본화학노조오사카지부, 교토섬유노조, 교토양말공조합, 이시카와현(石川県)자유노조 등이었다. 이들 조합은 조선인 전용의 조직이라 해도 과언이 아닐 정도로 조선인 비율이 매우 높았다. 준조합원에 해당하는 영향하 단체의 경우에는 간사이지방과 주부지방의 노동단체에 조선인이 많이

---

26 『社狀』, 1930년판, 1103~1104쪽.

가입해 있었다.

이상에서 보았듯이, 1930년 10~12월 당시 일본 각지 전협 산하의 산업별 및 영향하 단체들은 재일노총 산하의 조선인 조합원의 합류로 인해 규모가 증대되어 있었다.

(2) 1930년의 운동 상황
① 전체적 상황

1930년에 전개되었던 전협의 전체 운동을 정리하면 다음과 같다.[27] 먼저 1929년 11월부터 조직 재건의 움직임이 있었던 전협 홋카이도(北海道) 지부협의회가 1930년 3월에 설립되었으나, 동년 10월 1일에 특고 경찰의 탄압에 의해 간부 전원이 검거되었다. 도쿄에서는 1929년 5월에 간토지방협의회 임시위원회가 결성되어 재건 운동을 시작하여 동년 6월 하순에 산업별 노조 설립일 시작했고, 1930년 2월 경에는 금속, 화학, 방직, 전기, 교통운수 등의 노조가 설립되었다. 주부지방에서는 1930년 1월에 조직준비회가 설립되어 나고야(名古屋)시를 중심으로 재건운동이 시작되었지만 동년 12월에 탄압으로 인해 관련자 전원이 검거되었다. 오사카 지역은 1930년 7월 상순에 지부협의회가 재건되었으나 그 해 8월 탄압으로 인해 지부가 붕괴되었다. 효고(兵庫)현에서는 1929년 9월에 지부협의회가 재건되었으나 1930년 2월의 탄압으로 붕괴되었고, 동년 10월에 다시 지부가 설립되었다.

---

27 1930년 전협의 지방별 조직 재건 및 붕괴 상황에 대해서는 『社狀』, 1931년 판, 214~216쪽을 참조.

제5장 1920년대 후반~1930년대 전반 일본거주 조선인의 노동운동

다만 1930년에 전협 중앙위원회는 전년부터 이어진 '쇄신동맹'이라는 반대파와 대립이 심화되어 노조 본연의 운동을 지도하지 못하였다. 단지, 2월의 총선거 기간을 앞두고 실시한 의회해산선거투쟁동맹의 활동을 지원한다든지, 건국제(2월11일 기원절 기념), 육군기념일(3월10일 러일전쟁시 봉천전투 기념), 도쿄시 전차쟁의, 노동절, 러시아혁명 기념일 등에 격문을 배포하는 정도였다. 또한 특고의 탄압으로 1930년 8월에는 전협 중앙위원회의 멤버 전체가 검거되어 그 활동이 중지되었으나, 9월 하순에 야마카미(山上) 모[28]를 중심으로 중앙위가 재건되어 10월 29일에 중앙위 명의로 실업자동맹을 조직하라는 지시가 나왔다. 또한 야마카미는 10월 말에 개최된 프로핀테른 제5회 대회에 출석하여 분파 행동을 금하는 대회 결의를 받아서 일본에 돌아왔다. 그에 따라 전협 중앙위를 반대하던 '쇄신동맹'은 해산했고 전협은 중앙위를 중심으로 활동을 이어갔다. 또한 1930년에는 각지 전협 산하의 노조에 재일노총의 산하 조합원들이 합류했으며, 노농당 창립을 협조했던 전산업노동조합전국회의도 합류하였기에, 전체적으로 조직 규모가 커졌다. 하지만, 전협에 대한 특고의 탄압이 동년 11월 중순과 12월 초에 또 다시 가해진 탓에 주요 간부들 대부분이 검거되었다.[29]

---

28 『社状』 1931년판, 205쪽에 의하면 야마카미는 『무산자신문(無産者新聞)』의 책임자라 하지만, 체포된 적이 없어서인지 특고도 그의 이름까지는 모르고 있었다. 이 때의 『무산자신문』은 1929년 8월에 관헌의 탄압을 받아 폐간되었다가 다시 창간된 『제2 무산자신문』에 해당한다(『國史大辭典』 13권, 609쪽).
29 1930년의 전협 내부 상황은 『社状』 1931년판, 471쪽 참조.

1930년 전협 운동의 특징은, 1930년 11월 9일자『노동신문(勞働新聞)』의 "일상 투쟁에서 전협을 확대하라!"라는 기사를 통해 '실업자동맹'을 조직할 것을 지령했듯이,[30] 대공황의 여파로 고조된 당시 일본의 실업문제를 해결하기 위한 '실업 반대운동'을 추진한 것이다. 하지만 1930년의 노동절(메이데이) 직전에 전협의 도쿄지부가 살포한「노동자 농민으로부터 착취하는 자본가·지주의 부흥제를 격파하자!」라는 극좌 경향의 격문으로 인해, 경시청은 노동절 당일의 행사에 전협계 단체가 참가하는 것을 금지했다.[31] 그와 같은 전협 중앙위의 지시는 당시 전협이 처한 현실에 맞지 않는 것이었다고 할 수 있다.

② 조선인 조합원의 운동

　이 항에서는, 전협으로 합류한 첫 해인 1930년에 전협 소속의 조선인 조합원들이 어떤 활동을 했는지 보도록 하자. 1930년에 전협의 조선인 활동가들은 민족기념일 투쟁을 전개했다. 한일병합조약 성립일(8.29)에는 소식지, 격문 등을 발행하였고, 공산청년동맹 기관지『무산청년(無産靑年)』제38호(8월 29일자)에 "한일합방기념일은 조선노동자의 치욕의 날이다. 일본제국주의를 타도하자"라는 기사를 실어 반제국주의동맹과 전협산하 단체에게 민족을 초월한 공동투쟁 및 데모와 파업을 권유하였다.

---

30 『勞働新聞』, 1930年 11月 9日(第14号),『社狀』昭和6년판, 209쪽에 의하면, 이『勞働新聞』은 원래 1926년에 '평의회'의 기관지로서 창간되었으며 '평의회'가 강제 해산되자 함께 폐간되었는데, 1928년 12월에 전협의 발족과 더불어 그 기관지로서 재창간된 것이다.
31 『社狀』1931년판, 477쪽.

제5장 1920년대 후반~1930년대 전반 일본거주 조선인의 노동운동

- 도쿄 지역 -

도쿄에서는 조선인 조합원이 많았던 간토자유노동자조합(이하 간토자유노조)의 활동이 돋보였다. 간토자유노조는 1923년 9월의 관동대지진 조선인학살사건을 상기하는 운동의 일환으로 소속 조합원들에게 8월 29일에 파업할 것을 유도하였는데, 사전에 경시청에 발각되어 관련자 29명이 불법 파업의 혐의로 체포되었다.[32] 하지만 간토자유노조는 8월 29일에 지구대표자회의를 개최하여 "9월 1일 학살기념일에 데모를 결행"한다고 결의하였고, 9월 3일에는 "학살기념일을 계기로 조일(朝·日)노동자의 공동투쟁을"이라는 격문을 살포하였다.[33] 이와 같이 도쿄거주 조선인 노동운동가들은 전협에 합류한 후에도 민족기념일 투쟁을 활발하게 전개하면서 조선인 노동자들의 민족의식을 고양하는 활동을 전개했다.

동년 10월 24일에는 도쿄시 센다가야(千駄ヶ谷)에 위치한 신쥬쿠(新宿)직업소개소에서 조선인노동자들의 권익 옹호를 위한 집단 시위를 감행했다. 신주쿠직업소개소는 10월 15일부터 30일까지 등록 노동자들에게 노동수첩 갱신을 지시하였는데, 그 갱신조건 중에 '호적초본의 제출'이 있었다. 하지만 그것은 일본거주 조선인들에게는 매우 시간이 많이 걸리며 해결하기 쉽지않은 조건이었기에, 간토자유노동자조합은 이를 조선인을 배제하기 위한 조치라고 판단했다.

신쥬쿠직업소개소 분회의 조명교(趙明敎)의 주도로 10월 24일에

---

32 『社狀』1931년판, 1173쪽.『特高月報』1930년 8월호, 42쪽.
33 『社狀』1931년판, 1175쪽.『特高月報』1930년 9월호, 71쪽.

조합원 70여명과 함께 "우리들의 요구는 이렇다! 호적초본 제출 반대, 미등록자의 등록 요구"라는 격문 200장을 살포하며 시위를 전개하였는데, 도중에 경찰관 2명 및 소개소 사무원들과 충돌을 일어나 공무집행방해·상해 등의 명목으로 체포되었다.[34] 하지만, 그러한 간토자유노동자조합의 활동은 과격한 이념 투쟁을 선호하던 전협 중앙위원회의 방식에 비하면, 도쿄 지역에 거주하던 조선인 노동자들의 권익옹호를 위한 실용적인 시도였다고 할 수 있다.

- 오사카 지역 -

1929년 12월 당시 오사카에는 재일노총 산하단체로서 조합원 1만 6천명을 보유한 오사카조선노조가 활동 중이었다. 단 전협으로 합류하는 방법론을 둘러싸고 중앙위와 다른 이견을 보였다. 즉, 전협 조선인위원회의 지도로 오사카 전협 산하의 산업별 노조에 합류해야 한다는 김호영(金浩永)의 의견에 대해, 전협에 가맹하기로 한 이상 조선인위원회를 만들 필요는 없고 전체 조합원을 즉시 전협 산하 노조에 합류시킬 것을 주장한 김문준(金文準)이 대립하였다.[35] 그로 인해 오사카에서는 전협의 각지 산업별 노조에 재일노총의 조합원들이 합류하는 움직임이 지체되고 있었다. 1930년 5월 오사카의 노동절 시위에는 오사카조선노조와 전협계 화학노조(피

---

34 『社狀』1931년판, 1136~1137쪽.
35 『社狀』1931년판, 1138쪽. 이에 의하면 한편 김문준은 같은 해 6월에 발생한 이즈미(泉)고무공장의 쟁의를 지원하기 위한 비밀지도부를 결성하고자 진행하였으나, 8월에 오사카 특고에게 치안유지법 위반의 혐의로 검거당했다.

혁, 고무, 유리 등 종사자)·목재노조 등의 조선인 조합원들 약 800명이 참가하여 기세를 올렸다.

1930년 전협 오사카지부 화학노조의 조선인 조합원에 의한 운동으로 2가지를 들 수 있다. 1930년 12월부터 이듬해 6월까지 이카이노쵸(猪飼野町)의 츠지무라(辻村) 고무공업소 종업원들의 파업을 지도하여 일부 승리로 이끌었으며, 1930년 9월에는 평소의 차별대우가 있었던 교바시(京橋)직업소개소에서 조선인 일용노동자 천여 명이 일으킨 차별대우 반대시위를 지도하였다.[36]

- 주부(中部) 지방 -

주부지방에서는 1930년 5월 1일에 나고야시, 세토(瀨戶)시, 도요하시(豊橋)시 등에서 노동절 행사가 열렸는데, 그 날 전협에 합류한다고 발표한 아이치(愛知) 조선노조와 도요하시 합동노조의 조선인 노동자 388명도 행사에 참가했다. 동년 8월 29일의 '국치기념일'에는 전협 주부지방협의회 조선인위원회가 "제국주의테러 반대, 피로서 기념하자"라는 제목의 격문을 배포하였다.[37] 또한 전협 주부지방협의회의 조선인활동가들은 1930년 7월 말 나고야시 고키소(御器所)직업소개소의 조선인노동자 300여 명을 이끌고 실업반대 데모를 감행하였고, 같은 해 7월 28일부터 8월 26일까지 아이치현

---

36 츠지무라 고무공업소 파업에 대해서는 앞의 谷合佳代子, 「1930年代在阪朝鮮人勞働者の鬪い」, 4쪽을, 교바시 직업소개소의 조선인노동자 시위에 대해서는 『社會運動通信』, 昭和5年 9月 16日자를 참조.
37 『社狀』 1931년판, 1169쪽, 1174쪽.

기타시타라(北設樂)군의 산신(三信)철도공사장에서 일어난 미불임금 지불요구 파업(일본인 200명, 조선인 471명)을 지원하여 하청 업체로부터 임금의 일부를 지불하게 하였다.[38]

2) 1931년 전협의 산하 조직과 조선인 조합원

(1) 전체 조직의 상황과 조선인 조합원

아래 <표 5-2>를 통해 1931년 12월 말 전협에 소속된 노동조합 상황과 조선인 조합원의 분포를 일람할 수 있다.

먼저 1931년에는 전협 산하의 노동조합들이 전년에 비해 한층 산업별로 분화되었고 그 규모도 확대되었다는 것을 알 수 있다. 중앙위와 각 지방의 연락 조직인 지부협의회가 지방규모 1개소(주부지방), 지역규모 6개소(도쿄, 가나가와, 교토, 오사카, 효고, 히로시마)로 설립되었으며, 조합원 수도 대폭 증가해 있었다. 지부협의회가 증가한 이유는 1931년 3월 전협 중앙위원회가 종래의 조직 구성에 대해 "통일전선의 실현에 지장이 있으며, 탄압에 의한 지방협의회의 재건, 각 산업별 지부를 통제하는 데에 불편"하다는 이유로, "각 산업별, 지부의 책임자로서 지부협의회를 조직"한다고 결정했기 때문이다.[39]

1931년 전협 산하의 조합원 총수는 9,041명이었다. 그 중 일본

---

38 실업반대 운동에 대해서는 신문 『신아이치(新愛知)』 1930년 7월 29일자 석간을, 삼신철도 파업에 대해서는 『신아이치』 및 『나고야신문(名古屋新聞)』의 7월 31일부터 8월 27일까지의 기사와 앞의 朴慶植, 『在日朝鮮人運動史―8·15解放前―』, 234~237쪽 등을 참조.
39 『社狀』 1932년판, 252쪽. 원 출전은 『勞働新聞』 昭和6年 3月 18日 특별호.

제5장 1920년대 후반~1930년대 전반 일본거주 조선인의 노동운동

인이 6,198명이었고 조선인은 전체의 약 31.5%에 해당하는 2,843명이었다.

〈표 5-2〉 1931년 전협의 전체 조직 상황과 조선인 조합원 분포

대구분	지역별 단위	하부 단위조합	일본인	조선인	계/조선인비율
산업별 산하 단체	東京支部 協議會	化學/木材/金屬/出版/土建 등 노조 東京支部	465/65/530/ 625/300	35/35/70/ 175/700	
		電氣/交通運輸/纖維/通信/一般使用人/食料 등 노조 東京支部	150/400/300/ 130/800/200	0	
		소계	3,965	1,015	4,980/20.38%
	神奈川支部 協議會	金屬/化學/土建 노조 神奈川支部	39/18/30	5/1/780	
		出版/交通運輸/纖維/通信 등의 노조 神奈川支部	21/6/15/3	0	
		소계	132	786	918/85.62%
	中部地方 協議會	金屬/化學/木材/交通運輸/土建 등 노조 名古屋支部	40/0/85/30/0	40/30/20/0/65	
		소계	155	155	310/50%
	京都支部 協議會	出版/纖維(準) 노조 京都支部	10/3	5/2	
		소계	13	7	20/35%
	大阪支部 協議會	金屬/化學/纖維 등 노조 大阪支部	89/1095/99	100/100/100	
		出版/食料/電氣/土建(準)/通信/木材/交通運輸/一般 등의 노조 大阪支部	76/21/25/5/ 19/8/49/29	0	
		소계	1,479	300	1,779/16.86%
	兵庫支部 協議會	化學노조 兵庫支部	0	30	30/100%
	廣島支部 協議會	土建노조 廣島支部	0	20	
		金屬/化學/交通運輸/木材/一般使用人 등 노조 廣島支部	3/4/14/3/8	0	
		소계	32	50	82/60.98%

	埼玉	纖維/ 金屬(準) 등 노조 埼玉支部	30/ 15		
	山梨	土建/ 纖維 등 노조 山梨支部	0/ 90	500/ 0	
	長野	纖維/ 土建/ 交通運輸(準) 등 노조 長野支部	87/180/20	0	
	조합원 계		6,198	2,843	9,041/ 31.45%
산하 영향 단체	北陸	富山土建노조/ 기타 2단체	0/ 91	60/ 0	
	中部	中部自由/ 豊橋合同/ 岡崎合同/ 石川縣自由勞働者 등 노조	0/ 22/ 32/ 50/	65/250/30/ 200	
		기타 9단체	227		
	關西	京都纖維産業노조	0	30	
		自由노조 尼ヶ崎支部	0	20	
		失業者同盟大阪地方委員會	147	500	
		기타 4단체	545	0	
	東京	失業者同盟東京地方同盟	299	801	
	기타 지방	奧羽 4단체/ 中國 6단체/ 九州 2단체/ 北海道 6단체	226/ 508/ 25/ 553	0	
	준 조합원 계		2,725	1,956	4,681/ 41.79%
	총 계		8,923	4,799	13,722/ 34.97%

* 출전: 內務省警保局,『社會運動の狀況』1931년판(昭和6년). 김광열,「1930년대 일본 혁신노동조합의 한인조합원 운동」(『일본역사연구』제23집, 2006)에서 재인용.

주요 지방·지부 협의회 별로 그 구성에 대해 보면 다음과 같다. 도쿄 지부에는 일본인 조합원이 11개 노조에 걸쳐 3,965명 있었고, 조선인 조합원은 5개 노조(토건, 출판, 금속, 목재, 화학)에 1,015명(20.4%) 있었는데 토건 노조에 가장 집중되어 있었다. 오사카 지부에는 일본인 조합원이 11개 노조에 걸쳐 1,479명이 있었고, 조선인 조합원은 3개 노조(금속, 화학, 섬유)에 300명(16.9%)이 있었다. 가나가와(神奈川) 지부에는 일본인 조합원이 6개 노조에 132명이 있었고, 조선인 조합원은 3개 노조(토건, 금속, 화학)에 786명(85.6%)이 있었는데 특히 토건 노조에 780명이 집중되어 있었다. 주부(中部)지방 협의회에는 일본인 조합원이 3개 노조에 155명 있었고, 조선인 조합원은 4개 노조(토건, 금속, 화학, 목재)에 155명(50%) 있었는데 특히 화학노조와 토건노조는 조선인 뿐이었다. 이상을 통해, 1931년의 전협은 전년에 비하면 한층 산업별 조직화가 진행되었다는 것을 알 수 있다. 그 중 조선인 조합원은 오사카와 교토를 제외한 대부분 지역에서 토목건축 조합에 집중적으로 가입해 있었다.

한편, 전협 직속은 아니지만, 영향 아래에 있던 노조에는 일본인이 2,725명, 조선인이 1,956명(41.8%) 있었다. 그들 노조에서도 조선인은 간사이지방과 주부지방에 집중되어 있었는데, 조선인 노조원이 집중해 있던 곳은 도쿄와 오사카의 실업자동맹, 도요하시(豊橋)합동조합, 이시가와(石川)현자유노조 였다.

(2) 1931년의 운동 상황

① 전체적 상황

1930년 12월 치안당국의 탄압으로 전협 중앙위의 간부들이 검거된 이후, 잔존 활동가들은 도쿄를 비롯한 각지의 조직을 재건하는 활동을 전개하는 한편, 실업반대 운동도 지속했다. 1931년에 전개된 전협 운동의 특징은 대공황의 타격으로 대규모 실업에 직면한 일본 노동계의 현실을 반영한 '실업반대 운동의 조직화'였다. 1931년 3월 29일, 전협 중앙위는 각지의 산하 조직에게 실업자를 회원으로 가입시킨 '산업별 실업대책위원회'를 설치하여 실업자의 의견을 반영하도록 하고, 광범하게 존재하는 실업자들을 전협에 가맹시키라고 지시하였다.[40] 전협 실업대책위원회는 동년 3월에 『실업자 신문』을 창간하여, 각지의 실업반대 운동 경험을 전국 차원에서 공유함과 동시에, 실업자 분포상태, 실업자 조직, 실업구제사업, 직업소개소 상황 등을 소개하여 활동 자료로 사용할 수 있게 하였다.

1931년에 설립된 실업자동맹은 오사카 지방동맹(2월 11일), 도쿄 지방동맹(3월 1일), 효고현 지방동맹(6월)으로서, 각지에서 실업반대 운동을 지도하였다.[41] 또한 1931년 2월 25일 '국제 실업반대투쟁의 날'에는 도쿄의 전협 산하노조에서 약 천명이 참가하였고, 같은 2월 하순에 교통노조에 있던 일본해원조합 쇄신회를 본부 직속으로 편입시켰다. 동년 5월 말에는 일반사용인, 의무, 교육, 영화 등 4개 조합을 합동하여 일본일반사용인조합을 신설하였고, 각종 기념일 투쟁을 전개하면서, 만주사변과 같은 일본의 대외 침략행위를 비판했다.[42]

그러나 이 해에도 전협은 각지에서 치안 당국의 탄압이 가해졌기에 조직의 붕괴와 재건을 반복할 수밖에 없었다. 도쿄지역은 1931년 3월에 산업별 노조들의 대표자들이 도쿄지부협의회의 재건 운동을 시작하였고 그해 4월 하순에 노동절 투쟁을 준비하면서 도쿄지부협의회를 결성하였다. 가나가와현은 동년 4월 15일에 지부협의회를 재건하였으나 5월 1일에 탄압을 받아 활동이 중지되었

---

40 『社狀』1931년판, 242쪽.
41 「失業者新聞」과 각지의 실업자동맹에 대해서는 『社狀』, 1931년판, 244~245쪽을 참조.
42 『社狀』1931년판, 199쪽.

다가 5월 말에 다시 지부를 재건하였다. 주부(中部)지방에서는 동년 2월에 지방 조직을 재건하여 그해 4월에 지부협의회를 결성하였다. 오사카 및 효고(兵庫)에서는 1930년 9월과 10월에 지부협의회를 재건했으나 1931년 8월에 다시 탄압을 받고 붕괴되었다.[43]

② 조선인 조합원의 운동

위의 <표 5-2>에서 본 것처럼 1931년 전협 산하의 전체 조합원 중에서 35%가 조선인이었다. 그들 조선인 조합원 중에는 제1선에서 각 조직의 하부 책임자로서 활약하는 사람들도 있었다. 도쿄지역 전협 조직의 중심은 토건노조 도쿄지부로 재편된 구 관동자유노조의 조합원들이었다. 1931년 4월 현재, 토건노조 도쿄지부는 전체 700명 중에서 600명이 조선인 조합원이었다. 그들은 도쿄시 산하의 하청 노동자들로 구성된 토목국 분회, 사회국 분회, 수도국 분회를 개설했다. 또한, 도쿄부에서도 사회과 분회를 두었고, 각 구청과 직업소개소에 11개의 반과 4개의 분회, 출장소 등을 개설해서, 한·일 노동자의 공동투쟁을 위해 한글과 일본어로 된 각종 뉴스와 격문을 살포하거나, 직장 대회 및 시위운동을 활발히 전개하였다.[44]

또한 도쿄의 전협은 실업자동맹 도쿄지방동맹을 통해 실업반대운동을 주도하였다. 도쿄 시내의 직업소개소에 등록한 조선인노동

---

43 이 1931년 전협의 지방별 조직 재건 및 붕괴 상황에 대해서는 『社狀』 1931년판, 214~216쪽을 참조.
44 『社狀』 1931년판, 1099쪽.

자가 8천명이 넘었는데, 1931년 10월 그들 중에서 전협 실업자동맹에 가입한 사람은 800명이었다. 일본인 등록자가 299명인 것에 비해 압도적인 다수였다. 그 실업자동맹은 도쿄 시내와 인접 군지역에 걸쳐, 고토(江東), 죠호쿠(城北), 주부(中部), 죠세이(城西), 죠난(城南) 등 5개 지구와 25개 반으로 나누어 각각 책임자를 정하여 활동하였는데, 그 대부분이 전협 토건노조와 밀접한 관계가 있는 조선인 활동가들이었다. 그들 토건노조 도쿄지부의 조선인 활동가들은 토건노조의 방침에 보조를 맞추면서, 한글과 일본어로 된 뉴스와 격문, 비라 등의 형태로 「(노동)수첩 몰수 절대반대!」, 「실업기간 중 쌀과 장작 기타 생활품을 지급하라!」, 「군사비·경찰비로 실업보험을 실시하라!」, 「14주년 러시아혁명 만세!」, 「조선, 대만의 독립만세!」라는 주제를 선전하며 산하의 노동자들을 격려하는 활동을 하였다.[45] 또한 민족기념일 운동도 잊지 않고 2월 말에 「3월1일 만세기념일을 맞이하여 격한다!」라는 격문을 배포하고 "조·일 노동자의 혁명적 제휴"를 외치며 시위를 주도했다.[46]

 오사카의 전협은 화학노조 오사카지부가 중심적인 역할을 하였다. 화학노조 오사카지부의 히가시나리(東成) 지구에는 고무공장에서 일하는 조선인 100명 이외에도 영향하의 노동자 1,042명이 가입해 있었다. 그 책임자로 활약하던 조몽구(趙夢九)가 1931년 7월 31일 오사카 특고의 일제 탄압으로 인해 검거된 후, 손표기(孫漂基)가 새로운 책임자가 되었다. 오사카지부의 조직상황은 호쿠토(北東), 호쿠

---

45 『社状』1931년판, 1100쪽.
46 『社状』1931년판, 1178쪽.

제5장 1920년대 후반~1930년대 전반 일본거주 조선인의 노동운동

세(北西), 한난(阪南), 코난(港南), 가스가데(春日出), 아마가사키(尼崎), 도부(東部) 등 7개 지구에 23개의 분회와 5개의 가두반이 조직되어 있었는데, 이들 분회와 가두반의 책임자는 대부분 조선인이었다.[47] 오사카지부 조선인 조합원의 활약은 기념일투쟁에서 돋보였다. '3·1운동기념일'에 전협 화학노조 오사카지부가 「3월 1일은 조선독립만세사건 기념일이다!」라는 격문을 살포하며 산하 노동자들의 민족 의식을 고양했다.[48] 8월 1일의 '국제 전쟁반대의 날'에는 화학노조 오사카지부가 히가시나리(東成)구 이카이노(猪飼野)의 각 공장 직공들과 행사를 계획하던 중 활동가들이 검거되자, 오사카 병기창에서 조선인 백여명이 데모를 감행하였고 출동한 경관들과 충돌이 일어나 20여명이 검거되었다.[49]

가나가와 지역도 토건노조가 중심적 역할을 하였는데, 그중에서 가장 활발한 움직임을 보인 곳은 가와사키(川崎)의 분회였다. 1931년 6월 18일 토건노조 가와사키 분회의 조선인 조합원들은 실업문제를 토론하는 집회를 개최하여 시당국에게 철도공사를 실업구제사업으로 실시하라고 요청하였고, 7월 20일에는 다마가와(多摩川)에서 자갈 채취작업을 하는 조선인 및 일본인 인부들을 집합시켜 "일거리 확보"를 주장하는 대회를 개최하였다.[50] 또한 그 해 8월 29일 '국치 기념일'에도 도쿄, 오사카, 나가노 등에서 전협 산하 조선인

---

47 『社狀』1931년판, 1104쪽.
48 『社狀』1931년판, 1178쪽.
49 『大阪朝日新聞』1931年 8月 1日, 8月 2日.
50 『社狀』1931년판, 1103쪽. 『特高月報』1931년 7월호, 38쪽.

들이 격문을 살포하고 데모와 파업을 시도하였다.[51]

3) 1932년 전협의 산하 조직과 조선인 조합원

(1) 전체 조직의 상황과 조선인 조합원 분포

아래 <표 5-3>은 1932년 전협 조직의 전체 상황을 일람할 수 있도록 제시한 것으로서, 그 해 전협에 소속된 산업별 단위조합과 영향하 조합들의 조합원 수, 각각에 소속된 조선인의 분포를 알 수 있다.

이를 보면 1932년 말 당시의 전협에는 총 10,867명의 조합원이 있었는데, 전년보다 조직이 한층 확대되었고 세분화되었다는 것을 알 수 있다. 지방별로 지부협의회나 지구협의회가 13개소가 설립되어 있었다. 그 중 일본인이 6,238명이었고, 조선인은 전체의 42.6%에 달하는 4,629명이었다. 전년에 비하여 일본인 조합원 수는 변화가 없었으나 조선인 조합원이 2배 가까이 증가하였다는 것을 알 수 있다. 기존의 재일노총 산하 노조에 있던 조선인 노동자 중에서 아직 전협에 합류하지 않았던 사람들과 신규 도일한 조선인들이 가입했기 때문이라고 생각된다.

지방·지부협의회 차원에서 조합원 수를 개관해보면 다음과 같다. 먼저 도쿄 지부에는 일본인이 12개 분야 노조에 4,345명 있었

---

51 『特高月報』1931년 9월호, 22쪽.

고, 조선인은 6개 분야 노조(토건, 출판, 금속, 목재, 일반사용인)에 1,390명(24.3%)이 있었다. 일본인이든 조선인이든 토건노조, 출판노조에 조합원이 집중되어 있었다. 가나가와(神奈川) 지부는 일본인이 7개 분야의 노조에 450명이 있었고 조선인은 토건노조에만 290명(39%)이 있었다. 오사카 지부는 일본인은 10개 분야의 노조에 420명이 있었고, 조선인은 5개 분야 노조(화학, 금속, 토건, 출판, 섬유)에 2,394명이 있었다. 즉 조선인 조합원이 오사카지부 전체의 85%에 달할 정도로 많았던 것이다. 그 중에서도 특히 화학, 토건 및 금속 분야의 노조는 거의 조선인 조합원으로 운영되고 있었다.

주부지방은 나고야 지구협의회와 미카와(三河) 지구협의회로 나뉘어져 있었다. 1931년 12월에 아이치(愛知)현 특고의 탄압으로 주요 활동가들이 검거된 영향으로, 나고야 지구의 조합원은 전년보다 적은 총 632명이었고, 그 중 조선인이 372명(59%)이었다. 전년에 비해 산업별 조직화는 진전되어 있었다. 일본인은 7개 노조에 126명이 있었고, 조선인은 화학 및 토건 노조에만 87명이 있었다. 미카와 지구는 도요하시(豊橋)에 3개 산업별 노조가, 다와라(田原)에 2개 산업별 노조가, 오카자키(岡崎)와 세토(瀨戶)에 각 1개의 노조가 조직되어 있었다. 일본인 조합원 134명은 분산되어 있었으나, 조선인 조합원 372명은 섬유노조 도요하시지구(185명)와 토건노조 다와라지구(140명)에 집중되어 있었다.

〈표 5-3〉 1932년 전협의 전체 조직 상황과 조선인 조합원 분포

대구분	지역별 단위	하부 단위조합	일본인	조선인	계/조선인비율
산업별 산하 단체	東京支部 協議會	土建/ 金屬/ 化學/ 出版/ 木材/ 一般使用人 등 노조 東京支部	1,270/ 500/ 430/ 850/ 120/ 420	930/ 70/ 70/ 200/ 50/ 70	
		電氣/ 纖維/ 交通運輸/ 食料/ 通信/ 鑛山(準) 등의 노조 東京支部	60/ 160/ 200/ 190/ 130/ 15	0/ 0/ 0/ 0/ 0	
		소 계	4,345	1,390	5,735/ 24.28%
	京都地區 協議會	出版(準)/ 纖維(準) 등 노조 京都地區	7/ 5	3/ 2	
		一般使用人/ 交通運輸(準)/ 食料(準)/ 化學(準)/ 金屬(準) 등 勞組 京都地區	20/ 6/ 3/ 7/ 5	0/ 0/ 0/ 0/ 0	
	大阪支部 協議會	化學/ 土建/ 出版/ 金屬/ 纖維 등 노조 大阪支部	60/ 80/ 50/ 30/ 80	588/525/382/ 536/ 363	
		交通運輸/ 電氣/ 通信/ 一般使用人/ 木材 등 노조 大阪支部	30/ 60/ 5/ 20/ 5	0/0/0/0/0	
		소 계	420	2,394	2,814/ 85.07%
	神奈川支部 協議會	土建/ 金屬/ 出版/ 纖維/ 通信/ 交通運輸/ 一般使用人 등의 노조 神奈川支部	300/ 50/ 30/ 30/ 5/ 20/ 15	290/ 0/ 0/ 0/ 0/ 0 / 0	740/ 39%
	兵庫支部 協議會	化學/ 金屬(準)/ 纖維(準)/ 交通運輸/ 一般使用人/ 土建(準) 등의 노조 兵庫支部	40/ 16/ 6/ 10/ 7/ 6	92/ 0/ 0/ 0/ 0/ 0	177/ 51%
	名古屋地區 協議會	化學/ 土建/ 出版, 通信, 交通運輸, 纖維, 一般使用人(準) 등의 노조 名古屋地區	43/ 24/ 8/ 8/ 13/ 6/ 12/ 12	54/ 33/ 0	
		纖維노조豊橋地區	50	185	
		化學노조東濃瀨戶地區(準)	3	7	
		土建노조田原地區(準)	30	140	
	三河地區 協議會	土建(準)/ 交通運輸(準) 등 노조 豊橋地區	30/ 2	40/ 0	
		纖維노조岡崎地區(準)	3	0	
		纖維노조田原地區	16	0	
		소 계	260	372	632/ 58.86%
	金澤地方 協議會	9단체	61	0	
	富山地區 協議會	5단체	24	0	
		土建노조富山地區	0	41	

184

제5장 1920년대 후반~1930년대 전반 일본거주 조선인의 노동운동

	長野支部協議會	土建, 纖維, 交通, 運輸, 出版, 一般使用人, 通信 등의 組合 長野支部	376	0	
	岡山/廣島支部協議會	6단체/14단체	25/47	0/0	
	山口地方協議會/기타	5단체/5단체	73/37	0/45 (山梨佐久鐵道 공사장)	
	조합원 합계		6,238	4,629	10,867(42.6%)
비산업별 영향단체	도쿄지역 일용 노동자 단체	芝浦失業者委員會, 小石川紹介所共助會, 新宿紹介所相愛會, 深川紹介所向上會, 三河島失業者登錄者會, 江東橋紹介所共助會, 砂町紹介所共助會, 大井町勞働者組合, 玉姬紹介所親睦會, 廚橋紹介所共生會, 金町南葛友和會, 王子純勞親睦會, 高田紹介所共援會, 世田谷新興勞働會, 日暮里紹介所親睦會, 尾久一般勞働者共助會, 千駄ヶ谷紹介所共助會, 千住失業登錄者共助會, 澁谷紹介所共助會, 豊多摩自由勞働者組合, 吾嬬町新交會, 南千住自由勞働者組合, 淀橋登錄者相互組合, 高田町勤勞友愛會/기타 5단체	120/90/56/ 240/5/15/0/ 40/115/3/ 40/0/0/0/ 180/0/55/0/ 10/0/190/60/ 0/0/기타 235	350/50/150/ 250/100/600/ 50/70/30/ 250/80/150/ 50/40/170/ 120/70/100/ 80/40/40/30/ 20/10	
	중부	豊橋合同노조	0	345	
		名古屋失業者共助會/기타 10단체	240/528	0/0	
	北陸	石川縣自由노조/기타 3단체	0/108	150/0	
	기타 지방	北海道 4단체/奧羽 3단체/關西 3단체/中國 5단체/九州 2단체	178/39/445/ 861/155	0/0/0/0/0	
	준 조합원 합계		3,191	3,734	6,925(53.92%)
	총 계		9,429	8,363	17,792(46.99%)

* 출전: 内務省警保局, 『社會運動の狀況』 1932년판(昭和7年). 졸고 「1930년대 일본 혁신노동조합의 한인조합원 운동」(『일본역사연구』 제23집, 2006)에서 수정 재인용.

한편, 1932년 전협의 비산업별 영향하 단체에는 6,925명이 있었다. 그 중에서 조선인은 약 54%에 달하는 3,734명이었는데 대부분이 도쿄지역의 일용노동단체에 속한 사람들이었다.

전년에 도쿄와 오사카에 존재했던 실업자동맹은 보이지 않았다. 1931년 8월에 전협 중앙위원회가 조직 내부의 분파주의를 배격하고 기업과 공장을 중심으로 한 대중적 활동에 주력하였기 때문에, 종래 각지에서 활동하던 실업자 동맹을 전협 내의 유사 조직으로 전환한 결과였다.[52] 도쿄와 오사카의 실업자동맹에 속해 있던 조선인과 일본인 노동자들은 두 지역의 토건노조와 일용노동자 단체에 분산 편입한 것으로 추측된다.

이상에서 보았듯이, 1932년 전협의 전체 구성원은 조합원과 준조합원을 합쳐서 17,792명이었는데, 그 중에 조선인은 전체의 47%에 해당하는 8,363명이 있었다. 산업별로 보면 조선인 조합원이 가장 많았던 분야는 토목건축이었고, 금속, 출판, 화학, 섬유 등에도 적지 않은 인원이 가입해 있었다.

(2) 1932년의 운동 상황

① 전체적 상황

전협은 1931년 12월경부터 합법적 운동을 지향하는 움직임이 있었다. 그것은 이듬해 1932년 2월에 예정된 제18회 중의원선거에서 일본공산당 공인후보를 후원하는 운동으로 나타났다. 전협 중

---

52 이 1931년 8월 전협의 운동방침 전환은 『労働新聞』 第31号, 1931년 8월 26일자와 『社状』 1932년판, 226쪽을 참조.

제5장 1920년대 후반~1930년대 전반 일본거주 조선인의 노동운동

앙위 상임위원회는 1932년 2월 1일에 「선거투쟁에 관한 결정」이라는 격문을 통해 일본공산당 추천의 후보자에 대한 지지와 응원 및 투표권유 운동을 전개한다는 방침을 공표하였다. 그리고 일본공산당의 중의원 후보로 정해진 사노 마나부(佐野学), 스기우라 케이치(杉浦啓一), 가라사와 세하치(唐沢清八) 등을 응원하고자 선거일인 2월 20일에 대규모 데모를 전개하는 한편, 당일 발행한 『노동신문(労働新聞)』 제41호의 「총선거를 어떻게 싸울 것인가」라는 기사를 통해 노동자 대중이 광범위하게 선거운동에 참가해야 한다고 호소했다.[53] 즉 종래와는 달리, 합법적인 형태로 중의원 선거운동을 전개했던 것이다.

그러나 1932년 3월에 전국대회를 대신하는 제1회 확대중앙위원회를 준비하던 중에 중앙위 상임위원장 미조가미(溝上彌久馬) 및 상임위원인 이토(伊藤友猪), 츠노다(角田逸治) 등이 치안유지법 위반 혐의로 특고에 검거되었다. 확대중앙위원회는 잔류 간부들에 의해 4~5월에 개최되었고, 9월에는 제1회 중앙위원회를 열어 이시가미(石上長壽), 사토(佐藤勇), 도마츠(戸松喜藏) 등을 상임위원으로 선출하고,[54] 행동강령과 규약 및 선언을 결정함과 동시에 중앙조직을 개편하였다. 이러한 중앙위의 방침이 전달되어 각 지부에서도 확대중앙위원회 또는 대표자 회의를 열어 행동강령, 규약, 임원 등과 함께 지방협의회를 설립한다고 결정했다. 다만 그 제1회 중앙위원회에서 정한 행동강령 중에는 "군주제(천황제)의 폐지"라는 항목이 채택되

---

53 『特高月報』 1932年 2月, 18쪽.
54 『社狀』 1933년판, 180쪽.

었다. 그를 출판노조, 광산노조, 섬유노조 등 하부조직에서 행동강령에 반영하였고, 각종 인쇄물에서 투쟁목표로 정하는 등의 움직임이 나타났다. 또한 1932년에는 실업자(일용노동자) 단체라든지, 지방의 단독조합 등의 결성이 증가하였는데, 전협 중앙위는 각종 기념일 운동이나 제국의회·부현의회의 선거운동 및 각종 파업을 지도하였다.[55] 1932년 전협 중앙위가 정한 "군주제 폐지"가 포함된 행동강령과 제국의회 등의 선거운동은 "비합법"과 "합법"의 경계를 넘나드는 것으로서, 당시 전협이 수시로 탄압받을 수 있던 운동 환경에 처해 있었다는 상황을 고려하면 비현실적인 지도 방침이었다고 할 수 있다.

한편 1932년 전협은 중앙위원회의 차원에서 조선인 조합원이 증가한 것에 따른 조치가 있었다. 원래 전협 중앙위는 동년 1월에 김두용을 위원장, 이의석(李義錫)을 위원으로 하는 '조선위원회'를 설치할 예정이었으나, 모두가 '치안유지법 위반'으로 기소된 상황이었기에 실현할 수 없었다. 또한 전협은 같은 해 9월에 개최된 제1회 중앙위원회에서 새 행동강령의 초안에 "조선, 대만, 중국 등의 노동 강화에 관한 모든 민족적 차별 반대 및 식민지·반식민지 노동조합을 지지 제휴하는 투쟁"이란 항목을 만들고, 중앙상임위원회 산하에 '조선인부' 또는 '식민지부'라는 전문부서를 설치한다는 규정을 만들었으나 실현되지는 않았다.[56]

---

55 『社狀』1932년판, 226~227쪽.
56 1932년의 전협 중앙위원회의 움직임은『社狀』1932년판, 1460, 1461쪽을 참조. 이 때 기소된 김두용, 이의석 등은 1932년 6월 2일 도쿄지방재판소에

제5장 1920년대 후반~1930년대 전반 일본거주 조선인의 노동운동

이 '조선인부 설치'는 1929년 말에 전협 중앙위가 재일노총 중앙위와 합의했던 것인데, 1932년에 전체 산하노조에서 조선인 조합원의 비율이 급증하자 드디어 실행하고자 했던 것으로 보인다. 하지만 중앙위 차원에서는 성사되지 못했고, 결국 조선인 조합원이 압도적으로 많았던 토건노조에서 실현된다. 즉 전협 토건노조는 동년 5월에 '조선어위원회'를 설치하였고, 그에 대해 동년 9월 5일 발행의 『토목건축노동자(土木建築勞動者)』 조선어판에서 다음과 같이 공지하였다.

> "일본 노동시장에서 축출된 50만 이상의 재일본 조선노동자 - 이는 일본제국주의에 반항할만한 결정적인 요소이다 - 광범하게 선전하여 조일 프롤레타리아의 강한 결합 하에서 과감한 투쟁을 전개하지 않으면 안 된다. …(중략)… 과거의 모든 약점을 극복하고 강력하게 그 임무를 다하기 위해 본부의 조선어부를 조선어위원회로 발전시킴과 동시에, 본부에서는 그 독자적 활동을 위한 결정권과 집행권을 부여하여, 그 임무와 역할을 보고 전협 중앙에 설치하기 위해 노력하고 있다."[57]

1932년 4월에 개최된 전협 중앙위의 확대집행위원회에는 당시 화학노조 오사카지부의 책임자였던 손표기(孫漂基)가 오사카지부협

서 "치안유지법위반"이란 명목으로 징역 2년의 판결을 받았다.(『特高月報』, 1932年 6月, 114쪽)
57 앞의 『社狀』1932년판, 같은 곳.

의회 서기국 대표의 자격으로 참가하였다.[58] 전년에 김두용 등이 검거된 후에 전협 중앙위에 조선인은 없었으므로, 1932년에는 조선인 조합원 비율이 높았던 오사카 지부협의회에서 손표기가 중앙위에 진출한 것이다.

1932년에 전협의 중앙위원회가 굳이 "군주제의 폐지"를 행동강령에 포함한 것은 천황제 지배 시스템에 대한 강한 반발을 표출한 것이나, 전협이 처한 당시의 상황을 감안하면 비현실적인 조치라고 판단된다. 그 후에 전협은 해당 행동강령 항목으로 인해, "치안유지법 제1조(국체 변혁을 목적으로 하는 결사)에 저촉하는 불법 단체"라는 이유로 특고에게 한층 더 격심한 탄압을 받게 된다.

② 조선인 조합원의 운동

1932년 전협 산하의 조선인 조합원의 활약을 보면, 먼저 전협 토목건축노조 중에서도 조선인 조합원이 930명으로 가장 많았던 도쿄지부의 활동을 들 수 있다. 토건노조 도쿄지부의 대표는 허경인(許景仁)이었고, 그 산하에 각 지구의 책임자 및 행동대장으로 조선인 활동가들이 포진되어 있었다. 토건 도쿄지부 중에서도 고토바시(江東橋)분회와 후카가와(深川)분회의 활동이 주목할만 하다. 고토바시 분회는 허경인, 김수목(金壽穆), 이수영(李守英), 최두환(崔斗煥) 등 간부들과 조선인 노동자 약 200명으로 구성되어 있었으며, 동년 7월 이후에 조합원 배가 획득운동, 시위행동대 편성, 정부미의 외국투매

---

58 『社状』1932년판, 1462쪽. 단 이 때 손표기가 전협의 중앙위원으로 임명되었는지에 대해서는 현존 사료로는 확인되지 않으므로 명확하지 않다.

제5장 1920년대 후반~1930년대 전반 일본거주 조선인의 노동운동

방지운동, 아나키즘 단체와 항쟁, 노동자위안회 개최, 시 전차쟁의 응원, 후세 타츠지(布施辰治) 변호사 징계재판 반대 등의 운동을 전개하였다.[59]

전협 화학노조 오사카지부도 당해 지역의 조선인 노동운동을 리드하는 단체였다. 1931년 12월 초에 열린 상임위원회에서 손표기가 대표가 된 이후, 1932년 초에 오사카지구 화학노조대회를 개최하여 공장 조직책회의, 공장 대표자회의 등을 구성하였다. 그리고 화학노조 오사카지부 기관지로서 「화학노동자 오사카판(化學勞働者大阪版)」을 간행하고, 행동대 편성도 하는 등 적극적인 활동을 전개했다.[60] 이 외에도 1932년 전협 산하에서 조선인 활동가들이 활약했던 곳은 토건노조 오사카지부, 교토(京都)지부협의회, 토건노조 가나가와지부, 화학노조 효고현지부 등을 들 수 있다.

1932년에 전협의 조선인 활동가들은 일본인 활동가와 협력하여 기념일 운동에도 적극 참여했다. 3·18 국제 모플데이(실업반대 기아 행진의 날), 5·1 노동절, 8·1 반전(反戰)의 날 등 일본 사회운동계의 기념일 이외에도, 한민족 관련의 기념일도 잊지 않았다. 예를 들면, 1932년의 3·1운동 기념일에 오사카지부협의회가 「조선독립만세!」라고 적힌 비라를 오사카항 출발의 제주행 선박에 배포했으나 3명이 검거되었다.[61] 6·10 만세운동 기념일에 즈음하여, 전협 토건노조의 조선인 활동가들이 일본공산당 도쿄 나카쿠(中區)지구위

---
59 『社狀』1932년판, 1434쪽.
60 『社狀』1932년판, 1465쪽.
61 『社狀』1932년판, 1491쪽.

원회와 공동으로 6월 2일에 「조선독립만세 기념일을 조・일 노동자의 강한 제휴로 대중적 시위로서 싸워라!」라는 격문을 배포하였고, 6월 9일에 당 죠사이(城西)지구위원회와 공동명의로 「6월 10일 조선독립만세운동 기념일에 즈음하여 전 죠사이의 노동자, 실업자・농민에게 격함!」이라는 인쇄물을 전역에 살포하였다.[62] 또한 8월 29일 한일병합조약 체결일에는 각지에서 항의 운동을 전개했다. 8월 18일 도쿄시에서 전협의 산업별 조합과 반제(反帝)동맹 도쿄지방위원회가 제휴하여 「잊지 말라 8월 29일 조선 국치기념일」이라는 제목의 팜플릿을, 오사카시에서는 29일 당일에 전협 산업별지구협의회의 명의로 「전 노동자는 일한병합의 국치기념일을 데모와 스트라이크로 싸워라」라는 격문을 살포하였고, 나고야시, 코베시, 도요하시시 등에서도 전협 산하의 조선인 활동가들이 유사한 형태의 항의 행동을 감행했다.[63]

하지만 사회운동 전체를 감시하던 특고 경찰의 상급 기관 내무성 경보국은 당시 전협내 조선인 활동가의 역할에 대해 다음과 같이 판단하고 있었다.

> … 대부분은 각 산업별 조합지부, 지구 또는 분회 등의 책임자 또는 조직책으로서 그 지역 또는 타 부현에 파견되어, 각 공사장 등에 숨어 들어 교묘하게 쟁의를 유발하고 쟁의단원을 그대로 전협의 조직으로 만드는데 힘쓰는 등, 중요한 역할을 하는 자가 적지 않다. … 각 단체

---

62 『社狀』1932년판, 1493쪽. 『特高月報』, 1932년(昭和7年) 6월, 100쪽.
63 『社狀』1932年版, 1496쪽. 『特高月報』1932年(昭和7年) 8월, 119쪽.

제5장 1920년대 후반~1930년대 전반 일본거주 조선인의 노동운동

의 행동대 등에 편성 동원되어 각종 집회에 참가하거나 비라를 살포하는 등, 극좌 진영의 최첨단에 서서 과격한 행동에 나서고 있는 것이 공통점이다. …요컨대 지금은 재류 조선인의 극좌 운동은 내지 극좌 운동의 일환이고, 양자 혼연일체가 되어 그 활동이 점점 치열해질 뿐 아니라, 이들 재류 조선인 극좌 분자의 중개에 의한 자극으로 내지 및 조선의 극좌 운동이 국제적 연대에 입각하여 점차 민족적 결합을 강화하는 상태…[64]

즉 일본정부 치안 행정의 중추에서는 전협 산하의 산업별 노조에서 활약하던 조선인들과 그 활동에 대해 '제국의 안녕을 위협'하는 위험 존재로서 간주하고 있었다.

4) 1933년 전협의 산하 조직과 조선인 조합원

(1) 전체 조직 상황과 조선인 조합원 분포

아래 <표 5-4>는 1933년 전협의 전체 조직의 규모와 산업별 지역별 분포를 나타낸 것으로서, 이를 통해 동년 12월 말 시점에 전협의 전체 규모가 어느 정도였는지 파악할 수 있다.

1933년 전협 소속의 산업별 노조 전체 조합원 수는 5,811명이었다. 이를 민족별로 보면 일본인이 3,477명, 조선인이 2,334명이었다. 소속 노조원 전체에 대한 조선인 조합원의 비율은 40.2%로서

---

64 『社状』1932년판, 1429쪽.

전체의 절반을 약간 밑도는 정도로 많았다. 그러나 전년 1932년의 조합원 수와 비교하면 일본인도 조선인도 절반 규모로 줄었다는 것을 알 수 있다. 노동조합의 조합원 수가 1년만에 절반으로 줄었다면 그것은 상당히 심각한 상황이라 할 수 있다. 그 원인에 대해서는 후술하겠지만, 1932년에 전협 중앙위가 내건 행동강령으로 인해 특별고등경찰이 "치안유지법 제1조 위반의 단체"라는 명분으로 전협에 대해 전국적인 규모로 탄압을 계속했기 때문이었다.

주요 지구·지부 협의회별로 산하 조직의 조합원 현황을 보면 아래와 같다. 도쿄 지부는 일본인이 12개분야 노조에 2450명, 조선인이 8개분야 노조에 1705명(41%)였고, 오사카 지구준비회는 일본인 9개분야 노조에 444명, 조선인이 8개분야 노조에 234명(34.5%), 가나가와 지구는 일본인이 10개분야 노조에 119명, 조선인이 2개분야 노조에 280명(70.2%), 나고야 지구는 일본인이 6개분야 노조에 44명, 조선인이 3개분야 노조에 26명(37.1%) 등이다. 전협 본부가 있는 도쿄 지역은 아직 산업별 조직이 건재하고 전체 조직 중에서 가장 조합원수가 많았다. 하지만 다른 지역은 전년과 비교해 급격히 조직이 약화되었다는 것을 알 수 있다. 조합원수의 감소 폭이 가장 컸던 곳은 오사카였는데, 산업별 노조의 형태는 소수나마 유지하고 있었으나 전년에 비해 조선인 노조원수가 10분의 1 정도로 격감했다. 나고야를 중심으로 한 주부 지방도 겨우 명맥을 유지할 정도로 약화되어 있었다.

한편 준조합원에 해당하는 비 산업별 단체원은 전체수가 전년에 비해 약간 증가한 7,214명이었다. 그 원인은 일본인이 2,000명 정도 증가하였기 때문이었는데, 조선인은 약간 감소하였다.

제5장 1920년대 후반~1930년대 전반 일본거주 조선인의 노동운동

〈표 5-4〉 1933년 전협의 전체 조직 상황과 조선인 조합원 분포

대구분	지역별 단위	하부 단위조합	일본인	조선인	계/조선인비율
산업별 산하 단체	東京支部 協議會	金屬/化學/出版/纖維/一般使用人/木材/食糧/土建 등 노조 東京支部	130/ 240/ 195/ 20/ 320/ 50/ 115/ 1,200	30/ 150/ 150/ 30/ 220/ 10/ 15/ 1,100	
		電氣/通信/交通運輸/海員港灣 등 노조 東京支部	20/ 40/ 150/ 20	0/ 0/ 0/ 0	
		소계 : 4155명	2,450	1,705	41.03%
	神奈川地區 協議會	土建/金屬/一般使用人/通信/海員港灣/出版/交通運輸/木材/化學/食糧/纖維 등의 노조 神奈川地區	0/ 20/ 5/ 3/ 30/ 15/ 10/ 20/ 8/ 5/ 3	180/ 0/ 0/ 0/ 0/ 0/ 0/ 0/ 0/ 0/ 0	
		土建노조 湘南地區	0	100	
		소계 : 399명	119	280	70.18%
	埼玉縣	金屬노조 埼玉地區	10	0	
	名古屋地區 協議會	土建/化學/金屬 노조 名古屋地區	0/ 0/ 0	10/ 6/ 5	
		纖維/通信/出版/木材/一般使用人/交通運輸 등 노조 名古屋地區	5/ 4/ 5/ 5/ 10/ 5	0	
		소계 : 70명	44	26	37.14%
	三河地區 協議會	金屬, 土建노조 豊橋小地區	0/ 0	6/ 19	
		土建노조 岡崎小地區	0	9	
		纖維, 土建 등 노조 三河地區	10/ 30	0	
	北勢地區 協議會	纖維, 化學 등 노조 北勢地區	10/ 13	0	
	南勢地區 協議會	日纖維, 土建, 交通運輸(準) 등 노조 南勢地區	5/ 5/ 6	0	
	岐阜縣	化學노조 東濃地區(準)	6	0	
	大阪地區 協議會(準)	化學/金屬/纖維/土建/交通運輸/一般使用人/出版/海員/電氣(準) 등 노조 大阪地區	86/ 50/ 65/ 76/ 45/ 72/ 38/ 8/ 4	79/ 27/ 42/ 48/ 6/ 15/ 18/ 2/ 0	
		소계 : 678명	444	234	34.51%

195

	京都地區協議會(準)	一般使用人/ 交通運輸(準)/ 金屬(準)/纖維(準)/食糧(準) 등 노조 京都地區	19/ 16/ 11/ 6/ 3	1/ 4/ 4/ 5/ 1	
		化學, 土建, 出版, 通信, 電氣 등 노조 京都地區(準)	2/ 2/ 3/ 1/ 4	0	
		소계 : 82명	67	15	18.29%
	神戶地區協議會	化學노조 神戶地區	45	40	
		金屬, 一般使用人, 交通運輸 등 노조 神戶地區(準)	12/ 45/ 13/ 11	0/ 0/ 0/ 0	
		소계 : 166명	126	40	24.09%
	기타 지역	和歌山1단체/ 廣島6단체/ 山口4단체/ 岩國3단체/ 福岡3단체	5/ 43/ 38/ 18 /18	0/ 0/ 0/ 0/ 0	
		조합원 합계 : 5,811명	3,477	2,334	40.17%
비산업별 영향단체	關東	深川紹介所向上會, 砂町紹介所相互會, 吾嬬町親交會, 江東橋自由勞働者協力會, 三河島失業者登錄者會, 小石川紹介所共助會, 日暮里紹介所親睦會, 尾久一般勞働者共助會, 巢鴨紹介所自龍會, 南千住自由勞働者組合, 芝浦失業者委員會, 大井町勞働者組合, 五反田紹介所共助會, 千駄ヶ谷紹介所共助會, 澁谷紹介所共生會, 淀橋曉友會, 城西硏勞會, 東京地方自由勞働者組合城西支部 / 기타 15단체	400/ 60/ 110/ 500/ 150/ 100/ 200/ 150/ 50/ 120/ 580/ 100/ 70/ 100/ 110/ 0/ 180/ 60/ 기타(1163)	200/ 50/ 50/ 200/ 100/ 50 /100/ 70/ 30/ 50/ 120/ 70/ 20/ 70/ 80/ 90/ 80/ 20/ 0	
	中部/ 北陸	名古屋失業者共助會, 勞働者協議會, 文化普及會, 岡崎合同노조, 豊橋合同노조/ 기타 5단체	0/ 0/ 0/ 0/ 0/ 기타 438	180/ 35/ 50/ 41/ 145	
		石川縣自由勞働者組合	0	200	
	東北/關西/中國	1단체/ 5단체/ 4단체	10/ 360/ 107	0	
		준 조합원 합계 : 7,214명	5,118	2,096	20.05%
		총 인원 : 13,025명	8,595	4,430	34.01%

* 출전: 內務省警保局,『社會運動の狀況』1933년판(昭和8年). 졸고「1930년대 일본 혁신노동조합의 한인조합원 운동」,(『일본역사연구』제23집, 2006)에서 수정 재인용.

(2) 1933년 전협의 운동

① 전체적 상황

1933년 전협 전체의 동향을 중앙위원회와 지방조직으로 나누어 검토해 본다.

특고 경찰은 전협 중앙위원회의 괴멸을 노리고, 1933년 2월 27일 이후 수일동안 상임위원회 멤버들에 대한 집중적인 탄압을 시작하여 위원장 이시가미 이하 위원 수명을 체포하였다. 이 때의 검거를 피한 잔류자 모리시타(森下覺), 고바타케(小畑健夫) 등은 동년 3월 12일, 조직을 재건하기 위해 도쿄 거주자를 중심으로 도쿄 중앙위원회를 개최하여 "제2회 중앙위원회를 급속히 개최하고 신중앙위원을 선출하기 위해 임시 상임기관을 설치"한다고 정했다. 이후 개최된 임시 상임위에서 앞의 2명 외에 오리메 시게루(折目茂), 히로바타케 신타로(廣畑芯太郎), 야마구치 킨지(山口近治) 등을 상임위원으로 선출하여 중앙위원회를 구성하였다. 이를 통해 각종 운동방침과 하부조직에 대한 지도 통제를 하고자 했으나, 33년 6월 이후에는 옥중에 있던 일본공산당 중앙위원인 사노 마나부(佐野學), 나베야마 사다치카(鍋山貞親) 등이 발표한 전향서에 공명하는 자들이 나타나 혼란스러운 상황에 처했다.[65]

내무성 경보국은 1933년 5월에 전협에 대한 단속 방침을 치안유지법 제1조 제1항(국체의 변혁을 목적하는 결사)에 저촉하는 단체로 한다고 결정하고, 전국의 특고 경찰에게 전협에 대한 전면적인 탄압을

---

65 『社狀』1933年版, 186쪽.

가하여 그 중앙 조직 및 산업별 조직을 모두 해체하라고 지시했다.[66] 그에 관련된 상황을 도쿄지방협의회와 간사이지방협의회의 사례로 보도록 한다.

도쿄지방협의회는 이미 1932년 11월에 열린 전체회의에서 참가자 전원이 경찰에게 기습 체포된 이후, 활동정지 상태가 되었다. 그 후 출판노조 도쿄지부의 상임위원장 하마나 젠유에몬(浜名善右衛門)을 중심으로 재건이 진행되었고, 1933년 1월 중순에 하마나 상임위원장 이하, 조직부장에 오카 슈이치(岡修一), 실업대책부장에 카나이 노보루(金井昇) 등의 진용으로 지도부가 구성되었다. 동년 2월에는 종래의 5개 지구 조직을 살리고자 고토(江東), 주부(中部), 세난(西南) 등 3지구를 정리하고 3월 초순에 간토지방협의회 설립을 목표로 활동하였으나, 지도부 전원이 다시 경찰에 검거되어 활동이 정지되었다. 이후 중앙위 상임위원인 모리시타가 파견되어 가나가와의 활동가 후루야스 켄스케(古閑健介)를 섭외하여 조직 재건을 시도했으나, 6월에 모리시타가, 11월에는 후루야스조차 검거되어 도쿄지방의 전협 조직은 정지상태가 되었다.[67]

한편 간사이지방협의회는 1933년 2월에 니시카와 히코요시(西川彦義)가 위원장이 되었으나, 3월 하순에 니시카와가 검거되었다. 그 직후 오사카지부협의회 책임자 시오타니 간지(塩谷寬二)를 위원장으로, 오모리 이와오(大森岩夫)와 이상길(李相吉)을 상임위원으로 선정하여 활동을 시작하고자 했으나, 시오타니가 즉시 검거되었다. 동년

---

66 『社狀』1933年版, 184쪽, 『社狀』1934年版, 111쪽.
67 『社狀』1933年版, 230쪽.

제5장 1920년대 후반~1930년대 전반 일본거주 조선인의 노동운동

5월에는 다시 조직을 재건하여 활동하고자 했으나 5월 말부터 6월 초까지 지도부 전원이 검거되었다. 동년 7월 중순에는 오사카·고베·교토의 대표가 모여서 재건위원회를 설립하고, 10월 말에 간사이지방 산업별 대표자회의 개최를 준비하던 중에 다시 오사카부 특고의 탄압으로 관련자 모두가 검거되었다. 그로 인해 간사이지방협의회 지도부는 전체적으로 괴멸 상태에 빠졌다.[68]

전협 중앙위에 대한 탄압도 진행되어, 동년 4월에 오리메와 히로바타케가, 6월에는 모리시타가 검거되었으며, 그 후에 보충된 중앙위원들도 모두 9월에서 12월 사이의 탄압으로 인해 검거되었기에 동년 연말에 중앙위원회의 활동은 완전히 정지되었다. 1933년에 전협 중앙위원회 명의로 추진된 대중운동은 4월의 「메이데이 투쟁 방침서」, 7월의 「8월 1일 국제반전의 날 투쟁의 팸플릿」을 발행한 정도에 지나지 않았다.[69]

② 조선인 조합원의 운동

1933년의 전협은 토건, 출판, 화학, 금속 등 산업별 노조에서 조선인 활동가들이 상임위원장이나 부서 책임자 또는 부원으로서 중심적인 활약을 했다. 이들 중 소수는 전국적 차원에서 활약한 사람들이 있었지만, 대개는 각 지방의 협의회에서 산업별 노조의 책임자로 활약하였다. 특히 오사카를 중심으로 한 간사이 지방의 전협 조직에서는 조선인 활동가의 협조 없이는 중앙위에서 조직책을 파

---

68 『社状』1933年版, 231쪽.
69 『社状』1933年版, 187쪽.

견할 수 없을 정도였다.⁷⁰

이하에서 1933년 전협 산하의 산업별 노조에서 있었던 조선인 활동가들의 역할을 구체적으로 보도록 하자. 먼저 토목건축노조의 본부에는 상임위원 및 재무부장 이성백(李成百), 상임위원 및 실업대책부장 김종선(金鐘善), 조선어부장 한(韓)모, 청년부장 및 부인부장 김만수(金萬壽), 위원 김기주(金基柱), 위원 함츈성(咸春星) 등이 활약하고 있었다. 이 중에서 이성백은 가나가와 지부 및 군마(群馬) 지부를 설립하는 데에 중심적 역할을 했는데, 재정을 확보하기 위해 활동하던 중 동년 3월 말에 검거되었다. 김종선은 도쿄지부의 재정부장에서 본부의 상임위원으로 승격하여 실업대책 책임자로 활동하던 중 동년 4월에 검거되었다. 함춘성은 1933년의 토건노조 전국대회준비위원장으로서 11월 21일 도쿄에서 전국대회를 개최하였으나, 대회장을 급습한 경시청 특고에 의해 기타 참가자들과 함께 검거되었다. 이 전국대회에서 검거된 각지의 대표들은 함춘성을 포함한 12명이었는데, 그 중에서 조선인은 쇼난(湘南)지부 문기련(文基璉), 주부(中部)지부의 박완균(朴琓均), 김용섭(金容燮), 조병호(趙炳浩), 호쿠리쿠(北陸) 지부의 김동육(金東育), 게이힌(京浜)지부의 정호룡(鄭虎龍), 도쿄지부의 금갑손(琴甲孫), 반제(反帝)동맹의 손태준(孫太俊) 등 9명이었다.⁷¹ 이 1933년 11월의 전협

---

70 『社狀』1933年版, 1540쪽.
71 1933년의 전협 토건노조 본부 및 전국대회의 상황에 대해서는 『社狀』1933年版, 1541~1542쪽 및 「朴廣海氏 聞書き」2(『在日朝鮮人史研究』第20号, 1990년 10월)을 참조. 위 '박광해씨 인터뷰'에 의하면, 1933년 11월 21일 개최된 전협 토건노조의 전국대회가 특고에게 습격당한 것은 참가자 중에서 스파이가 있었기 때문이라고 한다.

제5장 1920년대 후반~1930년대 전반 일본거주 조선인의 노동운동

토건노조 전국대회에 참가한 대표들 진용을 보면, 당시 해당 노조에서 조선인 활동가들의 위상이 어느 정도였는지 알 수 있다.

이번에는 출판노조의 경우를 보자. 원래 전협의 출판노조에는 조선인이 없었으나, 1931년부터 노구치(野口)라는 가명을 쓰는 이흥룡(李興龍)이 도쿄지부의 하부조직 책임자가 되어 조선인 조합원의 확보에 노력하였다. 그 후 1933년에 이흥룡은 출판 도쿄지부의 히로타(廣田) 모, 미야시타(宮下: 출판노조본부 상임) 모, 가와사키(川崎: 출판노조 도쿄지부상임) 모 등과 함께 하부조직의 설립에 주력했다. 그 결과 이흥룡은 1933년 7월부터 출판노조의 확대중앙위원회에 참석하였는데, 동 8월 중순에 본부의 상임위원으로 선출되어 재무 및 연계단체연락 담당자가 되었고, 9월 상순에는 출판노조 본부 상임위원장으로 취임했다. 이후 이흥룡은 전협 본부 중앙위원회와 연락 하며 각종 회합을 개최하는 한편, 도쿄지부 하부조직 재건에 활약하였으나, 1933년 9월 19일에 경시청 특고에게 검거당했다.[72] 앞의 <표 5-4>을 보면 1933년 12월말 현재 전협 출판노조 도쿄지부에 345명이 있었는데, 그 중 조선인 조합원이 150명 이었다. 조선인 노동자들이 출판노조 구성원의 절반을 점유했던 것은 이흥룡의 활약과 무관하지 않다고 보여진다.

1933년에는 그 외에도 화학, 금속 등의 산업별 노조에서 조선인 활동가의 활약이 눈에 띈다. 화학노조 도쿄지부 조직책임자였던 김엽득(金葉得)은 화학노조 본부에서 상임위원장으로 활약하였고, 금속노조 도쿄지부의 고토지구 위원 전유만(田有萬)은 6월에 금속노

---

[72] 『社状』1933년판, 1542~1543쪽.

조 본부의 상임위원 및 고토지구 책임자가 되어 활약하였다.[73] 이러한 조선인 간부들의 활동에 의해 1933년 화학노조 도쿄지부에는 150명의 조선인 조합원이 소속되어 있었다.

또한 지방의 전협산하 노조에서도 조선인 활동가의 활약은 돋보였다. 오사카 지역은 원래 고무·피혁·기타 화학공장 등에 취로하는 조선인노동자들이 다수 있었기에 전협 화학 오사카지부의 조합원 중에 조선인의 비율은 압도적으로 높았다. 1933년 1월부터 김갑환(金甲煥), 김병옥(金秉玉), 후지타(藤田久雄) 등이 간사이지방협의회 간부 이상길의 협력으로 오사카에서 지부협의회를 결성하고 김갑환은 동구의, 김병옥은 남구의 책임자가 되어 전년에 탄압으로 무너진 조직을 재건하고자 힘썼다. 그러나 2월과 6월에 오사카 특고에 의한 탄압으로 상기 활동가들이 검거된 이후 오사카 지부협의회의 활동은 정지 상태에 이르렀다.[74]

이외 지역도 비슷한 양상이었다. 교토(京都)지구협의회는 32년에 탄압으로 인해 조직이 괴멸된 상태였는데, 1933년 1월부터 간사이지방협의회의 도움 아래 조정섭(趙廷燮: 출판지부), 노우현(盧禹鉉: 금속지부) 등이 일본인 니시무라 세이조(西村淸三) 등과 함께 산업별 조직을 확립하였다. 일반사용인 간사이지구협의회도 동년 2월에 임길봉(任吉鳳), 김귀영(金貴榮) 등의 활약으로 오사카에서 조직을 재건하고자 했으나 3월 이후에 전원이 검거되었다.[75]

---

73 『社状』1933년판, 1543쪽.
74 『社状』1933년판, 1559쪽.
75 『社状』1933년판, 1550~1552쪽.

제5장 1920년대 후반~1930년대 전반 일본거주 조선인의 노동운동

이상에서 보았듯이, 1933년에도 전협은 "치안유지법 저촉 단체"라는 명목으로 탄압을 받아서 각지의 산하 조직이 무너졌으나, 해당 지역에서 잔존 활동가들에 의한 전개된 재건 운동에서 조선인 활동가들이 중요한 역할을 했다는 것이 확인된다. 그것은 1932년의 전협에서는 볼 수 없던 현상이었다. 그 이유로서 1933년에 각지의 전협 산하 조직에서 조선인 조합원의 비율이 한층 높아졌다는 것을 들 수 있다. 따라서 조선인 활동가들도 스스럼없이 역량을 발휘할 수 있었던 것으로 보인다.

5) 1934년 전협의 산하 조직과 조선인 조합원

(1) 전체 조직의 상황과 조선인 조합원

아래 <표 5-5>는 1934년 12월 말 시점에 전협 산하 노조의 전체 상황을 나타낸 것이다. 먼저 산업별 산하 노조에 속해 있던 조합원 수의 합계는 1,724명이었으며 그 중 조선인 조합원은 533명이었다. 즉 전체 구성원의 약 31%가 조선인이었다. 1933년에 비하면 조합원수가 무려 4,100명이나 감소했다는 것을 알 수 있다. 이전 시기에도 전협 산하의 조합원 수는 감소하는 추세에 있었지만, 특히 이 1934년의 전협 조직은 전체적으로 대폭 약화된 상태였다.

1934년 전협의 지방조직 상황을 보면, 전년까지 존재했던 지방·지구협의회가 완전히 사라졌고 조합원 수가 비교적 많았던 간토와 간사이의 지방협의회는 규모가 급격히 축소되어 있었다.

〈표 5-5〉 1934년 전협의 전체 조직 상황과 조선인 조합원 분포

대구분	지역별 단위	하부 단위조합	일본인	조선인	계/조선인비율
산업별 산하 단체	關東地方 전東京支部 協議會	金屬/化學/電氣/交通/一般使用人/海員港湾/出版/土建 등 노조 東京支部	33/45/6/44/84/7/0/30	49/89/0/0/59/5/44/110	
		通信, 木材, 食料 등 노조 東京支部	0	0	
	關東地方 協議會(準)	金屬/化學/出版/交通/土建/食料/一般使用人/纖維 등 노조 東京支部	35/61/84/3/93/3/0/0	0/0/0/0/0/0/0/0	
	소계		528	356	40.27%
	中部地方	土建/金屬/化學 등 노조 名古屋支部(準)	15/6/10	0/0/0	
		纖維노조三河地區 豊橋小地區/岡崎小地區	30/3	0	
		土建노조三河地區 豊橋小地區/岡崎小地區	25/5	0	
		化學노조東濃地區(準)	8	0	
	關西地方	一般使用人京都地區(準)	10	0	
		化學/金屬/土建/纖維/一般使用人/出版/交通運輸/노조 大阪地區	89/85/72/55/48/40/39	43/29/37/23/7/12/6	
		海員港湾,電氣,通信노조 大阪地區	3/2/2	0/0/0	
	소계		445	157	20.08%
		金屬/化學/一般使用人/通信 등 노조 神戶地區	2/16/3/9/5	0/20/0/0	
		海員노조刷新會	5	0	
	中國地方	化學노조岡山支部再建委	3	0	
		岩國3분회/下關4분회/宇部2분회	10/20/13	0/0/0	
	北海道	札幌(準)4단체/小樽(準)3단체	19/16	0/0	
	조합원 합계		1,191	533	1,724/31.28%

제5장 1920년대 후반~1930년대 전반 일본거주 조선인의 노동운동

비산업별 영향단체	東北/北陸	1단체/1단체	10/10	0	
	關東	7단체	224	0	
	中國·四國	5단체	105	0	
	中部	名古屋失業者共助會/ 勞働者協議會/ 文化普及會/ 岡崎合同노조/ 豊橋合同노조/ 기타4단체	0/ 0/ 0 0/ 0/ 254	15/ 50/ 70/ 20/ 165/ 0	
	九州	3단체	720	0	
		준 조합원 합계	1,323	320	1,643/ 19.48%
		총 계	2,514	853	3,367/ 25.33%

* 출전: 內務省警保局, 『社會運動の狀況』 1934년판(昭和9年)에서 발췌 작성. 졸고 「1930년대 일본 혁신노동조합의 한인조합원 운동」, (『일본역사연구』 제23집, 2006)에서 수정 재인용.

1934년 전협에서 가장 조합원수가 많았던 곳은 도쿄지부협의회 (884명)였다. 하지만 도쿄의 조직을 보면 전년의 탄압 이후에 조직 재건을 하던 지방협의회 준비위원회가 공존해 있는 상태였다. 도쿄지부에서 일본인 조합원은 528명이었으며, 조선인 조합원은 전체의 40%에 해당하는 356명이었다. 그들 모두가 토건·화학·일반사용인·금속 등의 이전부터 조선인 노동자 비율이 높은 노조에 소속되어 있었다. 즉 탄압으로 인해 조선인 활동가들은 검거되었지만, 각 노조 산하의 조선인 노동자들은 1934년에도 상당 정도 남아 있었던 것이다.

두 번째로 조합원 수가 많았던 곳은 간사이지방협의회의 오사카지구(602명)였으나, 그 곳도 전년에 비하면 조합원 수가 급격히 감소해 있었다. 오사카 지구의 조합원 중에서 157명(20%)이 조선인이었다. 조선인 조합원이 있던 노조는 화학·토건·금속·섬유 등의 분야로 역시 이전부터 조선인의 비율이 높았던 곳이었다. 간사이 지

방에서 다음으로 조합원이 많았던 곳은 고베(神戶)지구(55명)였는데, 그 중 조선인은 화학 노조에만 20명이 있었다. 주부(中部)지방, 주고쿠(中國)지방 등은 일본인 조합원만 소수 남아 있을 뿐 조선인 조합원은 전혀 볼 수 없었다.

한편, 준 조합에 해당하는 비산업별 영향단체의 경우는 총 1,643명이 소속되어 있었고, 그 중에서 조선인은 320명(19.5%) 이었다. 영향단체의 규모도 급격히 축소되었다는 것이 확인된다.[76]

이상에서 보았듯이, 1934년 전협의 조직 상황은 전년에 비해서 대폭 축소되어 있었고, 조선인 조합원수도 감소해 있었다. 즉 1930년부터 매년 특고 경찰에 의해 전국 차원에서 철저하게 진행된 탄압으로 인해 전협의 중앙위원회 및 각 지방협의회는 대폭 축소되어 있었다. 조합원과 준조합원을 합친 전협 산하의 모든 단체에서 조선인의 비율은 전년에 비해 대폭 감소했지만, 그래도 전체의 25%를 점유하고 있었다.

(2) 1934년 전협의 운동

① 전체적 상황

1933년 11월 말의 탄압으로 전협 중앙위 상임위원들이 대부분이 검거되었으나, 동년 12월에 잔존 위원인 오다카 다모츠(小高保)가 김엽득(金葉得 : 화학노조), 마츠모토 유키오(松本幸夫 : 일반사용인노조), 기쿠

---

[76] 이 시기에 주부지방에 전협 계열의 조선인 단체들이 존재하고 있었던 상황에 대해서는 앞의 졸고 「1930年代名古屋地方の朝鮮人労働運動」(『在日朝鮮人史研究』第23号, 1993)를 참조 바람.

제5장 1920년대 후반~1930년대 전반 일본거주 조선인의 노동운동

치 모(菊地某: 전기노조), 이시이 이사무(石井勇: 해안항만노조) 등과 연락하여 상임위를 재구성하고 재정부, 보사부 등도 만들었다. 그러나 경시청 특고는 전협이 재건되는 여지를 주지 않고 1934년 들면서 1월, 3월, 5월 세 차례에 걸쳐서 전협 중앙위의 상임 위원들을 체포하였다. 그 직후에 탄압을 피해 있던 마츠모토 유키오가 김영진(金永振: 화학노조), 후루카와 유이치(古川祐一: 교통노조), 하마다 요시모리(濱田善盛: 금속노조) 등과 함께 중앙 상임위를 재건하였으나, 12월에 다시 가해진 탄압으로 인해 완전히 붕괴되었다.[77]

또한 1934년에는 전협과 일본공산당 사이에 심각한 대립이 일어났다. 1933년 12월에 일본공산당의 내부에서 노동자파와 지식인파 사이에 내홍이 일어났는데, 그 영향으로 1934년에 당 중앙위와 전협 중앙위가 서로 심각하게 대립하는 양상에 처했다. 당 중앙위는 전협의 중앙상임위원장인 오다카(小高)를 축출하고 새로운 전협 중앙위를 구성하고자 '전협재건 투쟁방침'을 지시했지만, 오히려 전협 측은 각 산업별 조합의 지지를 받고 당의 지시를 단호하게 거절하였다. 이에 당 중앙부는 종래 긴밀하게 연락하던 도쿄지방협의회 고토(江東)지구 및 조호쿠(城北)지구의 잔존 활동가들로 하여금 간토(關東)지방협의회를 결성하게 하였고 세이난(西南)지구협의회도 흡수하여 전협 중앙위와 대항하도록 하였다. 그러자 식료(食料)노조의 상임위원장 하야시 겐조(林建造)가 식료 노조를 중심으로 전협 본부파 및 간토 지방협의회파의 중간에서 별도의 전협 재건

---

77 『社狀』1934년판, 114~115쪽.

운동을 시작하였다. 따라서 이 1934년에 전협은 중앙위, 간토지방협의회, 식료 노조로 3개 파벌로 나뉘어져 서로 분쟁하는 양상을 띠고 있었다.[78] 1934년 도쿄에서 전협은 노조로서의 일상적 운동은 물론, 기념일 운동도 제대로 전개하지 못했다. 그 원인을 제공한 것은 일본공산당 측인데 그것은 당시 자신들이 처한 객관적 상황에 맞지 않는 비현실적인 시도를 했기 때문이라고 할 수 있다.

한편 1934년에 전협 지방협의회의 동향은 어땠는지 보도록 하자. 먼저 간사이 지방협의회는 1934년 1월에 중앙위의 조직책 요시타케 미츠오(吉武三雄)가 중심이 되어 화학노조, 금속노조, 일반사용인노조 등의 잔존 인원과 함께 2월에 지방협의회 준비회를 재건했으나, 결성 직후에 산업별 노조 활동가들과 함께 오사카 특고에게 검거되어 활동 중지의 상태가 되었다. 이후 9월에 들어 오사카 지구가 중심이 되어, 교토, 고베 등의 지구와 함께 지방협의회 재건 운동을 시작했고, 12월 중순에는 금속・화학・일반사용인・토건 등 노조 대표자들과 회동하여 간사이지방협의회를 정식으로 재건하였다.[79]

주부지방의 나고야 지구협의회는 1933년 1월에 상임위 멤버들이 모두 검거되었으나, 동년 8월에 금속노조지부 이와타 무츠오(岩田睦夫), 토건노조지부 스즈키 마사아키(鈴木正明) 등이 지구협의회를 재건하여「노동신문 나고야판」을 발행하였으며, 금속・일반사용인・화학・목재・토건・섬유 등의 산업별 노조도 재건하였다. 그

---

78 『社狀』1934년판, 112쪽.
79 『社狀』1934년판, 133쪽.

제5장 1920년대 후반~1930년대 전반 일본거주 조선인의 노동운동

러나 1934년 2월에 또 다시 아이치현 특고의 탄압으로 인해 나고야 지구협의회 상임위와 산하 조직들 모두가 괴멸 상태에 빠졌다.[80] 따라서 동년 말에 주부지방 전협의 산하에는 조선인 조합원을 볼 수 없었다.

같은 해에는 홋카이도(北海道) 지방협의회, 주고쿠(中國) 지방협의회, 규슈(九州) 지방협의회 등에서도 재건 운동이 있었지만, 상기한 바와 다름없는 상황이었다.

② 조선인 조합원의 운동

상술했듯이, 1934년의 전협은 거듭된 탄압으로 전년에 비하면 조직이 급격히 약화되었다. 그러나 잔존해 있던 조선인 활동가들은 전협의 각 지방협의회에서 조직 재건의 활동에 참가했다. 특히 토목건축·화학·섬유 등 산업별 노조의 재건운동에서 조선인 조합원이 지도적인 역할을 하였다. 이하에서는 1934년 전협 산하의 산업별 노조에서 조선인 활동가들이 행한 역할을 검토하도록 한다.

화학노조 도쿄지부 책임자였던 김엽득은 1933년 10월 초에 고토 지구의 조직책을 거쳐 본부의 상임위원이 되었는데, 같은 해 12월 이후 전협과 일본공산당 간의 대립이 발생하자 당의 입장을 옹호하는 입장을 취했다. 하부조직의 움직임에 대해 보면, 도쿄지부는 1934년 2월 초순, 일본공산당의 방침을 따라 전협 본부 불신임안을 가결하고, 상임위원인 이창정(李昌鼎)은 고토(江東)지구의 화학

---

80 위와 같은 『社狀』 133쪽.

209

공장 노동자를 조직화하고자 동 지구의 이봉희(李奉喜), 조방제(趙邦濟), 노인희(盧寅熙) 외 2명을 기반으로 도쿄지부 재건준비위원회를 설립하였으나, 7월 초에 검거된 탓에 실패로 돌아갔다.

화학노조 간사이지부의 경우는 오사카 북부 조직책인 김인학(金仁鶴)이 1934년 1월부터 일본공산당 대중계 이와모토(岩本 巖)와 협조하여 화학노조 간사이지부를 재건하고자 노력한 결과, 동년 3월 5일에 오사카지구 화학 노조의 김하철(金河哲), 육복용(陸福用), 고베 서부지구의 정남수(丁南壽) 등과 함께 간사이지부 재건협의회를 개최하였다.[81] 이 간사이지부의 사례를 보면, 당시 다른 지역보다 재건운동이 체계적인 형태로 진행되었는데, 그 중심에 조선인 활동가들이 있었다.

토목건축노조 도쿄지부는 잔존 위원인 손태복(孫台福)이 1934년 4월 하순에 김명윤(金明潤), 김병직(金秉稷) 등과 함께 도쿄지부 재건위원회를 구성하였고, 죠호쿠(城北)지구의 문일석(文一錫), 권석용(權碩龍), 김말범(金末範) 등을 지도하여 이미 파괴된 다마히메(玉姬)소개소친목회를 재조직하도록 하였고, 고토지구의 이규섭(李圭燮), 이안호(李安鎬), 김명윤 등으로 하여금 후카가와(深川), 에도바시(江戸橋), 하마엔(浜園) 등의 분회를 설립하도록 지도하였다.[82] 즉 토건노조 도쿄지부도 조선인 활동가들이 당시 괴멸 상태에 있었던 하부조직의 재건을 주도한 것이다.

---

81 1934년 전협 화학노조 도쿄지부와 간사이지부의 재건운동에 대해서는 『社狀』1934년판, 1536~1537쪽을 참조.
82 『社狀』1934년판, 1539쪽.

제5장 1920년대 후반~1930년대 전반 일본거주 조선인의 노동운동

조선인 조합원이 거의 없던 나고야지역의 경우에는, 1934년 초에 조선인단체 문화보급회(文化普及會)의 집행위원 신산축(申山祝), 김이찬(金二贊), 최인수(崔仁洙), 이길래(李吉來) 등이 전협 나고야지구협의회에 가입하였다. 특히 김이찬은 나고야지구 선전부장 및 토건노조준비회의 책임자가 되어, 나고야 시내의 직업소개소 등록노동자와 무산단체협의회를 전협의 지부조직으로 활용하고자 했으나, 2월 말에 가해진 나고야 특고의 탄압으로 전원 검거되었다.[83]

1934년 전협에서 별도의 파벌을 만든 식료노조는 박은철(朴恩哲)이 도쿄지부 재건책임자로 활약하였고, 기타 금속노조, 출판노조, 목조노조 등에서도 조선인 활동가의 활약이 확인된다. 하지만, 그들 대부분이 동년 7, 8월까지 각 지역에서 탄압으로 검거되었기 때문에, 전협의 조직 전체가 정체상태에 빠졌다. 1935년 초에도 일부 지역에서 조직을 재건하고자 하는 움직임이 있었지만, 지속된 특고 경찰의 탄압으로 인해 결국 전협은 노동단체로서의 기능을 완전히 상실했다.

4. 소결

이 장에서는, 1920년대 후반에 전개된 재일본조선노동총동맹(재일노총)의 운동을 비롯하여, 재일노총 조합원들이 일본노동조합전국

---

83 『社狀』1934년판, 1541쪽.

협의회(전협) 산하의 산업별 노조에 합류해 있던 1930년~1934년을 대상으로, 일본 각지의 전협 산하 노조들의 조직 상태와 내부에서 전개된 조선인의 운동을 검토했다.

1925년에 설립된 재일노총은 일본 각지에 거주하던 조선인노동자들의 권익을 옹호하던 단체였다. 그들은 조국의 사회운동에 부응하면서 일본거주 조선인노동자의 권익을 위해 활동하는 한편, 일본에서 거주하는 현실을 감안하여 일본 노동운동과의 연대도 추구하였다. 또한 1928년에 개최한 제4회 전체대회에서 노동조합 본연의 운동을 위해 '산업별 노동조합'으로 재편할 것을 목표로 정하였다. 그러나 당시 재일노총은 산하의 조합원 대개가 일용직 노동자였으며, 조직 개편의 협력 상대인 일본인 진보계 노조와 함께 특고경찰에게 지속적인 탄압을 받고 있어서 사실상 산업별 노조 재편을 실행할 수 없었다. 따라서 1929년 12월 재일노총 지도부는 강한 추진력을 발휘하여, 전국대표자회의를 통해 산하 노조 조합원들을 일본인 좌파노조 전협의 산업별 노조에 합류한다고 결정했다. 그것은 종래 일본에서 전개된 조선인 노동운동의 한계를 극복하고자 취한 현실적인 선택지였다고 판단된다.

재일노총 산하의 조선인 조합원들은 1930년부터 일본 각지에서 전협 산하의 산업별 노조로 합류했다. 1930년부터 1934년까지 전협 산하의 각 산업별 노조에서 구성원의 30~40% 정도는 조선인 조합원이었다. 조선인 조합원들의 합류로 인해 게이힌(京浜), 한신(阪神), 주부(中部) 지방의 전협 산하의 노조는 조직이 확장되었다. 특히 토목건축노조 및 화학노조의 경우는 대부분이 조선인 조합원으

제5장 1920년대 후반~1930년대 전반 일본거주 조선인의 노동운동

로 구성되어 있었다.

조선인 활동가들이 전협의 운동 현장에서 두각을 드러낸 것은 1932년부터였는데 그것은 산하 조직에서 조선인 조합원의 비율이 가장 높았던 시기에 해당한다. 특히 조선인 활동가들은 1933~34년 중에 일제 치안당국에 의한 탄압으로 전협의 중앙과 지방의 조직이 와해될 상황에 처하자, 해당 조직을 재건하는 운동에 적극 가담했다. 또한 각지의 전협 산하 노조에서 국제 노동자기념일은 물론, 3·1운동과 8·29 '국치일' 등 민족기념일에도 격문 살포, 데모 등의 형태로 지역의 조선인 노동자들과 일본 노동자들에 대해 연대 운동을 촉구했다. 당시 전협 운동의 현장에서 조선인 활동가들이 존재하지 않았다면, 과연 해당 지역의 전협 조직이 유지되었을 수 있었는지 의문일 정도였다. 그 1930년대 전반 일본 각지 전협의 산업별 노조에서 조선인에 의해 전개된 운동은 일본거주 조선인의 사회운동사에서 주요한 축이었다고 할 수 있다.

하지만 1930년대 전반 일본 각지의 전협 조직은 특별고등경찰(특고)로 대표되는 일본 치안당국에게 끊임없이 탄압을 받았다. 그 탄압의 대상에는 당연히 전협 산하의 산업별 노조에서 활약하던 조선인 활동가들도 포함되었다. 특고의 상부기관 내무성 경보국이 전협의 조선인 활동가들에 대해, 일본뿐만 아니라 조선의 사회운동에도 영향을 미치는 "제국 일본의 질서"에 위협적인 존재라고 판단했기 때문이다. 그 결과 1934년 후반에 이르러 일본 각지에 있던 전협의 산하 조직은 완전히 붕괴되었다.

213

제6장

1930년대 초중기 일본거주 조선인 노동운동의 실태[*]
— 아이치(愛知)현 나고야(名古屋)시의 사례를 중심으로 —

1. 들어가며

일본거주 조선인의 최대 노동단체인 재일본조선노동총동맹(이하, 재일노총)이 해산한 1929년 말 이후의 관련 운동에 대해서는, 종래의 관련 연구에서도 그 산하 조직이 있었던 지역에 주목한 적이 있다. 예를 들면, 1930년대 전반의 게이힌(京浜)지방 및 한신(阪神)지방을 중심으로 일본노동조합 전국협의회(이하, 전협)의 외곽 단체 또는 지역거주 조선인에 의한 운동 사례를 분석한 논문들이 있는데,[1] 그들은 1930년대 일

---

[*] 이 제6장의 내용은 필자의 논문 「1930年代名古屋地方の朝鮮人労働運動」(『在日朝鮮人史研究』23号, 1993)과 「1930년대 전반 일본노동조합전국협의회와 한인노동자-나고야지역의 운동을 중심으로」(『한일민족문제연구』22호, 2012.6)을 수정 및 가필한 것임을 밝혀 둔다.

[1] 松永洋一,「関東自由労働組合と在日朝鮮人労働者」(『在日朝鮮人史研究』第2号, 1978); 角木征一,「東京・深川における朝鮮人運動」(『在日朝鮮人史研究』第6号, 1980); 좌동「全協・失業者同盟下の朝鮮人運動」(『在日朝鮮人史研究』第9号, 1981); 谷合佳代子,「1930年代在阪朝鮮人労働者のたたかい」(『在日朝鮮人史研究』第15号, 1985); 堀内稔,「兵庫県における朝鮮人労働運動と全協」(『在日朝鮮人史研究』第22号, 1992) 등.

본에서 있었던 조선인 노동운동을 이해하는 데에 적지 않은 시사를 주었다. 다만 대상 지역이 도쿄부, 요코하마(橫浜)시, 오사카(大阪)부, 고베(神戸)시 등에 한정되었기에, 당시 일본에서 전개된 조선인의 노동운동을 전반적으로 파악하기 위해서는 그 외에 조선인 인구가 밀집된 지역에서 있었던 운동 사례도 고찰할 필요가 있다.

따라서 이 장에서는 1930년대 초중기를 대상으로 당시 일본에서 3번째로 조선인 인구가 많았던 아이치(愛知)현의 나고야(名古屋)시를 중심으로 전개된 운동에 주목하고자 한다. 종래에도 이와무라, 박경식의 연구서에서 1935년 설립의 나고야합동노동조합(名古屋合同勞動組合, 이하, '나고야합노'로 약칭)에 관해 언급된 적이 있으나, 나고야에서 있었던 당해 운동이 여타지역에 비해 어떤 특징이 있었는지는 검토하지 않았다. 특히 1935년에 지방 단독노조로서 설립된 나고야합노의 활동은 당시 일본의 사회운동 중에서 주목할 만한 것이었다.

2. 1929~30년 나고야거주 조선인의 노동조합 설립

1) 나고야지역 거주 조선인의 생활상황

먼저 나고야합동노동조합이 성립되기 이전인 1930년대 전반에 당해 지역에서 거주하던 조선인의 생활상황을 개관하고 그들에 의한 운동이 어떻게 진행되었는지 보도록 한다.

제6장 1930년대 초중기 일본거주 조선인 노동운동의 실태

　본서 제1장에서 검토했듯이, 1945년 이전의 일본내 거주조선인 인구 변화를 시기별로 보면, 나고야시가 위치한 아이치(愛知)현에 조선인 거주자 수가 증가한 것은 1920년대 후반부터였다. 아이치현 거주 조선인 인구는 1925년에 8,500명이었으나 1930년에는 23,000명으로 급증하였고, 1930년대 초기에 일본에서 3번째로 조선인 인구가 많은 지역이 되었다. 아이치현 내에서도 조선인 수가 가장 많았던 곳은 산업 및 교통의 중심지이며 현청 소재지인 나고야(名古屋)시였다.

　아이치현의 통계로 나고야시 거주 조선인의 상황을 보면, 인구는 1925년에 2,890명, 1927년에 5,361명이었던 것이 1933년에 25,000명으로 급증했고, 주된 직업은 일용 토목노동자, 건축공사 잡부, 하역꾼, 기타 잡업이었다.[2] 나고야시에 조선인 인구가 많아진 이유는 일본 3대 산업지대의 하나인 주쿄(中京)공업지대의 중심도시로 성장했기에 신규 도일자 및 타지역 거주 조선인들이 당해 지역에 모여들었기 때문이라고 판단된다. 단 나고야거주 조선인의 직업도 기타 지역 거주자와 유사하게 단순 육체노동이 많았다.

　한편 나고야시는 1925년부터 일본정부의 지원으로 실업구제토목사업을 실시하던 5개 도시 중의 하나였다. 나고야시는 실업구제사업으로 하수도 확장공사, 하천 및 도로 개수공사를 실시했으며, 여타 도시들처럼 직업소개소에 실업자 등록을 마친 사람들에게 취업 기회를 주었다. 아래 <표 6-1>은 1920년대 후반 나고야시 직업

2　愛知県, 『愛知県統計書』 1933年版.

소개소에 실업자 등록을 마친 인원 총수와 조선인 수를 나타낸 것이다.

〈표 6-1〉 1920년대 후반 나고야시 직업소개소의 실업자 등록 인원

시기	1925	1926	1927	1928	1929
총인원(명) (조선인)	1,287 (275)	4,363 (1,712)	3,710 (1,978)	6,373 (4,568)	4,338 (2,738)

* 출전: 「六大都市における失業救済事業」, 『社会政策時報』 제118호, 1930年7月. 졸고 「1930년대 전반 일본노동조합전국협의회와 한인노동자 - 나고야지역의 운동을 중심으로」(『한일민족문제연구』 제22호)에서 재인용.

이를 보면, 1925년에 시작한 나고야의 실업등록자 중에서 조선인의 비율은 매년 높아져서 1927년부터 전체의 50% 넘을 정도로 많았고, 1928년에는 전체 실업등록자의 72%가 조선인이었을 정도였다. 즉 그와 같은 실업구제사업에 대한 조선인들의 관심도 나고야거주 조선인 인구가 증가한 원인이었다고 판단된다.

2) 신간회 나고야지회 설립과 아이치조선노동조합의 설립

도쿄를 비롯한 요코하마, 오사카, 고베 등의 여타 대도시에서는 1920년대 초부터 조선인에 의한 사회운동 및 노동자 권익옹호를 위한 단체가 결성되었다. 그러나 나고야시의 경우는 1920년대 중기가 지난 시점에도 조선인의 사회운동이 확인되지 않는다. 1927년 9월 나고야에서 개최된 '실업구제 요구 조선인대회'[3]가 최초의 조선인 운동이었다. 그 배경에는 관동대지진 발생 이듬해인 1924년

5월에 창립된 상애회(相愛会) 나고야본부⁴의 영향이 있었다고 추측된다.

내무성 경보국의 감시 자료에서 '친목융화 단체' 즉 친일 단체로 분류되었던 상애회 나고야본부는 설립 이후 매년 나고야시로부터 '사설 사회사업 조성'의 명목으로 재정 원조를 받으면서 조선인 대상의 숙박시설 '상애회 기숙사' 운영과 직업소개 업무를 병행하고 있었다.⁵ 1928년 상애회 나고야본부의 기숙사 및 직업소개업무 운영실적을 보면, '월평균 숙박시설 이용자' 2,967명, '자유노동 직업소개' 건수 연 308,428건에 달할 정도로 많았다.⁶ 당시 구직 목적으로 도일했던 조선인의 최대 관심사가 일자리와 주거였다는 상황을 고려하면, 상기한 바와 같은 상애회 나고야본부의 활동은 나고야 거주 조선인들에게 적지 않은 영향을 미쳤을 것으로 추측된다. 실제로 1928년 중반까지 나고야에서는 조선인 노동자의 권리옹호를 위한 조직된 운동은 확인되지 않는다.

그러나 1928년 말에 나고야에서 신간회지부를 설립하고자 하는 운동이 시작된 이후, 상애회 나고야본부가 나고야거주 조선인 사회에서 독주하던 양상은 깨어졌다. 1928년 말, 종래 나고야에서 거주 조선인의 계몽을 위해 신문을 발행하던 한세복(韓世福)과 공인택(孔仁澤)이 경상북도 상주의 신간회지회 간사 이민한(李玟漢)과 연락하

---

3 大原社會問題研究所, 『日本勞働年鑑』 1928年版.
4 內務省社會局, 「朝鮮人勞働者に關する狀況」 1924年7月; 朴慶植編, 『在日朝鮮人關係資料集成』, 三一書房, 1975(이하, 『集成』), 第1卷 216쪽.
5 名古屋市社會部, 『名古屋市社會事業槪要』 1929年版, 63쪽.
6 愛知縣社會課, 『愛知縣社會事業年報』 1928年版, 133쪽.

여, 나고야에 신간회 지회를 설립하는 준비에 착수했다.[7] 당시 한반도에서 사회운동 통합단체인 신간회 설립 운동이 고조되고 있었는데, 일본에서도 신간회 운동이 확산되어 1927년 5월 신간회 도쿄(東京)지회, 동년 6월 신간회 교토(京都)지회, 동년 12월 신간회 오사카(大阪)지회가 차례대로 설립되었다. 따라서 한세복과 공인택은 나고야에도 신간회 지회를 설립하여 당해 지역 조선인의 사회운동을 활성화하고자, 당시 경상북도에서 신간회 간사로서 활동 중이던 이민한에게 협조를 구했다.[8]

그 후, 1928년 12월 10일 이민한이 나고야에 도착하여 한세복 등과 민족단체 설립을 논의했고, 드디어 1929년 2월 1일에 지지자 43명이 모인 자리에서 신간회 나고야지회 창립대회가 열렸다.[9] 그 창립대회에서는 간부 선출(지회장: 이민한 / 총무간사: 공인택, 이영식, 이재근, 엄주백, 김용환, 강덕수, 박인 / 간사: 손우석, 김용섭, 권병락, 권상기)을 했고, 토의 안건으로 '일반노동자 최저임금법 제정운동의 건', '직업별 노동조합 조직 촉성의 건', '노동야학에 관한 건', '실업 노동자 구제의 건'을 상정했다. 이를 보면 신간회 나고야지회는 무엇을 지향하는 단체인지 짐작할 수 있다.

---

7 內務省警保局, 『社会運動の状況』(이하, 『社状』) 1930년판 1215쪽에 의하면, 당시 한세복은 나고야지역 거주 조선인에 대한 계몽 및 민족주의 고양을 위해 『나고야 가제트(名古屋がゼット)』라는 신문을 발행하고 있었으며, 공인택도 동일 목적으로 『신광(新光)』, 『박애(博愛)』라는 신문을 발행했다.(『社状』 1929년판, 1212쪽).
8 경상북도 지역의 신간회 활동에 대해서는 이균영, 『신간회 연구』(1990년 한양대학교 박사학위 논문), 71쪽.
9 경상북도 경찰부, 「内地在留朝鮮人の状況」, 1929, 『集成』 第5卷 수록.

제6장 1930년대 초중기 일본거주 조선인 노동운동의 실태

　또한 그 창립대회에는 신간회 도쿄지회장 박양근(朴亮根), 아이치현 의원 야마사키 츠네키치(山崎常吉), 노농정치동맹(労農政治同盟) 준비위원 우메다 사다히로(梅田定広), 전협(全協) 중부합동노조 간부 이시카와(石川)모 등이 우의 단체 대표로서 축사를 했다.[10] 단 창립 이후 신간회 나고야지회는 활동을 전개하는 과정에서 이미 나고야 조선인 사회에서 영향력을 갖고 있던 상애회 나고야본부와 충돌하는 경우도 있었다. 신간회 지회 창립대회 직후인 1929년 2월 13일에 상애회 아이치현 본부의 간부 김태석이 상애회원 48명을 빼앗겼다는 이유로 신간회지회장 이민한을 납치한 사건[11]은 양측의 대립을 상징하는 사건이었다.

　한편 신간회 나고야지회는 지역거주 조선인들의 민족의식을 고양하고자 민족기념일 상기 운동을 전개했다. 1929년 9월 1일에는, 6년 전 관동대지진 시의 조선인학살 사건을 상기시키는 <조선 민족이여 죽었는가! 살았는가! 이 날을 잊었는가! 우리 동포들이 피를 흘린 이 날을!>이라는 격문을 나고야의 조선인들 거주지에 뿌렸다. 나고야거주 조선인들 사이에서 그와 같은 격문이 살포된 것은 처음이었다.

　또한 신간회 나고야지회 활동가들은 조선인 노동자의 권익옹호를 위해 노동조합 결성을 추진했다. 그 결과 조선인의 '실업문제 해결, 부동산 임차곤란 해결'을 목적으로 한 나고야조선노동조합(이하, 나고야조선노조)가 1929년 10월 1일에 설립되었다. 나고

---

10 『조선일보』 1929년 2월 19일자.
11 위와 같은 발행일의 조선일보.

야조선노조의 집행부를 보면, 위원장: 이민한 / 위원: 지경제(池環宰), 권병락(權丙楽), 신영균(申瑛均)으로서 신간회 나고야지회의 간부들 중심으로 구성되어 있었다.¹²

1929년 10월 당시 재일노총의 중앙위원회(이하, 중앙위)는 산하 조직을 전협에 합류시킨다는 방침을 정했다. 따라서 동년 10월 29일에 재일노총 중앙위원 김호영에 의한「재일본 조선노동총동맹 당면문제에 관한 의견서」가 재일노총 관서(関西)지방협의회의 명의로 발표되었고, 그 의견서에 오사카(大阪), 교토(京都), 효고(兵庫)의 조선인노조와 함께 아이치(愛知)조선노동조합(이하, 아이치조선노조)도 서명했다. 그런데 이미 같은 달 10월 1일에 나고야조선노조가 결성되어 있었음에도 불구하고, 이 아이치조선노조란 어떤 경위로 결성되었는지 보도록 하자.

1929년 10월 중순, 재일노총 중앙위 위원들은 일본 각지에서 산하 단체 간부들을 만나서 전협으로 합류하는 건을 설득했는데, 나고야에는 박연(朴然)이란 사람이 파견되었다.¹³ 박연은 10월 1일에 설립된 나고야조선노조의 간부들을 만나서 재일노총 중앙의 방침을 전하고 설득을 했으나, 반대하는 사람들도 있었다. 그로 인해 전협 산하의 조직에 합류한다는 방침에 찬성하는 사람들은 별도로 아이치조선노조를 설립했으므로, 나고야조선노조와 아이치조선노조는 서로 대립했다. 단 같은 해 1929년 말에 재일노총 산하 조합

---

12 앞의「内地在留朝鮮人の状況」1929.『조선일보』1929년 9월 7일자에 의하면 지경재는 이민한과 같이 신간회 상주지회의 간사를 지냈던 인물인데, 그는 나고야지회가 설립된 후에 나고야로 이동해 있었다.
13 吉浦大蔵,『朝鮮人の共産主義運動』(司法省 刑事局,『思想研究資料』特輯 第71号, 東洋文化社復刻版), 85쪽.

제6장 1930년대 초중기 일본거주 조선인 노동운동의 실태

대부분이 중앙위 방침을 따르자 나고야조선노조 측도 그에 협조하는 태도를 보였다. 따라서 1929년 12월 1일 나고야의 두 조선인 노조는 아이치현조선노동조합(집행위원장 지경제(池璟宰))으로 합동하는 대회를 개최했고 이후 재일노총의 방침에 따르기로 했다.[14]

1929년 12월 14일 재일노총은 전국대표자회의에서 각지의 산하 조직을 전협의 산업별 노조에 합류한다고 결정했는데, 그 대표자 회의에 아이치조선노조 측은 지경제와 손우석을 파견했다.[15] 전국대표자회의 종료 후, 아이치조선노조는 동년 12월 17일에 집행위원회를 개최해서 전협 중부지방협의회 나고야지구(全協中部地方協議会 名古屋地区: 이하, 전협 중부지협 나고야)의 산업별 노조에 합류하는 건에 대해 논의했으나, 기타 위원들로부터 즉시 산업별로 정리하는 것은 현실적으로 무리라는 의견이 제기되어 "잠정적으로 준비 행동"을 하기로 합의했다.[16]

한편 아이치조선노조는 1930년에 3.1운동 기념 행사로서 연설회 개최 및 데모 행진을 시도했다. 그러나 3월 1일 당일에는 경찰의 감시로 데모 행진을 실행하지는 못하고 나고야 시내의 사찰에서 조합원 20여 명이 모여서 3.1운동의 의의에 관한 좌담회를 개최했다.[17] 즉 당시 아이치조선노조는 전국대표자회의 결정대로 전협 중

---

14 『동아일보』 1929년 12월 15일자. 신간회는 1931년 5월 한반도에서 신간회 본부가 해산한 이후, 각지의 신간회 지회들이 스스로 해산을 했는데, 신간회 나고야지회도 그 해체 대열에 포함되었다.
15 앞의 吉浦大蔵 저서, 87쪽.
16 內務省警保局, 「特別高等警察資料」 1929년 9月分, 『集成』 제2卷 수록.
17 內務省警保局, 『特高月報』 1930년 3月分, 161쪽.

부지협 나고야 산하에 합류하기로 정했지만, 종래와 같이 민족기념일 행사를 지속함으로서 지역거주 조선인의 민족의식 고양에 앞장서겠다는 의사를 표명했다.

그 후 1930년 3월 9일, 아이치조선노조는 전협 중부지협 나고야측과 간부 회의를 개최하여, 중부지협 산하에 조선인위원회와 산업별 노조 조직위원회를 개설하기로 합의했다.[18] 이후 아이치조선노조의 조합원들은 본격적으로 전협 중부지협 산하의 노동조합으로 합류하는데, 각 산업 분야의 합류 담당자로는 금속산업 박혁(朴革), 화학산업 박경래(朴敬來), 목재산업 이해산(李海山), 자유노동은 손우석(孫禹錫)과 김용섭(金容燮)이 맡았다.[19]

3. 1930년대 전반, 전협 중부지방협의회 나고야지부의 조선인 운동

1929년 4월 16일, 전협 중부지협 나고야지부는 일본의 기타 지역 전협 조직과 마찬가지로 특고 경찰에 의한 대탄압으로 인해 산하 노조의 구성원이 대폭 축소되었다. 그 해 전협은 홋카이도(北海道), 간토(関東), 시즈오카(静岡), 주부(中部), 교토(京都), 오사카(大阪), 고베(神戸), 주고쿠(中国), 규슈(九州) 등에 지방협의회가 있었는데, 동년 8월에 산업별 위원회의 합동회의를 개최하여 각지의 산하 조직을 점검하였

---

18 앞의 『特高月報』1930年 4月分, 131쪽.
19 앞의 吉浦大蔵 저서, 129쪽.

제6장 1930년대 초중기 일본거주 조선인 노동운동의 실태

고, 동년 12월에는 조직을 재건하는 활동에 주력하기 시작했다.[20] 그 배경에는 당시 재일노총의 전국대표자회의가 산하 조합원을 전협의 산업별 노조에 합류한다고 결정한 것과 관련 있다고 추측된다.

아래 <표 6-2>는 1929년부터 1933년까지 전협 중부지협 나고야지부 산하의 조직 상황을 나타낸 것이다.

〈표 6-2〉 1929~1933년 전협 중부지협 나고야지부 산하 조직의 변화 상황

연차별	전협 중부지협 나고야지부 산하 조직	조합원 계/ ( )는 조선인
1929년 6월	중부 합동노조 35명, 금속노조 26명 목재노조 15명	76명
1930년 9월	중부합동노조 20명, 금속노조 120명, 목재노조 150명	290(?)명
1930년 10월	중부합동노조 20명, 금속노조 100(40)명, 목재노조 90(20)명, 중부자유노조 70(60)명 화학노조 35(33)명, 교통운수노조 35명 방적노조 40명	390(153)명
1931년 11월	중부합동노조 20명, 금속노조 80(40)명, 목재노조 85(20)명, 토건노조 65(65)명 화학노조 65(65)명, 방적노조 40명	320(190)명
1932년 12월	화학노조 (54)명, 토건노조 (33)명	(87)명
1933년 12월	화학노조 (6)명, 토건노조 (10)명, 금속노조 (5)명	(21)명

* 출전: 內務省警保局, 『特高月報』 1930년의 10월~12월호, 『社會運動の狀況』 1929~1933년판의 「在留朝鮮人運動」, 졸고 「1930년대 전반 일본노동조합전국협의회와 한인노동자 – 나고야지역의 운동을 중심으로」, (『한일민족문제연구』 22호)에서 재인용.

위 표를 보면, 전협 중부지협 나고야 지부는 아이치조선노조가

---
20 內務省警保局, 『社會運動の狀況』 1929年版, 380~392쪽.

합류한 1930년부터 산하 조합원이 증가했다는 것을 알 수 있다. 즉 아이치조선노조 합류 이전인 1929년 6월 시점에는 합동, 금속, 목재 3개 노조에 76명이었으나, 아이치조선노조가 합류한 이후인 1930년 10월 시점에는 7개 산업별 노조에 총 390명으로 증가했으며, 그 중에 조선인 조합원 수는 금속노조 40명, 목재노조 20명, 자유노조 60명, 화학노조 33명으로 합게 153명이었다. 1931년 말에는 전체 인원은 줄었지만 조선인 노조원 수는 190명으로 증가했다. 특히 1931년부터는 토건노조(자유노조가 개칭됨)와 화학노조가 완전히 조선인들에 의해 구성되고 있었다는 것에 주목할 필요가 있다.

전협 중부지협 나고야 지부의 산하 조합에는 조선인 간부가 적지 않았다. 화학노조에는 박경래(朴敬來), 중부자유노조(나중에 토건노조)에는 김용섭(金容燮), 임영택(林永澤), 지경제(池環宰), 권상기(權相基) 등이, 목재노조에는 권영록(權寧錄), 이해산(李海山)이, 금속노조에는 김상열(金相烈), 박혁(朴革) 등이 활약하고 있었다. 그 중에서 박경래와 이해산은 중부지협 나고야지부 상임집행위원회의 일원으로 활동하였다.[21]

1930년에 전협 나고야지부의 조선인 조합원들은 실업반대 운동, 미불임금 획득운동 등에서 활약했다. 예를 들면, 1930년 7월 말에 나고야직업소개소 고키소(御器所)출장소에 등록한 조선인노동자 3백여명이 전개한 실업반대 데모를 지원했으며, 같은 해 8월에 삼신(三信)철도 공사장의 조-일 노동자들이 일으킨 미불임금요구 파업을 1개

---

21 앞의 吉浦大藏 저서, 같은 곳. 당시 전협 중부지방협의회 나고야지부의 일본인 상임위원은 飯田治三郎, 角野新一, 小澤健一, 梅田定広, 松宮久一 등이었다.

월 정도 지원한 것을 손꼽을 수 있다.[22] 또한 1930년부터 1932년까지 각종 기념일 운동에 참가한 것이 확인된다. 1930년 8월 29일 즉 한일병합조약 발효일 즉 '국치 기념일'에는 중부지협 조선인위원회의 명의로 "제국주의 테러이다. 피로서 기념하자"라는 비라를 살포했다. 1931년 나고야 노동절 때에는 "전협의 데모에 참가하자, 독재적 혁명투쟁으로 메이데이를 거행하자"라는 비라를 살포했고, 1932년 8월 29일의 '국치 기념일'에도 "소수 자본가를 위해 팔려진 굴욕의 날, 한일병합의 날이다"라는 내용의 전단을 나고야 시내의 조선인들에게 배포했다.[23] 즉 민족적 기념일 운동을 적극 전개하여 나고야거주 조선인 노동자들을 포섭하고자 했으며, 실업반대 운동이라든지 미불임금요구 파업을 지도하며 노동자의 권리옹호를 대변하는 노동조합 특유의 운동을 전개했다.

그러나 전협 나고야지부는 아이치현(愛知県) 특고에게 지속적인 탄압을 받았다. 특고는 1929년의 '4.16 대탄압' 이후에도 전협의 활동을 감시하였고, 전협 산하 노조에 조선인 노조원이 합류한 이후인 1931년 12월에 탄압을 가했다. 또한 그 후에도 1933년 1월, 1934년 2월에 걸쳐 전협 등의 좌파노조에 대한 탄압은 계속되었다. 그와 같이 전협에 대한 탄압이 지속된 것은 1932년 9월의 제1회 전협 중앙위원회에서 '천황제 타도' 항목이 포함된 행동강령이

---

22 고키소 직업소개소출장소에서 일어난 실업반대 데모는 新愛知新聞社, 『新愛知』1930년 7월 29일자 석간에서, 삼신(三信)철도 노동쟁의에 관한 상황은 『新愛知』의 1930년 7월 30일자부터 8월 27일자까지 게재된 관련 기사에서 자세하게 전하고 있다.
23 『社会運動の状況』1930년판, 1174쪽, 1931년판, 1181쪽, 1932년판, 1496쪽.

채택되었기 때문이었다.[24]

단 전협 나고야지부의 조선인 활동가들은 경찰의 탄압으로 인해 붕괴된 노조 조직을 재건하고자 노력했다. 특히 1933년 1월의 탄압 이후, 나고야 무산자중앙의원(名古屋無産者中央医院)을 지원하던 조선인 단체 문화보급회(文化普及会)와 쇼나이쵸(庄内町)노동자협의회의 협력으로 전협 나고야지부의 토건노조, 화학노조, 금속노조가 재건되었는데, 그 과정에서 활약했던 조선인 활동가는 신산축(申山祝), 김이찬(金二賛), 이종식(李鐘植), 최인수(崔仁洙) 등이었다.[25]

그러나 그 후에도 치안유지법 위반이란 명목으로 특고 경찰의 전협에 대한 탄압은 지속되었다. 따라서 1934년 2월 이후 나고야에서 전협 관련의 조직은 볼 수 없게 되었다.

4. 1930년대 중기 나고야합동노동조합에 의한 운동

1) 나고야 지역의 조선인 문화 및 상호부조 단체

이 절의 주제인 나고야합동조합이 설립된 경위를 이해하려면 그 이전부터 당해 지역에서 조선인에 의해 운영된 단체들에 대해 먼저 이해해 둘 필요가 있다.

1930년대 전반의 나고야에서는 지역거주 조선인들이 설립한 소

---

24 『社会運動の状況』1932년판, 1495~1496쪽,
25 社会運動通信社, 『社会運動通信』1933년 10월 5일자.

제6장 1930년대 초중기 일본거주 조선인 노동운동의 실태

규모 단체들이 다수 존재했다. 그들은 독자적으로 나고야 거주 조선인들에 대한 문화지식 보급, 상호부조 등의 활동을 지속하고 있었는데, 각 단체의 결성시기와 명칭, 초기의 중심인물 등은 다음과 같다.

〈표 6-3〉 1930년대 전반 나고야 지역의 조선인 문화 및 상호부조 단체 일람

설립 시기		명칭	중심 인물
1932년	5월 17일	문화보급회	김형대(金炯大), 이호(李浩)
	11월 21일	쇼나이쵸(庄内町)노동자협의회	김상호(金相浩)
	11월 27일	실업공조회(失業共助会)	미즈노 겐조(水野硏像), 신원식(申元植)
1933년	3월 10일	하운단(夏雲団)	이길래(李吉来)
	4월 23일	애선노동회(愛鮮労働会)	성재경(成在慶)
	7월 28일	반도청년단	임영택(林永澤)
	8월 10일	중앙소비조합	송현수(宋鉉洙)
	9월 5일	나고야 차가인(名古屋 借家人)동맹	김유덕(金裕德)
	12월 5일	문화보급회 요로(養老)지부	한규남(韓奎男)

* 출전: 内務省警保局, 『社會運動の狀況』 1932년판, 1933년판의 「在留朝鮮人団体一覽表」. 졸고 「1930年代名古屋地方の朝鮮人労働運動」(『在日朝鮮人史研究』 23号)에서 재인용.

위 표를 통해, 이들 단체는 지역거주 조선인들의 문화 계몽 및 생활문제 해결 등의 목적으로 설립되었다는 것을 알 수 있다. 1933년에 갑자기 다수(6개)의 단체가 설립되었는데, 그것은 종래의 노동운동단체(전협계열 포함)에서는 해결해주지 않는 생활상의 여러 문제를 스스로의 힘으로 해결하고자 한 시도로 보인다.

이 중에서도 활동이 돋보이는 것은 문화보급회와 반도청년단이었다. 문화보급회는 결성 직후부터 매년 나고야거주 조선인 청년

들의 단결과 친목을 위해 축구대회를 개최한다든지, 조선인 청소년을 대상으로 야학을 운영하였다.26 또한 반도청년단은 1933년 10월부터 '조선동포의 문맹 퇴치와 생활 향상'을 목적으로 '보급학원(普及学院)'이라는 조선인 대상의 야학을 운영했다.27

단 이 단체들의 활동가 중에는 전협 나고야지부와 관련을 가진 사람들이 있었다. 예를 들면, 반도청년단의 임영택이라든지, 문화보급회나 하운단의 활동가 수 명이 전협 나고야지부의 재건 활동에 관여했다. 하지만 나고야거주 조선인들이 전협 활동과는 방식과 성격이 다른 <표 6-3>의 단체들을 만들어 활동하고 있었다는 것도 사실이다. 그것은 특고 경찰에게 '불법 단체'라는 명분으로 계속 탄압받는 단체로서는 나고야 거주 조선인들의 다양한 요망에 부응하지 못한다고 판단했기 때문이라고 추측된다.

실제로 나고야에서는 전협의 지부가 계속된 탄압으로 전멸 상태가 된 후에도, 위에서 본 조선인 문화 및 상호부조 단체들은 각자 또는 공동으로 활동을 전개했다. 1934년 2월 말, 문화보급회, 반도청년단, 실업공조회의 조선인 활동가들은 노농구원회 나고야지부 준비회와 같이 3.1운동기념일 행사에 관해 협의했다.28 하지만, 그 해 3월 1일에는 2월에 있었던 전협 및 일본공산당 관련 단체에 대한 대탄압의 여파로 인해 아무 것도 할 수 없었다. 다만 같은 해 9월

---

26 김광열 정리, 「聞き書き、朴廣海氏労働運動について語る(3)」, 『在日朝鮮人史研究』第22号, 99쪽.
27 『동아일보』 1935년 8월 24일자.
28 『社会運動の状況』 1934년판, 1561쪽.

제6장 1930년대 초중기 일본거주 조선인 노동운동의 실태

에는 문화보급회가 기관지「문화보급회 뉴스(文化普及会ニュース)」를 창간하였고, 쇼나이초(庄内町)노동자협의회는 한신(阪神)지방에서 태풍 피해를 입은 동포들에게 의연금을 보냈다.29

그와 같이 당해 지역의 조선인 상호부조 단체들은 지역거주 조선인 또는 일본내 타지역 동포들의 생활 옹호를 위해 꾸준히 노력하고 있었다. 그러한 움직임은 그 후에 새로 출현하는 조선인 운동과 연결되는 전조 현상이었다.

2) 나고야합동노동조합의 창립과 그 산하 조직

1934년 말, 나고야에서는 조선인 문화 및 상호부조 단체를 중심으로 새로운 노동운동 단체를 설립하고자 하는 움직임이 대두했다. 전협 나고야지부 탄압 시에 아이치현 경찰에게 체포되었던 조선인 활동가 중에서 '기소 유예'가 된 사람들도 1934년 10월 경에 상기 문화 및 상호부조 단체에 복귀하였다. 그 대표적인 사람이 신산축(申山祝), 박광해(朴廣海)였다. 그들은 서로 상의하여 치안유지법 저촉으로 항상 탄압받는 운동단체가 아니라 "어떤 노동자라도 자유롭게 가입할 수 있는 합법적인 노동단체"를 설립하는 데에 동의했다.30

또한 같은 시기 나고야에서는 전협처럼 모험주의 좌파 운동에 경

---

29 위의『社会運動の状況』, 1559쪽.
30 앞의「聞き書き、朴廣海氏労働運動について語る(3)」,『在日朝鮮人史研究』第22号, 105쪽.

도되지 않고, 나고야소비조합이나 노동자농민구원회 나고야지부준비위(이하, 노농구원 지부준) 등을 바탕으로 합법적 범위의 운동을 지향하는 일본인 활동가들이 있었다. 이시카와 도모자에몬(石川友佐衛門)과 미즈노 겐조(水野研像) 등이 그 대표적 인물이었다. 그들은 1934년 11월 7일에 문화보급회의 신산축 등을 만나서 나고야 지역에서 합법적으로 운동을 할 수 있는 노동단체를 설립할 것에 합의하였고, 11월 20일에는 '나고야지방 일반산업 노동조합 조직 준비회'를 결성했다.[31]

조선인 측에서 그 새로운 단체를 설립하는 과정에서 가장 적극적으로 활약한 사람은 신산축이었다. 그는 나고야거주 조선인의 문화단체 및 상호부조 단체 대표들을 설득해서 '신규 노동조합 결성 대표자 회의'를 만들었고, 아이치현 경찰의 감시가 고조되자 먼저 결성된 '조직 준비회'와 통합하였다. 또한 새로운 노동조합을 창립하는 행사가 경찰에게 탄압받지 않게끔 지혜를 모았다. 즉, 새 단체의 창립은 쇼나이쵸(庄內町)노동자협의회가 개편하는 형식을 취하기로 하고, 명칭은 '나고야합동노동조합'(이하, 나고야합노)으로 정했다.[32]

1935년 2월 21일, 쇼나이쵸 노동자협의회 사무실에서 나고야합노의 결성식이 개최되었다. 그날은 나고야 지역의 조선인 문화 및 상호부조 단체 대표들, 쇼나이쵸 노동자협의회의 회원들 그리고 일본인 활동가들이 참석하였고, 나고야합노의 설립 선언이 이루어졌다. 그날 채택된 강령과 임원선출 결과는 다음과 같다.

31 『社会運動の状況』 1934년판, 1454쪽.
32 앞의 吉浦大蔵 저서, 173쪽.

－강령－

하나: 우리는 단결된 힘으로 자본가 계급과 과감하게 싸워서, 노동자 계급 및 기타 일체 무산 대중의 경제적 이익 신장을 기한다.

둘: 우리는 농민운동을 지지 응원하여 공동 투쟁을 행하고, 노동자와 농민의 제휴 강화를 기한다.

셋: 우리는 기만적 반동 조선인 단체와 싸울 것을 기한다.

－임원－

집행위원장: 박기태(朴基泰: 의용청년단(義勇青年団))

집행위원: 쇼나이쵸노동자협의회 － 김유덕(金裕德), 하영준(河永駿), 박창경(朴昌敬), 이순희(李舜熙), 백옥(白玉) / 문화보급회 － 신산축(申山祝), 권용암(權龍岩), 최명택(崔明澤) / 하운단(夏雲団) － 여운술(呂運述) / 명우구락부(名友倶楽部) － 박순조(朴順祚) / 반도청년단 － 임영택(林永澤) / 나고야주조공조합(名古屋鋳造工組合) － 기타가와 스에키치(北川末吉), 우에다 시로(上田四郎)[33]

이를 보면 나고야합노의 집행부는 나고야거주 조선인의 문화 상호부조 단체들 대표와 나고야주조공조합의 일본인 활동가로 구성되었다는 것을 알 수 있다. 그야말로 친일단체 상애회를 제외한 지역거주 조선인들의 합작이었다고 할 수 있다. 그 창립 방식도 쇼나

---

33 『思想月報』 제37호, 55쪽. 위의 吉浦大蔵 저서, 같은 곳.

이쬬노동자협의회가 개편하는 형식을 취했다.

창립 시의 강령을 보면, 나고야 지역의 노동자를 비롯한 무산자 계급의 권익을 대변하고, 반민족 단체에 대한 투쟁을 선언하는 내용이었다. 즉 일본거주 조선인의 노동조합다운 어필이었다고 할 수 있다.

단 집행위원장으로 의용청년단의 박기태가 추대되었다. 의용청년단은 1933년 9월 나고야에서 결성된 조선인 우파단체인데, 박기태는 거기에서 실질적인 활동은 하지 않고 '명예 단장'의 직에 있었다.[34] 그 박기태가 나고야합노 창립 시점에 집행위원장으로 선출된 것은 당시 그가 나고야거주 조선인들 사이에서 영향력을 가진 사람이었으므로, 외형상 그의 이름을 차용한 것이라고 추측된다.

1935년 3월 초, 나고야 합동노조는 본격적인 활동을 시작하기 위해 집행부의 진용을 아래와 같이 개편했다.

> 상임 집행위원: 하영준(河永駿), 백옥(白玉), 이순희(李舜熙), 박창규(朴昌圭), 신산축, 김유덕
> 재정부: 하영준, 박영학(朴永學)
> 쟁의 및 조직부: 김유덕, 신산축
> 조사부: 박창규(朴昌圭), 이명택(李明澤)
> 선전부: 신산축, 기타가와 스에키치

---

34 『新愛知』 1933년 9월 26일자 조간.

제6장 1930년대 초중기 일본거주 조선인 노동운동의 실태

교육부: 백옥, 최근만(崔根萬)

출판부: 이순희(李舜熙)

서기국: 서기장-신산축, 상임서기- 최근만, 이시카와 도모자에몬[35]

이 1935년 3월 초에 개편된 나고야합노 지도부 명단에서 4개의 직위를 겸임한 사람이 있었다. 바로 신산축이었다. 조합의 대표격인 서기장 외에도 3개의 직책을 겸임하고 있었다. 이를 통해 당시 나고야합노의 실질적인 리더는 신산축이었다고 판단된다. 한편 이시가와 도모자에몬과 기타가와 스에키치 등의 일본인 활동가가 서기국과 선전부에 배치되어 있었던 것을 통해 그들에게 나고야합노의 운영과 대외 활동에 관한 역할을 맡겼다고 추측할 수 있다.

전술한 바 같이, 나고야합노는 그 결성 과정에서 당해 지역의 조선인 문화 단체와 상호부조 단체들의 협력이 있었다. 따라서, 1935년 3월 이후 본격적 활동을 전개하는 과정에서 그들 단체를 기반으로 주변 지역에 세력을 확대하였다. 아래 <표 6-4>는 일본 사법성 형사국이 조사한 1936년 말 현재 나고야합노 산하의 조직 상황이다. 이를 보면 나고야합노의 조직적 특징을 파악할 수 있다.

---

35 위의 吉浦大蔵 저서, 176쪽.

〈표 6-4〉 나고야합동노동조합의 산하 조직 일람표(1936년 말)

직속 및 영향 단체	결성 시기	책임자	모체 단체	하부 단체
쇼나이(庄內) 지부	1935년 2월	김삼홍(金三洪)	쇼나이쵸 노동자협의회	오시키리(押切)분회, 히라노(平野)분회, 오니시(小西)분회, 고다마(兒玉)분회 외 17개 분회준비회
노리다케(則武) 지부	1935년 3월	신산축	문화보급회	야마토(大和)제강분회, 아이치(愛知)전기도금분회 외 10개 분회 준비회
니시후루와타리(西古渡)분회	1935년 4월	이시가와 임영택	반도청년단	
구와나(桑名) 지부	1935년 9월	김이홍(金二洪), 성재경(成載慶)	배재(培材)클럽(공제단체)	호쿠세이 주조(北勢鑄造)분회준비회 외 18개 분회 준비회
오소네(大曾根) 지부	1936년 8월		신흥(新興)공제회	요공(窯工)회, 시가(志賀)분회, 미즈키리(水切)분회, 오소네(大曾)소개소 분회준비회
치구사(千種) 지부	1936년 9월	박광해	명우(名友)클럽(체육단체)	삼천(三千)클럽
중남부 지구 (미조직)				핫토리(服部)제강분회, 여명(黎明)클럽, 나고야 자동차분회 외 4개 준비회
*영향 단체: 전평 중부평의회 중앙협의회			조선인 노동자 다수	츠유하시(露橋)분회, 하치구마(八熊)분회, 기타 잇시키(北一色)분회
기후(岐阜) 정화(正和)회 가모(加茂)지부	1936년 5월	박경준(朴景準)	정화회 (공제단체)	다카야마(高山)분회, 후나츠(船津)분회 외 3개반

* 출전: 司法省刑事局『思想月報』37호, 60호. 졸고「1930年代名古屋地方の朝鮮人勞働運動」(『在日朝鮮人史研究』23号)에서 재인용.

즉 나고야합노는 1935년 2월 하순에 나고야 거주 조선인의 문화, 상호부조, 공제 단체들을 기반으로 창립되었는데, 1936년 말 시점에는 나고야 시에 4개의 지부와 독립 분회가 있었으며, 주변의 미에(三重)현, 기후(岐阜)현에도 각 1개씩의 지부를 둔 형태로 발전해 있었다. 또한 각 지부의 산하에는 '분회' 및 '분회 준비회'가 총 61개 존재했다. 전체 조합원 규모는 약 4백 명이었다고 한다.[36] 그것은 1935년 3월 초에 재개편된 집행부를 중심으로 나고야 지역 뿐만 아니라, 미에(三重)현·기후(岐阜)현의 우호 단체들과도 적극 연락을 유지하며 조합원을 유치한 결과라고 할 수 있다.

특히 미에현 구와나(桑名)는 나고야에서 지리적으로 가까운 도시이며 중소 규모의 주물공장에서 일하는 조선인 노동자가 많은 편이었다. 따라서 나고야합노의 활동가들은 먼저 구와나에서 '배재(培材)클럽'이라는 조선인 단체의 설립에 협력했다. 그를 바탕으로 1935년 7월에 나고야합노 구와나 지부 준비회가 결성되었고, 동년 9월에는 정식으로 구와나 지부가 결성되었는데, 나고야합노는 그를 기뻐하며 "구와나에 퍼지는 우리 합동노조의 깃발"이라는 제목의 격문을 살포했다.[37] 기후(岐阜)현의 정화회 가모(正和会賀茂)지부는 원래 현지에서 존재하던 친일단체 정화회였다. 거기에 신산축, 박광해 등의 나고야 측 활동가들이 박경준(朴景濬)이라는 청년을 파견하여 노동운동의 필요성에 동의하는 조선인노동자 120명을 획득한 다음, 나고야합노의 지부로서 재설립한 것이었다.[38]

---

36 『思想月報』제60호, 237쪽.
37 『社会運動通信』1935년 9월 25일자, 3쪽.
38 『社会運動の状況』1936년판, 1471쪽.

3) 나고야합동노동조합에 의한 민족차별 반대운동과 노동쟁의 지원

(1) 민족차별 반대운동

1935년 9월 말, 나고야의 오소네(大曽根)직업소개소는 노동조건 개선을 요구했던 쇼나이강(庄内川) 개수 공사장의 조선인 노동자들에게 "5일간 취로정지"를 지시했다. 또한 동년 10월 1일에는 동 직업소개소 소장 가게야마 다이레이(影山大齡)가 실업등록을 하러 갔던 조선인 노동자들에게 "조선인은 무군주, 무정부의 백성이므로 보통의 수단으로는 도저히 단속을 할 수 없다"라는 차별적 발언을 했다. 따라서 나고야거주 조선인들은 그 직후부터 '민족차별'적 언행에 항의하는 데모를 감행했다.[39] 공공기관인 직업소개소의 책임자가 직접 조선인을 모욕하는 차별 발언을 했으며, 육체노동으로 그날의 생계를 유지하는 조선인 노동자에게 '취로정지' 명령한 것은 현실적으로 심각한 사안이었기 때문이다.

그 직업소개소 소장의 만행에 대해 먼저 대응한 것은 '중부일본 선륜회(善倫会)'라는 친일 단체였다. 그들은 나고야시 당국에게 오소네 직업소개소장의 폭언 문제를 '내선융화'의 측면에서 '선처' 할 것을 요청했으나, 나고야시는 그에 응하지 않고 고압적 태도로 나왔다.[40] 그 후, 선륜회는 10월 11일에 상애회 아이치현 본부와 손

---

39 당시의 차별 발언 사건에 대해서는 『特高月報』 1935년 10월분 외에도, 『社会運動通信』 1935년 10월 23일자와 신문 『新愛知』의 1935년 7월 23일자 석간, 10월 2일자 조간, 10월 11일자 석간, 10월 17일자 조간 등에서 상세하게 보도되었다.
40 『特高月報』 1935년 10월분 397쪽.

잡고 나고야 공회당에서 시 당국을 규탄하는 조선인대회를 개최하여, 오소네 직업소개소장 가게야마 다이레(影山大齡)의 발언은 "일선(日鮮)융화를 저해하는 일대 불한당 …(중략)… 실언"이라는 항의서를 채택했다.[41]

한편, 나고야합노의 활동가들은 그와 같은 친일 단체의 '융화주의'적 접근 방식을 방관하지 않았다. 그들은 10월 9일에 대책협의회를 개최하여 "이들 융화계 분자들은 노동자 대중의 이익을 위해 투쟁하는 것이 아니므로, 필시 운동 도중에 시 당국에게 매수되어 운동을 종료할 것이다. 따라서 우리는 공동 투쟁을 피하고 융화계 분자들의 동향을 감시한다"라는 성명을 발표했다.[42] 또한 나고야합노는 일본노동조합전국평의회 중부지방협의회(신 노농당 산하)의 자유노동조합과 협력하여 10월 16일 아침에 '조선인 차별 반대투쟁에 대한 각 소개소의 형제 제군에게 격함' 및 '조선인 형제 제군에 호소함'이라는 제목의 격문을 나고야 시내 각지에 배포했다.[43] 아래에서 그 격문 내용의 일부를 인용해 본다.

   - 차별반대 투쟁을 가짜 간부의 손에서 탈취하자!
   - 전 시 차원에서 차별반대 투쟁을 격발하자!
   - 성인 남자는 물론 여자아이들까지 모두 시청으로 몰려가자!

---

41 『新愛知』1935년 10월 11일자 석간.
42 위의『特高月報』1935년 10월분, 같은 곳.
43 위의『社會運動通信』1935년 10월 23일자. 그 10월 16일자에 실린 나고야합노의 격문 중에 '등록 노동자'란 나고야직업소개소에 실업자 등록한 사람들을 의미한다.

- 조선인에 대한 민족적 차별적 관념 반대. 조선인에게 언론, 집회, 출판, 결사, 거주, 도항의 자유를 달라!
- 조선에서 토지 수탈, 세금 징수와 차압, 추방하는 것에 반대!
- 사회사업비를 증액하여 조선인에게 충분한 무료 주택을 만들어라!
- 조선인에게 완전한 생활을 할 수 있는 임금과 일자리를 달라!
- 등록 노동자 중에서 선출한 노동자 도우미를 만들라!
- 16일에 전부 시청으로 가자, 차별반대 투쟁을 시 전체에서 하자!

이 내용을 보면 나고야합노 등은 친일 단체에 의한 '융화주의'적 지도 방식을 비판하는 한편, 지역거주 조선인 노동자들이 실제로 겪는 문제들을 구체적으로 거론하면서, 한층 대중적인 형태로 차별반대 투쟁을 시도했다는 것을 알 수 있다.

실제로 10월 16일에 나고야시 당국은 친일 단체의 대표들과 면담을 했으나, 이른바 '가게야마(影山) 폭언'에 대해서 전혀 언급하지 않았으며, 노동대우 개선에 관해서도 아이치현(愛知県) 측에게 책임을 전가하는 종래와 다름없는 무책임한 태도를 취했다.

하지만, 당시는 이미 나고야 시청 앞에 4백 여명의 나고야거주 조선인들이 운집해 있었다. 그들은 당일 아침에 나고야합노와 자유노동조합이 시내 각지에 배포한 격문을 읽고, 또는 그 소문을 듣고 항의 목적으로 모였던 것이다. 그들은 나고야시 당국의 불성실한 태도를 전해듣고 분노하며, 일제히 시청 입구의 홀을 점령하고 시장과 직접 담판을 요구했다.[44]

제6장 1930년대 초중기 일본거주 조선인 노동운동의 실태

한편, 그와 같이 차별반대 집회가 급진적 형태의 데모로 변하자, 상황을 지켜보던 아이치현 특별고등경찰이 개입하기 시작했다. 아이치현 특고경찰 과장은 10월 17일 밤에 나고야시 사회부장을 만나서, 그 사태를 방치하면 이른바 '조선인 통치'에 크게 영향을 줄 수도 있으므로 시 당국이 양보하는 형태의 해결 방식이 필요하다고 설득했다. 그리고 특고경찰이 임석한 자리에서 나고야거주 조선인과 시당국 양측의 대표 회의를 열어서 조선인에 대한 '차별 폭언'을 사과하고 노동조건 개선을 제안할 것을 합의했다. 10월 18일 아침까지 나고야시청 현관홀을 점령하고 있던 조선인 군중은 그 합의 내용을 전해들은 후, 자기들의 요구가 관철된 것이라고 판단하고 모두 철수했다.[45]

이상과 같은 과정을 거쳐, 오소네 직업소개소장의 민족차별적 발언과 그를 방치하던 나고야시 당국의 안일한 태도에 대한 나고야거주 조선인들의 항의 시위는 진정되었다. 사건발생 초기에 나고야 지역의 친일 단체는 이른바 '내선 융화'적 방식으로 접근했으나, 거주 조선인들은 물론 나고야시 당국에게도 수용되지 못했다. 그러나 나고야합노와 자유노조가 조선인노동자들이 처한 현실에 맞는 구체적인 요구들이 담긴 격문을 배포한 결과, 나고야거주 조선인 4백여 명이 나고야 시청 앞에서 항의 데모에 나섰다. 그 조선인 다수의 데모로 인해 아이치현 특고경찰이 개입했고 나고야시 당국으로 하여금 해결안을 제시하게 된 것인데, 그 과정에서 있었

44 『新愛知』 1935년 10월 17일자 조간.
45 위의 『特高月報』 1935년 10월분 같은 곳.

241

던 상기 두 노동조합의 개입 방식에 주목할 필요가 있다.

(2) 공장 노동자의 쟁의에 대한 지원

1935년 7월 4일, 나고야시 서구 노리다케(則武)정에 위치한 야마토제망소(やまと製網所)에서 조선인 여공들의 노동쟁의가 일어났다. 그들이 쟁의를 일으킨 이유는 평소에 열악한 작업 조건에 처해 있었음에도, 회사 측이 일방적으로 임금 삭감을 했기 때문이었다.

나고야 합동노조는 그 쟁의를 후원하였다. 먼저 해당 여공들이 처한 급박한 상황을 공장 내외에 알리기 위해, "온정주의 가면을 쓴 공장주 다케우치(竹內)를 굴복시키자. 우리들 조선인 여공을 먹이로 삼는 공장의 나쁜 내규에 절대 반대한다. 아사(餓死)를 강요하는 해고 절대 반대, 민족차별 절대 반대"라는 내용의 전단[46]을 배포했다. 즉 조선인 여공들이 평소에 받고 있던 민족차별적 대우를 명기하여 그들의 쟁의가 정당하다는 것을 알린 것이다. 그리고 나고야합노의 노리다케(則武) 지부(문화보급회)가 야마토제망소 쟁의에 대한 응원 활동을 시작했다. 노리다케 지부는 지구대표자 회의를 개최하여 니시후루와타리(西古渡) 분회로 하여금 전단 살포와 모금 운동을 전개하도록 하여 야마토 쟁의에 대한 지원 활동을 전개했다.[47] 그 결과, 1935년 7월 15일에 야마토제망소 측은 쟁의단이 요구한 '민족차별 절대반대, 임금인하 반대' 등을 수용했다. 야마토제망소의 조선인 여성노동자 10명은 나고야합노에 가입하였고, 나

---

46 『社会運動通信』1935년 7월 22일자, 4쪽.
47 위의 『社会運動通信』 같은 곳.

제6장 1930년대 초중기 일본거주 조선인 노동운동의 실태

고야합노의 '야마토제망 분회'가 발족되었다.[48] 야마토제망소 쟁의의 승리는 나고야합노 행동강령인 '민족차별 임금에 대한 반대투쟁'을 실천한 것으로서 의의가 컸다고 할 수 있다.

또한, 같은 해 1935년 11월에는 구보타(久保田)제작소 쇼나이초(庄內町)공장의 조선인 및 일본인 노동자들이 일으킨 노동쟁의를 지원했다. 그 쟁의가 일어난 원인은 회사 측이 당시의 군수 수요에 상응하여 막대한 이윤을 올리고 있었지만, 종업원에게 저임금·과중노동을 강요했기 때문이었다. 나고야합노는 이 쟁의를 지원하면서 '임금인상, 공장설비 개선, 노동자 대우 개선' 등의 요구사항을 회사 측에 제출하도록 했다. 그러나 오히려 회사 측은 그들의 쟁의가 공장내 기타 부서에 확산될까 두려워서 경찰의 개입을 요청했고, 아이치현 특고 경찰은 쟁의지원 중이던 신산축, 이시카와 도모자에몬 등의 나고야합노 간부들을 검거했다. 노동쟁의단은 그에 굴하지 않고 계속해서 요구관철을 주장하며 파업에 임했기 때문에, 결국 회사 측은 '임금 평균 3할 인상, 해고하지 않음, 파업중의 일급을 전액 지급함'이라는 해결 조건을 제시했다.[49] 노동쟁의단 측의 승리로 끝난 것이다. 이 쟁의의 과정에서 조–일 노동자에 의한 쟁의단이 아이치현 특고의 부당한 개입하에서도 끝까지 요구사항을 관철시킨 것은 나고야합노 활동가들의 지원이 있었기 때문이라

---

48 『社會運動通信』 1935년 7월 26일자, 4쪽.
49 『社會運動通信』 1935년 11월 28일자, 4쪽. 『社會運動通信』 1935년 7월 2일자 <일반운동 방침>에서도 구보타제작소 쇼나이 공장에 조선인노동자들이 근무했다는 사실을 전하고 있다.

고 판단된다.

(3) 야학 운영과 노동자 계몽 운동

1930년대 중기의 나고야(名古屋)시에는 거주 조선인을 대상으로 한 야학이 무려 16개나 운영되고 있었다. 그에 대해 운영 주체의 성격을 기준으로 분류해 보면, 노동조합 등의 진보 계열이 4개교(보급학원, 문화보급회학원, 중부노동조합야학, 명우야학), 기독교 계를 포함한 민족주의 계열이 4개교(신성(新城)학원, 보명(普明)학원, 카톨릭야학, 기독교야학), '친일 융화단체' 계열이 4개교(축항(築港)상애회 야학, 상애회본부 야학, 선륜회(善倫会) 야학, 진정회(進正会) 야학)로 나눌 수 있다.⁵⁰ 그 중 나고야 합노의 산하단체가 조선인 노동자들을 대상으로 개설한 것이 보급학원, 문화보급회 야학, 명우야학 등이었다. 명우클럽이 운영하던 명우(名友)야학에 대해서는 자료가 없으므로, 보급(普及)학원과 문화보급회 야학의 운영 상황에 대해 살펴보고자 한다.

문화보급회 야학은 1932년부터, 반도청년단이 설립한 보급학원은 1933년부터 시작했는데, 나고야합노가 결성된 이후 그 활동에 활기를 보였다. 보급학원의 경우, 재정난에 의해 일시적으로 폐쇄 위기에 빠진 적이 있었지만, 1935년 1월에 나고야거주 조선인들의 지원으로 다시 개원하여 청년부 40명과 소년부 60명의 클래스를 운영했고 각각 다음과 같은 과목들을 개설하였다.⁵¹

---

50 『동아일보』1935년 8월 24일자, 3쪽.
51 『동아일보』위와 같은 곳.

- 청년부: 조선어 읽기, 사회학, 정치학, 법률학, 경제학, 역사, 지리, 이과(理科), 위생, 산술, 작문.
- 소년부: 조선어 읽기, 산술, 한문, 습자, 작문.

이 중에서 특히 청년부의 수업 과목이 눈길을 끄는데, 그 과목명 중에는 대학의 사회과학 분야 교양과정에서 개설될만한 과목들도 있었다는 것을 알 수 있다. 현존하는 자료의 한계로 이상과 같은 과목들을 어느 정도 수준까지 운영했는지는 알 수가 없으나, 고등교육을 받은 강사를 확보하여 상급학교 진학 의욕이 많은 조선 청년들에게 사회과학 분야의 지식을 학습할 수 있게끔, 또는 청년 인재의 양성을 위해 야학을 운영한 것으로 추측된다. 그와 같은 반도청년단의 시도는 상당히 야심찬 것이었다고 할 수 있다.

한편, 문화보급회는 나고야시 서구 노리다케정(則武町)의 사무실에서 야학을 개설했는데, 수강생은 조선인 청년, 여성, 아동들 약 40명이었고, 교재는 보통학교용의 『조선어 독본(朝鮮語読本)』이라든지 『조선일보』 사회면의 기사를 사용했다고 한다.[52] 이상과 같은 형태로 문화보급회와 반도청년단은 나고야거주 조선인들을 대상으로 야학 운영에도 힘쓰고 있었다. 그러한 활동이 나고야합노 산하에 조선인 노동자들이 결집하는 데에도 영향을 미쳤을 것이라고 추측된다.

그러나 아이치현 특별고등경찰은 나고야에서 조선인 대상의 야

---

52 앞의 「聞き書き, 朴廣海氏労働運動について語る(2)」, 『在日朝鮮人史硏究』 第21号, 97쪽.

학이 다수 운영되고 있던 상황에 대해 경계의 수위를 올리고 있었다. 즉, 그 야학들에서 조선어만 가르치는 경향이 있다거나, "민족주의 또는 공산주의 사상을 주입"하는 교사가 있다고 비판하며, 1935년 9월부터 "재명(在名) 조선인의 지도 및 교화(敎化)상 그 폐해 상당히 현저"하다는 이유로 전부 폐지하고자 탄압을 가하기 시작했다.[53] 그 아이치현 특고에 의한 조선인 야학 탄압의 목적은 '조선어교육 금지', '조선인전용의 교육시설 불허', '조선인 학령아동의 일본소학교 입학' 등이었고, 그것은 상애회 아이치현 본부를 비롯한 친일 단체가 운영하던 야학에 대해서도 동일하게 적용했다.[54]

즉 아이치현 특고는 아무리 '친일'을 표방하는 단체에 의한 교육시설이라 해도 '민족 교육'은 허용하지 않았고, 자기들이 지향하는 '조선인 지도 및 교화'의 틀에 들어갈 것을 강요했다. 특히 나고야합노 관련의 단체가 운영하는 야학에 대해서는 운동 조직의 '세력 신장'용이라고 단정하여 가차없이 탄압했는데, 문화보급회의 경우는 야학 여성부도 폐쇄했으며, 조선 여성들의 복장도 일본식으로 바꾸라고 위협했다.

나고야합노는 그러한 아이치현 특고의 탄압과 위협에 대해 노농구원회 나고야지부준비위 기관지 「뉴스」를 통해, 특고가 조선민족 말살을 강제하는 정책을 강요하고 있다고 비판했다.[55] 노농구원회 나고야 지부준비위는 문화보급회, 쇼나이쵸노동자협의회 등과 같은 나고

---

53 『社会運動の状況』1935년판, 1570쪽.
54 『社会運動の状況』위와 같은 곳.
55 『社会運動通信』1935년 9월 18일자, 6쪽.

제6장 1930년대 초중기 일본거주 조선인 노동운동의 실태

야합노 관련자들과 교류가 밀접했으므로, 아이치현 특고의 조선인야학 탄압에 관한 비판 기사를 기관지에 게재했다고 추측된다.

1936년에 나고야합노는 도쿄에서 김천해(金天海), 이운수(李雲洙) 등이 발행하던 한글신문 『조선신문(朝鮮新聞)』을 나고야에 보급하고자 했다. 동년 2월 말, 김천해와 이운수는 나고야합노의 사무실에서 활동가들과 협의한 결과, 『조선신문』 나고야 지국을 설치하기로 했다.[56] 그것은 당시 이미 나고야합노 산하의 반도청년단이 『도쿄조선민보(東京朝鮮民報)』(김호영 발행)의 지국이 되어 해당 신문을 배포하고 있었기에, 또 하나의 한글 신문을 나고야 지역에 보급하여 동포들의 민족의식과 계급의식을 고양하는 데에 활용하고자 한 것으로 추측된다.

실제로 아이치현 특고가 조선인 야학을 엄하게 탄압하던 1935년 가을에, 기후현(岐阜縣)의 나고야합노 산하단체인 정화회(正和会) 가모(加茂) 지부에서는 다카야마(高山)선 철도 개수공사장에서 일하던 조선인 노동자들을 대상으로 무려 30개의 야학을 운영했는데, 그 교재로서 위의 『조선신문(朝鮮新聞)』을 사용하고 있었다.[57]

당시 임금노동 목적으로 일본 각지에서 거주하며 단순 육체노동에 임하던 조선인 노동자들이 본국의 상황이나 자기들과 유사한 노동자 운동을 전하는 조선어신문에 흥미를 가지는 것은 극히 자연스러운 일이었다고 판단된다. 그런 차원에서, 상술한 바와 같은 나고야합노의 산하 단체에서 운영하던 야학 활동은 지역거주 조선

---

56 『社会運動の状況』 1936년판, 1460쪽.
57 『社会運動の状況』 1936년판, 1058쪽.

인노동자의 현실적 요구에 호응한 것이었다.

상기 사례 이외에도 민족기념일운동이나 동포 부조활동이 확인된다. 1935년 8월 29일, 나고야합노는 "일본제국주의가 한반도를 청일, 러일 두 전쟁으로 완전히 약탈한 날, 한일병합 기념일"이란 제목의 한일 양국어로 된 전단을 나고야 시내에 살포했다.[58]

1936년 8월 한반도 남부에 태풍으로 인한 막대한 피해가 발생하자 일본거주 조선인단체들도 수해 피해자들을 돕기 위해 의연금 모으기 활동을 전개했다. 나고야 지역에서도 각종 조선인단체에 의한 모금 활동이 있었는데, 나고야합노가 주도한 '조선 풍수해 나고야지방 구원회(朝鮮風水害名古屋地方救援会)'가 가장 많은 모금 성과(518엔 34전)를 냈다.[59]

5. 나고야합동노동조합과 일본 주부(中部)지방 사회운동

이 절에서는 나고야합노가 나고야시 뿐만 아니라 일본의 주부지방 사회운동 일원으로서 전개했던 운동에 대해 검토하고자 한다.

1) 일본인 노동운동에 대한 지원

나고야합노는 1935년 4월 3일부터 4월 7일까지 나고야시 남구

---

58 『社會運動の狀況』1935년판, 1538쪽.
59 『特高月報』1935년 9월분.

제6장 1930년대 초중기 일본거주 조선인 노동운동의 실태

에 위치한 핫토리(服部)제강소 종업원의 노동쟁의를 지원하여 '임금인상, 작업환경 개선' 등의 요구를 관철시켰다. 쟁의 도중에 나고야합동노조 핫도리제강 분회를 결성했으며, 주변 공장의 노동자들로부터 쟁의에 대한 응원도 있어서 나고야합노 관계자들은 자신감을 가졌다고 한다.[60]

당시 일본의 군수 기업들은 노동력 부족을 메우기 위해 다수의 임시직을 고용했는데, 그들은 사원복지 적용에서 제외되었으며 수시로 인원삭감의 대상이 되었다. 1935년 7월 중순에는 일본차량주식회사 나고야 공장이 임시직 공원을 일방적으로 해고했기에 당사자들이 항의행동에 나섰다. 그에 보수계열인 일본노동조합회의가 먼저 개입하여 '임시공제도 철폐'를 요구하는 쟁의를 전개했다. 나고야합노는 그 일본차량 임시공 해고 문제를 방관할 수 없다고 판단하여 지원활동에 나섰다. 먼저, 나고야 시에 소재한 일본차량 나고야공장, 미츠비시(三菱)중공업 발동기공장, 아이치(愛知)시계 등의 공장에 <인플레 파탄이 다가온다! 나쁜 제도를 폐지하는 청원운동에 참가하자!>라는 제목의 격문을 나고야합노 명의로 살포했다. 그 격문은 일본차량주식회사 이외에도 미츠비시중공업 발동기, 대동전기 등도 임시공 비율이 높다는 사실을 알리고, 각 공장에서 '임시공제도 반대투쟁위원회'를 만들어서 임시공의 지위를 향상시키는 데에 노력하자는 것이었다.[61]

또한 나고야합노는 1935년 12월에 '연말 투쟁'을 명목으로 한

---

60 『社会運動通信』1935년 4월 23일자 4쪽; 동 4월 26일자 4쪽.
61 『社会運動通信』1935년 7월 20일자, 4쪽.

선전 활동으로서, <임금인상, 연말연시 일당 지급!>이라는 제목의 전단지 1만 장을 나고야시의 모든 대기업 공장에 배포했다. 단 미츠비시(三菱)중공업 계열 공장, 아이치시계, 일본차량, 일본도기 등에는 일반 노동자를 대상으로 한, 나고야방적(名古屋紡績), 미유키모직(御幸毛織), 제국연사(帝国撚糸), 쇼나이가와 레이온(庄内川レイヨン) 등의 공장에는 여성 노동자 대상의 내용으로 전단지를 작성 및 배포했다.62

이와 같은 나고야합노의 대기업 공장을 상대로 한 선전 활동은 분회 설립을 위한 것이라고 추측되는데, 그것은 1936년 1월에 아래와 같은 내용으로 공표했던 <본년도 운동방침>63에 해당되는 활동이기도 했다.

1. 중부지방 전체에 지도적 조직력을 가진다. 나고야의 공장 특히 대기업 공장의 조직화.
2. 구 평의회 가맹 또는 단독조합 및 현재 쇠퇴하는 중부지방 전체의 조합을 재조직하고 투쟁력 강화.
3. 이상 2개를 성공적으로 투쟁하는 과정에서 중부지방 전체에 걸쳐 강고하고 통일적인 지도부 확립.

1936년 1월 말, 나고야합노는 나고야시 미나미(南)구 아츠다히가시(熱田東)정에 위치한 다이도(大同)전기제강소에서 종업원 대상으로 대우개선 요구투쟁을 호소하는 격문을 배포했다.64 그 이유는 회

62 『社会運動通信』 1936년 1월 10일자, 3쪽.
63 『社会運動通信』 1936년 2월 1일자, 3쪽.

제6장 1930년대 초중기 일본거주 조선인 노동운동의 실태

사에서 사고로 다친 종업원 2명이 소액의 장애 부조료만 지급받고 해고당했기 때문이다. 나고야합노는 그 격문에서 「공장법 시행령」과 다이도제강소의 승급제도를 조사하여, 상기 사고로 해고된 종업원에 대한 부조금 지급과 승급이 규정대로 이루어지지 않았다는 점을 지적했다.

또한 동년 2월 20일에 일본차량제조의 나고야공장, 3월 말에 해군지정 군수기업인 아이치시계전기(愛知時計電機) 공장 등, 중공업 회사 공장의 종업원 대상으로 대우개선 투쟁을 격려하는 전단을 배포했다.[65]

나고야 이외 지역에 있는 나고야합노 지부도 노동쟁의 지원활동을 했다. 동년 10월에 미에(三重)현의 나고야합노 구와나(桑名)지부는 미에법랑(三重琺瑯)주식회사에서 일어난 임금인상요구 쟁의를 지원했다. 그 쟁의는 10월 중순에 미에법랑 도장부의 종업원 107명이 일급과 야간수당의 인상 등 13가지 대우개선 항목을 회사 측에 요구한 파업이었다. 그에 대해 나고야합노 구와나지부와 사회대중당(社會大衆黨) 호쿠세(北勢)지부가 공동으로 지원활동을 했는데, 10월 30일에 회사 측이 '일급 및 공임을 2할 인상', '야간수당 5% 인상', '단결권 승인' 등의 쟁의단에 유리한 조건을 제시한 것으로 종결되었다.[66]

이 미에법랑 쟁의로 인해, 나고야합노 구와나지부는 사회대중당

---

64 『社會運動通信』 1936년 2월 4일자, 4쪽.
65 『社會運動通信』 1936년 3월 4일자, 4쪽; 1936년 4월 8일자, 4쪽.
66 『社會運動通信』 1936년 11월 4일자, 4쪽.

251

호쿠세지부와 함께 미에현에서 그 존재감을 각인시켰다고 추측된다. 그와 같이 단독 노동조합의 지부와 사회대중당 지부가 노동쟁의에서 공동투쟁을 전개한 사례를 일본의 기타 지역에서는 볼 수 없었다.

이상에서 봤듯이, 1935년 2월에 지방 단독노조의 형태로 설립된 나고야합노는 나고야시를 중심으로 한 일본 주부지방에서 조선인노동자 뿐만 아니라 일본인노동자의 처우개선 투쟁을 지원했다. 『나고야시 통계서(名古屋市統計書)』1937년판에 의하면, 1935년~36년 나고야시에서 일어난 노동쟁의 및 파업은 총 62건이었다. 후미의 <부표>는 나고야합노의 산하 지부가 당해 지역에서 관여한 노동쟁의와 선전 활동을 정리한 것인데, 크고 작음을 떠나 16건에 달했다. 즉 나고야시 전체 쟁의의 20%를 나고야합노가 관여하고 있었던 것이다.

2) 주부지방 인민전선운동의 추진, 특별고등경찰의 탄압

먼저, 일본 주부지방의 인민전선운동에서 협력하고 있던 나고야합노와 일본노동조합전국평의회 중부지방평의회(日本労働組合全国評議会中部地方評議会, 이하 '전평 중부지평')의 관계를 알아 둘 필요가 있다. 당시 전평 중부지평은 '합법적 사회운동'을 지향한 신노동당 산하의 일본노동조합총평의회 조직을 그대로 계승해 있었는데, 나고야합노와 협조 관계에 있었다. 미리 주목해 둘 점은, 그 중부지평의 산하에는 대부분 조선인노동자들로 구성된 중부지방자유노조와 같

제6장 1930년대 초중기 일본거주 조선인 노동운동의 실태

은 노동조합이 있었다.[67] 따라서 나고야합노와 전평 중부지평은 운동을 전개하는 과정에서 서로 협력을 하는 경우도 있었다.

1935년 7월, 나고야합노는 주부지방의 노동운동이 우경화되고 있다고 판단하여, 전평 중부지평의 중부지방자유노조 및 중앙지구협의회와 협력하여 <나고야지방 파시즘반대 투쟁위원회(名古屋地方反ファッショ闘争委員会)>를 결성했다.[68] 이로서 나고야합노와 전평 중부지평 산하 노조는 당해 지역 파시즘반대 운동을 견인하는 역할을 하게 되었다. 앞의 3절 1항에서 봤던 1935년 10월 오소네직업소개소장 민족차별발언에 대해 전개했던 항의운동에서 그 두 단체가 협력을 했던 것은 이미 사전 단계가 있었기 때문이라고 할 수 있다.

그 후 나고야합노의 상임서기 이시카와 도모자에몬(石川友佐衛門)은 1935년 9월 초에 개최된 집행위원회에서 코민테른 제7회 대회에서 파시즘 반대조직으로서 광범한 인민전선을 구축해야 한다는 방침을 채택했다고 전하면서, 일본에서도 그에 상응하는 움직임이 있으므로 나고야합노도 호응할 것을 제안했다. 그 제안에 대해 신산축, 박광해, 최점보(崔占保), 김삼홍(金三洪) 등 조선인 활동가들은 종래의 나고야합노 활동에 배치되는 것이 아니라고 하며 동의했다.[69] 이 때, 나고야합노의 조선인 활동가들이 이시카와의 제안을

---

67 『社会運動の状況』1935년판, 1470쪽.
68 『社会運動通信』1935년 7월 20일자, 3쪽.
69 당시 상황에 대해서는 앞의 吉浦大蔵 저서, 175쪽. 『思想月報』第56号 133쪽에는 당시 이시카와 도모자에몬이 『国際通信』, 『太平洋労働者』등의 잡지를 입수하여 코민테른의 움직임을 파악하였다고 적고 있다. 이와 같은 기록을 통해, 당시 회의에 참석했던 나고야합노 간부들 중에 특별고등경찰의 스파이가 존재했음을 추측할 수 있다.

수용한 것은 이른바 '국제주의'적인 태도라고 할 수 있는데, 하지만 전협 시절처럼 중앙 조직의 지시를 추종한 것이 아니라 종래 나고야 지방에서 활동하던 경험을 바탕으로 합의한 것이었다고 할 수 있다.

　1935년 9월 25일에는 지방(부현)의원 총선거가 실시되었다. 나고야합노는 아이치현 무산계급을 대표하는 후보를 지원하기 위해 이미 협조 관계에 있던 전평 중부지평의 두 노조와 함께 선거 운동에 나섰다. 예를 들면, 투표일 직전에 <전 조합원 제군, 노동자 농민 소시민 및 진보적 인텔리겐챠 제군에게>라는 전단을, 투표 당일 9월 25일에는 <선거 투쟁에 임하여 노동자 제군에 격함>, <투표일을 일급부 휴일로 하자, 노동자 농민의 현의회를 만들자> 라는 격문들을 나고야시 각지에 배포했다.[70] 그러나 아이치현 특고는 그들의 선거후원 활동을 당시 지방선거에서 "조선인 단체에 의한 유일한 선거운동"이라고 주목했으며, 격문 배포를 즉시 중단하라고 명령했다.[71] 그 1935년 9월 말의 지방선거에서 나고야합노가 전개한 운동은 직전에 결성된 '나고야지방 파시즘반대 투쟁위원회'의 합의를 실천하는 행위였다고 생각된다.

　그 후 나고야합노는 주부지방의 일본인 사회운동 단체들과 연계하는 활동을 강화했다. 1935년 12월에는 이시카와 도모자에몬의 중

---

70 『特高月報』 1935년 9월, 342쪽.
71 위와 같은 『特高月報』. 당시 특고는 전단을 배포하던 나고야합노 조합원 김삼홍, 박동암, 박관옥 등을 검거했으나, 위법은 없었으므로 석방했다고 한다.

제6장 1930년대 초중기 일본거주 조선인 노동운동의 실태

개로 '전국농민조합 아이치현연합회'의 재건 활동가인 이케다 미치아키(池田三千秋)가, 1936년 4월에는 에스페란토 단체 포포로(Popro)사의 사토 도키로(佐藤時郞)가 나고야합노에 가입했다.[72]

한편, 나고야합노는 1936년 7월 1일에 전체 조합원대회를 개최할 예정이었다. 그 전체대회에서는 발전 계획과 중부지방 사회운동에서 해야 할 역할에 대해 토의하고자, '노동조합 전선통일에 관한 건', '파시즘 반대투쟁에 관한 건'을 심의안건으로 상정할 예정이었다.[73] 그러나 6월 25일에 에가와(江川)경찰서의 특고과는 상기 의안에 대해 '심의 금지'를 통보하는 한편, 상임집행위원인 신산축과 김삼홍을 검거하였으며, 대회 장소로 예약된 나카(中)구의 교카(敎化)회관의 사용을 금지했다.[74]

그러나 나고야합노의 활동가들은 그러한 특고에 의한 압력과 방해에 굴하지 않았다. 에가와경찰서 특고의 압력 행사가 있은 직후, 나고야합노 집행위원회는 모든 산하 지부들에게 각자 새로운 집행위원의 선출을 마치고, 7월 5일에 본부 사무실에서 그 신규 집행위원들에 의한 확대 집행위원회를 개최한다는 '긴급 지령'을 송달했다. 7월 5일 당일에는 나고야합노 본부에서 신구 집행위원들 40명이 집합하여 확대 집행위원회를 개최했으나, 개회한지 30분 경에 에가와경찰서 형사들이 몰려와서 이시카와를 비롯한 활동가 5명을 '치안유지법 위반혐의'로 검거하고 강제해산을 명령했다.[75]

---

72 『思想月報』제37호, 45, 46쪽.
73 『社会運動通信』1936년 6월 27일자, 3쪽.
74 『社会運動通信』1936년 7월 3일자, 3쪽.

그와 같은 나고야합노에 대한 특고의 탄압은 1936년 2월 26일의 일본육군 장교 반란 사건('2.26 사건') 이후 일본 정계에 파시즘적 분위기가 고조되면서, 사법당국이 사상범 단속강화 방침을 정한 것과 관련이 있다. 1936년 6월 말, 일본의 모든 항소원(抗訴院)[76] 및 지방재판소 사상계 검사들이 집합하여 '사상범죄 단속대책에 관한 회의'가 개최되었는데, 그 자리에서 '2.26 사건' 이후 새로 전개된 "인민전선운동은 일본공산당의 잔존 세력이 합법적 활동으로 포장하여 전협을 재건하고자 하는 것"이라고 간주하며 "전체 수사망을 정비하여 그 세력들에 대한 철저 소탕을 기한다"는 폭압적 방침이 결정되었다.[77]

한편 나고야합노 간부들은 특고의 탄압으로 제2회 전체대회가 무산된 이후, 전평중부지평과 협력하여 주부일본 '인민전선운동' 구축을 추진했다. 당시 일본의 사회운동 단체들은 퇴직적립금 및 퇴직수당법(이하, '퇴수법')을 개정하는 것에 관심이 모여 있었으므로, 나고야합노 간부들은 그 퇴수법 개정운동을 주부지방 사회운동에 도입하여 전개하고자 했다.

나고야합노의 신산축, 김삼홍, 이시카와 도모자에몬 등은 전평중부지평의 아카마츠 이사무(赤松勇), 곤도 신이치(近藤信一) 등과 협조하여, 노동총동맹 아이치현 연합회, 나고야 제도(製陶)노동조합, 나

---

75 『社会運動通信』 1936년 7월 11일자, 3쪽.
76 메이지헌법 체제하, 지방재판소와 대심원 사이에 있던 재판소. 지금의 고등재판소에 해당.
77 『新愛知』 1936년 7월 2일자 조간, 2쪽.

제6장 1930년대 초중기 일본거주 조선인 노동운동의 실태

고야시 전차종업원 클럽 등과 함께 1936년 8월 1일에 '나고야지방 퇴직수당법 개정운동 유지간담회(名古屋地方退手法改正運動有志懇談会)'(이하, 나고야 퇴수법간담회)를 결성했다.[78] 그 나고야 퇴수법간담회에는 보수계의 노동총동맹 아이치현연합회와 중간파인 나고야제도노조 등도 참가했는데, 그를 통해 당시 일본 노동계에서 퇴수법 개정은 주의를 막론하고 관심을 가졌던 주제였다는 것을 알 수 있다.

1936년 나고야 퇴수법간담회는 8월 25일과 9월 4일에 두 번 개최되었다. 그 간에 퇴수법 개정요강을 발표했고, 내무대신에게 개정요망서도 발송했는데, 제3회 간담회부터는 총동맹 아이치현 연합회와 나고야제도노조가 결석했다.[79] 하지만 그 후에 퇴수법간담회에는 전국수평사(水平社) 아이치현연합회를 비롯한 나고야 주조공(鋳造工)조합, 전국농민조합의 아이치현연합회 준비회와 기후현 미에현 연합회, 사회대중당 호쿠세(北勢)지부 등이 새로운 회원으로 가입했기에, 동년 9월 15일에 '주부지방 노농무산(労農無産)단체 유지 간담회'(이하, 주부 노농유지간담회)라는 명칭으로 개편되었다.[80] 이로서 일본 주부지방에서 '인민전선 구축'의 기초 단계는 이룬 셈이었다.

한편, 전평 중부지평은 사회대중당과 함께 인민전선을 구축하기 위해 같은 해 9월 11일에 사회대중당 나고야지부에 입당 신청을 했다.[81] 그러나 사회대중당 나고야지부는 9월 26일 개최한 확대집행

---

78 『思想月報』제60호, 266쪽.
79 『社会運動通信』1936년 9월 16일자, 4쪽.
80 『社会運動通信』1936년 10월 1일자, 3쪽.

위원회에서 "나고야지방 정세 및 쌍방 단체의 종래 일상 정치경제 투쟁"을 미루어보면, 전평 중부지평의 입당은 '시기상조'라며 거부했다.[82] 사회대중당 측이 "나고야지방 정세"운운한 것은 동년 9월 10일에 육군성이 전체 육군공창(陸軍工廠)노조에게 활동금지 명령을 내린 것과 관련이 있다. 그것은 육군성이 노조 활동으로 인해 군수품 생산에 지장을 주는 것을 막는다는 명분이었는데, 그 명령은 일본 육군에 납품하는 일본내 모든 군수 기업에도 영향을 주었다. 따라서 나고야시 소재의 대기업 공장 노조에 기반을 둔 사회대중당 나고야지부는 전평 중부지평과의 제휴를 회피한 것이다.

단 나고야합노의 구와나(桑名)지부는 독자적으로 사회대중당 계열 단체에 참가한 사례가 있었다. 1936년 10월에 구와나지부 간부인 성재경(成載慶)이 사회대중당 구와나지부에 입당한 것[83]이다. 이는 같은 해 10월 중순에 있었던 미에법랑(三重琺瑯) 쟁의에서 사회대중당 호쿠세(北勢)지부와 나고야합노 구와나지부가 공동투쟁을 전개했기 때문에 성립된 것이었다. 단 앞서 전평 중부지평의 시도가 실패한 것을 감안하면, 나고야합노 지부의 간부가 개인 자격으로 사회대중당 지부에 가입한 것은 구와나 지역 사회운동 단체 사이의 소통을 위한 시도였다고 할 수 있다.

그러나 1936년 9월에 일본 육군성이 노조 활동을 금지한 명령은 일본사회에서 노동운동에 관한 부정적인 인식을 확산시켰고, 각지

---

81 『社会運動通信』 1936년 9월 16일자, 3쪽.
82 『社会運動通信』 1936년 9월 30일자, 2쪽.
83 『思想月報』 제37호, 27쪽.

제6장 1930년대 초중기 일본거주 조선인 노동운동의 실태

에서 진행되던 인민전선운동을 저지시키는 결과를 초래했다. 그 육군성의 조치에 대해, 지방 노조로서는 유일하게 나고야합노가 "파쇼적 탄압에 항거하여 단결권 확보를 위해 싸우자!"라는 격문을 배포하였다. 하지만, 일본 주부지방에서 시도된 인민전선구축운동은 '주부 노농유지 간담회'라는 일정한 성과가 있었지만, 더 이상 진행되지 않았다.

전술했듯이 1936년 6월 말에 일본 사법당국은 합법적인 틀 안에서 전개된 인민전선운동도 해체시킨다는 방침을 정했는데, 내무성 경보국도 동년 9월에 "공산주의 운동과 명확한 관계가 없는 경우라 해도 단호하게 단속할 것"[84]이라는 방침을 굳히고 있었다. 그 대상에는 일본거주 조선인의 신문발행도 포함되었다. 이미 동년 7월 31일에 『조선신문(朝鮮新聞)』이 관계자들 전원을 검거하여 폐간시켰으며, 9월 25일에는 한신(阪神)지방에서 김문준(金文準) 중심으로 발행되던 『민중시보(民衆時報)』도 폐간 조치를 했다.[85]

또한 1936년 12월 5일 아이치현의 특고경찰은 나고야합노 간부를 포함한 '주부 노농 유지간담회'의 활동가들을 모두 "치안유지법 위반"이라는 올가미를 씌워 검거했다. 이 때 검거된 사람들 71명 중에 나고야합노의 조선인 활동가는 43명이었다.[86] 이로 인해 1935년부터 약 2년 동안 나고야시를 비롯한 일본 주부지방에서 조선인 및 일본인의 노동운동을 지원했던 나고야합동노동조합의 활동은 완

---

84 『社会運動通信』 1936년 9월 9일자, 1쪽.
85 『特高月報』 1936년 9월호.
86 『思想月報』 제60호, 259쪽.

전히 정지되고 말았다.

6. 소결

일본 주부(中部)지방 아이치(愛知)현의 나고야시는 1920년대 후반부터 조선인 인구가 증가해서 1930년대 전반에 일본내 조선인구 3위의 지역이 되었다. 나고야거주 조선인의 대부분은 단순 육체노동 등의 임시직 노동으로 생활을 영위하고 있었으며, 조선인 인구가 계속 증가함에 따라 실업 및 주거 문제에 직면하게 되었다.

나고야에서는 1920년대 후반까지 조선인 노동자를 대상으로 직업소개 및 숙박업을 운영하던 친일 단체 상애회 나고야본부의 영향력이 강해, 조선인 노동자의 권익을 지키는 운동은 일어나지 않았다. 하지만 1929년 2월 1일, 신간회 나고야지회가 설립되면서 변화가 일어났다. 동년 10월 1일, 신간회 나고야지회에 의해 나고야 최초의 조선인 노동조합 나고야조선노조가 창립된 것이다. 창립 직후 나고야조선노조는 재일노총이 산하 조합원을 일본인 노조 전협 산하의 산업별 노조에 합류한다는 결정에 따르면서 아이치노선노조로 탈바꿈했으며, 1930년 5월 1일에 전협 주부지방 나고야지구협의회 산하의 산업별 조합으로 합류했다.

당시 전협 나고야는 다른 지역의 전협 지부처럼 치안당국에 의한 탄압(4.16 사건)으로 산하 조직이 매우 약화된 상태였으나, 아이치조선노조가 합류한 이후 조직이 활성화되었다. 전협 나고야의 조

제6장 1930년대 초중기 일본거주 조선인 노동운동의 실태

선인 활동가들은 삼신(三信)철도공사장 쟁의와 같은 미불임금 획득 투쟁을 비롯해, 실업반대 운동, 메이데이 참가, 민족기념일 운동 등을 전개했다. 그러나 아이치현 특고경찰에게 '치안유지법 위반 단체'라는 명목으로 1931년 12월, 1933년 1월, 1934년 2월, 3회에 걸쳐 연속된 탄압을 받은 결과, 나고야 지역의 전협 조직은 1934년에 완전히 붕괴되었다.

한편, 1930년대 중기의 나고야에는 소규모나마 문화계몽, 상호부조 등의 활동을 하는 조선인 단체들이 존재했다. 그들 조선인 단체의 지도자들은 종래 전협의 운동방식을 반성하고 소수의 일본인 활동가와 협력하여 1935년 2월 21일 지방 단독조합의 형태로 나고야합동노동조합(나고야합노)을 설립했다. 그 나고야합노는 나고야거주 조선인 노동자들의 차별대우 반대운동, 권리옹호 투쟁, 민족기념일 운동, 야학 운영 등을 지도하는 한편, 중부지방의 일본인 노동운동과 '인민전선운동'을 지원하기도 했다.

본 장에서 검토했듯이, 일본 사법당국이나 내무성 경보국의 자료에서 나고야합노의 운동을 '전협 재건운동의 일환'이라고 하는 기술은 사실과 맞지 않다. 일본의 노동운동이 전체적으로 우경화되어 노동자들의 권익옹호는 점차 소홀해지고 있던 1930년대 중기, 조선인과 일본인 활동가들이 협력하여 지방단독 노조의 형태로 설립된 나고야합노는 나고야와 주변 지역의 조–일 노동자들의 권익옹호를 위해 활약했다. 그들이 파시즘 반대투쟁과 중부지방 인민전선구축운동을 전개한 것은 당시 나고야 지역에서 제대로 노동운동을 할 수 없도록 특고를 위시한 치안당국이 부단한 탄압을

가했기 때문에, 일종의 탈출구를 찾기 위한 방도였다고 판단된다. 그러한 나고야합노와 같은 활동 사례는 당시 일본의 여타 지역에서 볼 수 없었다.

지방 차원에서나마 제대로 된 노동조합 운동을 실현하고자 했던 나고야합동노조는 결국 1936년 2월 이후 파시즘 체제로 강화된 일본 치안당국의 탄압으로 인해 붕괴되었다.

제7장

일본거주 조선인 노동운동가와 민족차별[*]
―1930년대의 노동운동 활동가를 중심으로―

1. 들어가며

　일반적으로 사회운동에 대한 학술적 천착을 할 때는 당해 운동의 발흥 배경과 전개 과정에 주목하는 경향이 있다. 하지만 그 외에도 당해 운동에서 리더 역할을 한 사람들의 참가 동기와 경향에 대해서 주목할 필요가 있다. 당해 운동의 리더가 어떤 사람인지에 따라 그 운동의 방식과 성격이 좌우되기 때문이다.
　그것은 1945년 8월 이전 일본거주 조선인의 사회운동도 마찬가지라고 할 수 있다. 특히 당시 일본거주 조선인들 대부분은 노동자 계급이었는데, 자신을 포함한 주변의 동포 노동자들이 처한 불합리한 대우를 해결하고자 운동에 앞장섰던 사람들에 주목할 필요가 있다. 일반적으로 어느 시대 어느 나라이건, 자신들에 닥친 문제를 사회적 모순으로 자각하고 그 해결 운동에 앞장서는 사람이 등장할 확률은 매우 희박하기 때문이다.

---

[*] 이 장은 졸고「일본에서의 한인 사회운동과 민족 차별」,『한일민족문제연구』제28호(2015년)을 수정 및 가필한 것임을 밝혀 둔다.

본서의 대상 주제인 1920~30년대 일본거주 조선인의 노동운동을 보더라도, 항상 일본 치안 당국에 의한 탄압이 되풀이되었음에도 노동자 권익옹호나 상호부조, 교육 등의 운동에 앞장선 활동가들이 다수 존재했다. 이국 땅 일본에서 조선인들은 식민지 출신자로서 구직난, 주거난, 민족차별에 처했고 그 날의 양식을 확보하기에 급급하였다. 그 어려운 현실 아래에서 독립운동에 뜻을 둔다든지 각종 사회운동에 앞장서는 사람이 계속 등장했다. 그것은 결코 흔한 케이스는 아니었다.

단 종래의 관련 연구에서는 그 이유가 무엇인지 해소되지 않았다. 따라서 본 장에서는 해방전 일본에서 활동했던 조선인 노동운동가들이 어떤 이유로 어떤 가치관을 가지고 운동에 참여했는지 주목한다. 또한 그 일환으로 1930년대에 나고야시를 중심으로 활동했던 노동운동가의 사례에 주목하고자 한다.

2. 1920~30년대 일본거주 조선인 노동운동의 변화

1) 조선인 사회운동 및 노동운동 단체의 설립[1]

해방전 일본거주 조선인에 의한 노동운동이 본격화된 계기는 1922년 7월 29일자 『요미우리(讀賣)신문』에서 폭로된 니가타(新潟)

---

1 이 2절 1항은, 졸고 「20세기 전반 조선인의 일본이주와 정착」(『역사학보』 제212집, 2011.12)의 일부를 수정 보완한 것임.

제7장 일본거주 조선인 노동운동가와 민족차별

현 나카츠(中津)강 수력발전소 공사장의 조선인노동자 학살사건이라고 할 수 있다.² 그 학살사건에 항의하는 집회가 당시 도쿄에서 개최되었을 때에 도쿄고학생동우회나 흑도회(黑濤會) 등의 조선인 활동가들은 향후 일본의 진보적 노동운동과 연합한 형태로 운동을 전개할 것이라고 표명했다. 단 흑도회는 사상적 대립으로 인해 그 직후인 1922년 9월에 맑스주의 계열의 북성회(北星會)와 아나키즘 계열의 흑우회(黑友會)로 분리되었다.

한편 북성회의 멤버들은 일본 사회운동가들과 밀접한 관계를 유지하면서 사회주의 단체인 일본무산자동맹에 가입하여 활동하다,³ 이윽고 조선인 노동운동을 실현하고자 나섰다. 즉 1922년 11월에 일본노동조합총동맹의 협력 하에 도쿄(東京)조선노동동맹회를 설립했고, 같은 해 12월에는 오사카(大阪)조선노동동맹회를 설립하는 데에 중요한 역할을 하였다.

1920년대 중기에 이르러 도쿄, 오사카 이외의 지방 도시에도 조선인 인구가 증가하였기에 일본 전체를 아우르는 노동단체 설립의 필요성이 제기되었다. 그 결과 1925년 2월 22일, 재일본조선노동총동맹(이하, 재일노총)이라는 통합 조직이 창립되어 일본거주 조선인 노동자 전체 차원의 권익옹호 운동이 추진되었다.

재일노총은 매년 전체 대회를 개최하면서 조선인노동자의 권익을 지키고 민족적 단결과 계급의식을 고양하는 운동에 진력했다.

---

2 『読売新聞』1922年7月29日,「信濃川を頻々流れ下る鮮人の虐殺死体」.
3 片山潜,「日本における朝鮮人労働者」,『赤色労働組合インターナショナル』제6호, 1924년 6월(『片山潜著作集』제3권, 片山潜生誕百年記念会, 1960).

1928년 5월 도쿄 혼죠(本所)에서 개최된 재일노총 제4회 전체대회에서는 "조선 내외를 막론한 전민족적 공동투쟁, 일본무산계급과의 공동투쟁, 산하 노조의 산업별 조직화"라는 운동 방침이 채택되었다. 그 중에서 산하 조직을 산업별로 재편성한다는 것은 재일노총을 노동조합 본연의 진용으로 만들어서 운동을 효율적으로 전개하고자 한다는 의지였다. 그러나 당시 그들은 "일본 좌익노동조합의 적극적인 협력과 지도를 기대"[4]해야 하는 상황이었으며, 조합원의 대다수가 일용직 임시노동자였으므로 "산업별 조직화"는 실현하기 어려웠다. 또한 협력 상대였던 일본노동조합전국평의회가 같은 해 3월 15일 치안 당국에게 일제 탄압을 받아서 와해 상태에 있었다.

1920년대 후반에는 구직차 도일하는 조선인들이 계속 증가한 결과, 1928년에 니이가타(新潟)조선노동조합, 1929년에는 효고(兵庫)조선노동조합, 도요하시(豊橋)조선노동조합, 치바(千葉)조선노동조합, 아이치(愛知)조선노동조합 등의 새로운 조선인 노조가 설립되었고, 모두 재일노총에 가맹한 단체가 되었다. 그 결과 1929년 10월 당시 재일노총은 총 조합원 수 23,500명의 단체로 확대되었다.[5]

단 재일노총은 1929년 3월에 개최한 제5회 대회에서 산하 조합들을 산업별로 재편하겠다는 방침을 다시 표명했다. 그리고 전년 12월에 설립된 일본노동조합전국협의회(이하, 전협)에게 관련된 협조를 기대하였으나, 동년 4월 16일에 되풀이된 대탄압으로 인해 전

---

4 崔雲擧, 「在日本朝鮮労働運動の最近の発展」, 『労働者』 1927년 9월호.
5 内務省 警保局, 『社会運動の状況』 1930년판, 1151쪽.

협의 주요 활동가들과 함께 재일노총의 활동가 수십 명도 '치안유지법 위반' 혐의로 검거되었다.[6]

2) 일본인 노동조합 전협에 합류한 재일노총 조합원

1929년 후반부터 재일노총 중앙위원회의 간부들은 일본거주 조선인의 노동운동 방식을 종래와 다른 형태로 전개하고자 획기적인 변화를 추구하기 시작했다. 그것은 각지 재일노총 산하의 조합을 일본인 좌파노조 전협 산하의 산업별 노조로 합류시켜 일본 노동자들과 공동투쟁을 전개한다는 방식이었다. 즉 재일노총은 스스로가 이미 1925년 창립 이후 줄곧 일본 노동운동계와의 협동전선 및 산업별 노조화를 추구했던 방침을 실천하고자 한 것이다.

1929년 말에 김두용을 중심으로 한 재일노총 중앙의 간부들이 전협에 합류하는 주요 논거로서 프로핀테른 결정을 이용하였다.[7] 그 이유로서, 산하 조합원을 전협에 합류시켜 산업별 노조로 재편한다는 일대 혁신을 실현하고자, 국제 적색노동조합인 프로핀테른의 결정이라는 외부의 권위를 빌리고, 프롤레타리아 국제주의에 입각한 논리적 포장이 필요했기 때문이라고 추측된다. 또한 1928년 당시 전협이 일본에서 유일하게 '조선·대만 노동조합 운동의 자유 및 일본 노동자와 동일한 대우 획득', '제국주의 전쟁 반대' 등

---

6 吉浦大蔵, 『朝鮮人の共産主義運動』(司法省刑事局, 『思想研究資料』 特輯第71号), 84쪽.
7 鄭榮桓, 「金斗鎔とプロレタリア国際主義」, 『在日朝鮮人史研究』 第33号, 2003.

과 같은 혁신적인 행동강령을 내건 노동단체였다[8]는 명분도 있었 다고 생각된다.

1929년 12월 14일, 김두용(金斗鎔)을 대표로 한 재일노총 중앙위원회는 오사카시 니시나리(西成)구에서 도쿄, 오사카, 교토, 아이치, 가나가와, 니이가타 등 각 산하 단체의 대표가 참석한 확대중앙위원회를 개최하여 "노총은 전협에 가맹할 것. 일산업 일조합(一産業一組合)주의에 따라 산업별 조합을 조직하고 이를 규합하여 전협의 지도에 따라 노총을 재조직" 한다고 결정했다.[9] 이를 봐도 재일노총이 전협으로 합류하는 실제 목적은 '산업별 노조화'에 있었다는 것을 알 수 있다.

이후 1930년 초부터 일본 각지의 재일노총 산하 조합들은 각각 현지에서 전협 산하의 산업별 노조로 합류하였다. 1930년 한 해에 지역별로 재일노총의 노조들이 전협 산하의 노조로 합류한 시기를 보면, 교토(京都)부는 2월 1일, 미에(三重)현은 3월 30일, 오사카부는 4월 5일, 아이치(愛知)현은 5월 1일, 효고(兵庫)현은 5월 10일, 도쿄부는 7월 6일 등이었다.[10]

본서의 제5장 3절 「1930~1934년 전협 산하의 조직 상황과 조선인 조합원」에서 검토했듯이, 1930년부터 일본 각지의 전협 산하 노조들은 조선인 조합원의 합류로 인해 세력이 확장된 것이 확인된

---

8 김광열, 「1930년대 일본 혁신노동조합의 조선인 조합원 운동 – 일본노동조합전국협의회를 중심으로 – 」, 124쪽.
9 『社会運動の状況』 1929년판, 1125쪽.
10 김광열, 「1930년대 일본 혁신노동조합의 조선인 조합원 운동 – 일본노동조합전국협의회를 중심으로 – 」, 126쪽.

다. 그 중에는 조선인 조합원이 있었기 때문에 유지되었던 노조들도 있었다. 그들 각지 전협의 조선인 조합원들은 해당 지역 동포 노동자들의 권익과 민족의식 고양을 위해 노력하였다. 단 매년 거듭된 일본 치안당국의 탄압으로 인해 1934년 말경에는 일본 각지의 전협 산하 노조들이 완전히 붕괴되고 말았다.

3. 조선인 노동운동가의 특질과 일본사회의 민족차별

1) '치안유지법 위반' 기소자 중의 조선인

재일노총이 전협 산하의 산업별 노조에 합류했던 1930년대 전반, 조선인 활동가들은 각지에서 '치안유지법 위반'의 명목으로 특고 경찰의 탄압을 받곤 했다.

당시 일본의 재판소구성법 및 형사소송법에 의하면, 경찰에 검거된 사람들은 예심 판사에 의해 예비심문을 받은 후에 기소되거나 그렇지 않거나가 정해졌다. 즉 예심 판사는 검거자들을 취조하여 천황을 통치권자로 규정한 '대일본제국헌법 체제'에 반하는 활동을 했다고 판단되면 '치안유지법 위반' 혐의로 기소하였다. 이하에서는 그 치안유지법으로 기소된 조선인들에 주목하여 그들은 어떤 사람들이며, 사회운동에 참여한 이유는 무엇인지 살펴보고자 한다.

아래 <표 7-1>은 1928년부터 1937년까지 일본에서 치안유지법 위반이라는 명목으로 기소된 사람들과 그 중의 조선인 비율을 년

차별로 나타낸 것이다.

〈표 7-1〉 1928년~1937년 '치안유지법 위반' 기소자와 조선인

년도	인원(명)		조선인 비율(%)
	전체	조선인	
1928	525		
1929	339		
1930	461	11	2.4
1931	307	11	3.5
1932	646	37	5.7
1933	1,285	131	10.0
1934	496	55	10.0
1935	113	12	9.7
1936	158	11	6.9
1937	102	11	10.7
계	4,432	279	평균 6.2

* 출전: 司法省刑事局, 『思想月報』40号(昭和12年10月). 졸고 「일본에서의 한인 사회운동과 민족 차별」(『한일민족문제연구』제28호, 2015)에서 재인용.

이 표를 통해, 해당 시기에 '치안유지법 위반'의 명목으로 피소된 인원의 증감에 조선인 피소자 수도 관련이 있었다는 것을 알 수 있다. 즉 1929년 이후 1933년까지 전체 피소자가 증가하였는데, 피소자가 1,285명으로 가장 많았던 1933년의 경우를 보면 조선인 피소자 수도 131명으로 가장 많았다.

<표 7-1>의 출전인 일본 사법성 형사국(司法省刑事局) 발행의 『사상월보(思想月報)』 제40호에 의하면, '치안유지법 위반'으로 피소된 조선인들 총 279명 중에서 209명(75%)이 전협에 소속된 사람들이었다. 즉 당시 일본거주 조선인의 사회운동 중에서 전협을 통해 수행

제7장 일본거주 조선인 노동운동가와 민족차별

된 노동운동의 비중이 매우 컸다는 것을 알 수 있다.

<표 7-1>을 전협 중심으로 설명할 수도 있다. 1930년 전반부터 재일노총의 조합원들이 전협 산하의 산업별 노조에 합류한 이후, 일본 각지의 전협 산하 노조에 조선인이 점차 증가했는데, 그에 비례하여 간부급의 조선인 활동가도 증가하였다. 따라서 1930년 중반 이후 치안 당국의 전협에 대한 탄압이 있을 때에 조선인 활동가들도 검거되었으므로 <표 7-1>과 같은 결과가 나온 것이다.

내무성 경보국 자료를 통해 전협에 대한 치안 당국의 탄압 시기를 보면, 1930년의 11월과 12월, 1931년의 5월과 8월, 1932년의 3월과 4월, 1933년의 3월, 6월, 9월, 12월 또한 1934년의 1월, 3월, 5월, 12월에 실시되었다는 것이 확인된다.[11] 즉 1933년에 기소자 수가 가장 많았던 것은 그 해에 4회에 걸쳐 일본 전국 차원에서 전협에 대한 탄압이 있었기 때문이다. 1934년에도 다시 잔존 활동가에 대한 탄압이 4회에 걸쳐 가해졌는데, 그 결과 1934년 말에는 전협의 조직을 더 이상 확인할 수 없게 되었다.

<표 7-1>의 출전을 통해서 1928~1937년 중에 기소된 조선인들의 활동 지역도 알 수 있는데, 도쿄가 135명으로 가장 많았으며, 다음은 오사카 76명, 고베 17명, 교토 12명의 순이었다. 그 지역 모두가 당시 조선인 인구가 집중되었던 도시들이다.

---

11 앞의 김광열, 「1930년대 일본 혁신노동조합의 조선인 조합원 운동 - 일본 노동조합전국협의회를 중심으로-」, 136~157쪽.

2) '치안유지법 위반'으로 기소된 조선인의 교육 수준과 직업

이번에는 당시 피소된 조선인 활동가들의 교육 수준과 직업을 통해서 그들이 어떤 사람들이었는지에 대해 보고자 한다. 먼저 그들의 교육 수준을 정리한 <표 7-2>를 보도록 하자.

〈표 7-2〉 조선인 '치안유지법 위반' 피소자의 교육 수준

교육 정도	인원	비율(%)
전문학교(중퇴 포함) 이상	26	9
중등학교(중퇴 포함) 정도	93	34
소학교(중퇴 포함) 정도	131	47
무학	23	8
불명	6	2
계	279	100

＊출전: 司法省刑事局, 『思想月報』40号(昭和12年10月). 졸고 「일본에서의 한인 사회운동과 민족 차별」,(『한일민족문제연구』제28호, 2015)에서 재인용.

<표 7-2>를 통해 당시 일본에서 치안유지법 위반으로 기소된 조선인들은 대부분이 초등교육 이상을 경험한 사람들이었다는 것을 알 수 있다. 단 그 중에서 중등교육 경험자가 30% 이상이었으며, 최상위 고등교육 기관인 전문학교 출신자도 9% 정도 있었다는 것이 확인된다.

이 조사 결과는 매우 주목할 만한 내용이다. 왜냐하면 당시 조선총독부가 정기적으로 실시한 통계조사로 확인되는 한반도 거주 조선인의 일반적 교육 수준과 많은 차이가 있기 때문이다. 『조선총독부 통계연보』1930년판에 의하면, 한반도 전체의 교육기관에 재

학 중인 조선인 학생 총 686,250명 중에서 초등교육 기관이 66.86%(보통학교 66.7%, 소학교 0.16%), 서당이 21.99%, 중등교육 기관이 2.38%(고등보통학교 1.6%, 중학교 0.05%, 여자고등보통학교 0.64%, 고등여학교 0.09%)였으며, 최상위 교육기관에 해당하는 전문학교와 사범학교 0.46%, 대학 예과 0.01%였다.[12] 이 중에서 일단 일본인 자제를 위해 설립된 소학교, 중학교, 고등여학교는 제외해서 봐야 하므로, 초등교육 기관에 재학 중이던 조선인의 비율은 전체 취학자의 88.69%를 차지하고 있었다는 것을 알 수 있다.

즉 당시 한반도거주 조선인들 중에서 취학대상 연령자의 대부분은 초등교육 기관에 있었던 것이다. 그들이 중등교육 이상의 학교로 진학할 확률은 전체의 2.4% 정도에 지나지 않았다. 더욱이 전문학교 이상의 최상위 고등교육 기관에 재학하던 사람은 전체의 0.47%에 지나지 않았는데, 여기에는 일본인도 포함되어 있었다고 추측되므로 조선인의 비율은 한층 낮다고 할 수 있다. 총괄하면, 당시 한반도 거주 조선인 중에서 전문학교 이상의 교육 경험자는 극히 드문 존재였다.

그러나 <표 7-2>를 통해 확인된 치안유지법 위반으로 피소된 일본거주 조선인의 교육 수준은 당시 한반도거주 조선인에 비해 상당히 높았다는 것을 알 수 있다. 일반적으로 한반도 거주 조선인은 중등교육 이상의 교육 경험자가 전체의 2.2% 정도였다. 그러나 <표 7-2>에서 본 피소 조선인들의 경우는 중등교육 이상 경험자가

---

12 朝鮮總督府, 『朝鮮總督府統計年報』, 1930.

40%를 넘었다. 더욱이 전문학교 교육의 경험자도 9%였다는 것이 확인된다. 놀랄만한 사실이라고 할 수 있다.

이는 무엇을 의미하는 것일까. 즉, 피소된 일본거주 조선인 사회운동가들은 한반도 내에서 나름대로 사회적 역할을 했어야 할 고급 인력이었으나, 식민지 조선의 열악한 취업 및 교육 환경으로 인해 일본 도항을 택했던 사람들이었다고 할 수 있다.

이번에는 <표 7-3>을 통해 일본에서 '치안유지법 위반'으로 피소된 조선인들이 어떤 직업을 가지고 있던 사람들이었는지 보도록 하자.

<표 7-3> 조선인 '치안유지법 위반' 피소자의 직업

직업	인원	비율(%)
어업	1	
광부	1	
토공	16	6
직공	43	16
기술자	12	5
여공	1	
신문배달부	21	8
음식업	1	
점원	2	1
자동차종업원	4	2
관청고용원	1	
저술업	1	
조합서기	1	
회사사무원	1	
인부	39	14

고용원	1	
학생	11	4
신문잡지경영자	1	
기타	18	7
무직	103	37
계	279	100%

* 출전: 司法省刑事局, 『思想月報』 40호(昭和12年10月). 졸고 「일본에서의 한인 사회운동과 민족 차별」,(『한일민족문제연구』 제28호, 2015)에서 재인용.

위 표 중에서 가장 비율이 높은 항목은 전체 37%에 해당하는 '무직'이었다. 그 다음으로 인원이 많은 순으로 보면 '공장 직공' 16%, '일용직 인부' 13%, '신문배달부' 8%였다. 즉 당시 '치안유지법 위반'으로 피소된 조선인 활동가들의 21%는 그날의 생계를 겨우 이어가는 일용직 노동자였으며, 그보다 많은 37%의 사람들은 무직 상태였다. 상대적으로 안정적인 직업이라 할 수 있는 '공장 직공'은 전체의 16%에 지나지 않았다.

<표 7-3>의 출전에서 무직 상태였던 사람들이 어떻게 생계를 유지하였는지 알 방도가 없는데, 본서 제2장에서 확인했던 조선인 극빈자들이 '근린의 부조' 즉 인근 지인의 도움으로 생계를 유지했다는 기록은 필경 지역을 막론하고 유사한 상황이었을 것으로 추측된다.

<표 7-3>에서 확인된 그들의 열악한 직업 상황과 <표 7-2>에서 봤던 교육 수준을 비교해 보면, 당사자들 즉 피소된 조선인 활동가들은 일본에서 곤궁한 생활을 하고 있었다는 것을 알 수 있다. 당시 한반도에서는 지식 계층에 속했던 그들이었지만, 일본에서 처한

현실은 대개 무직이거나 일용직 노동자로 생활할 수밖에 없었다. 그리고 결국 노동운동에 앞장서서 활동하다가 '치안유지법 위반'으로 피소된 것이었다.

3) 일본사회의 민족차별과 조선인 노동운동활동가

'치안유지법 위반' 명목으로 피소된 조선인 활동가들은 어떤 계기로 노동운동에 참가하게 되었을까. 그에 관해 일본 사법성 형사국이 1930년부터 34년까지 도쿄 경시청에 검거된 조선인 사회운동가들을 조사한 자료[13]를 바탕으로 검토하도록 하자.

그 자료에 의하면, 조선인 활동가들이 사회운동에 앞장섰던 첫 번째 이유는 "일본생활 중에 느낀 불평불만"이었는데, 그 근거로서 아래와 같은 실제 사례를 제시하고 있다.

(a) 특히 도쿄 간다(神田) 부근의 셋방 광고판에서 "셋방 있으나 일본인에 한함"이라고 우리를 배척하는 문구를 공공연하게 내걸고 있다. 이는 확실히 우리 조선인을 기피하고 있는 것이다. 간다에 다수의 조선인이 거주하는 것은 거기에 다수의 학교와 조선 식사를 제공하는 식당이 있는 관계상 통학하기 편하고 타향에 와 있는 자들끼리의 우정을 나눌 수 있기 때문이다. 이렇게 젊은 조선인 학생들이 많이 모이

---

[13] 司法省刑事局,「朝鮮人共産主義者の特色に関する調査」,『思想月報』第7号, 昭和10年1月(朴慶植編,『在日朝鮮人關係資料集成』第3卷, 三一書房, 1976, 수록).

제7장 일본거주 조선인 노동운동가와 민족차별

는 장소에서 노골적으로 배척하는 문구를 걸어두는 것은 큰 모욕으로 큰 불만을 느끼고 참을 수가 없다.

(b) 사상적으로 우리를 위험시하는 것이 극단적이다. 사는 곳을 관헌이 감시하고 가택 수사하거나, 가두에서 항상 연속적으로 불심 검문을 당하는 것은 실로 불유쾌한 일이니, 민족 차별을 몸으로 느낄 정도이다. 이는 예상하지 못했던 것인데, 그렇게 심한 민족 차별에는 이루 말할 수 없는 환멸을 느낀다. 아무리 우둔하고 온순한 사람이라도 반항심을 가지지 않을 수가 없다.

(c) 은행, 회사, 상점 등의 문호 폐쇄

일본에서 고학하여 입신(立身)을 하고자 도항한 사람들 대다수는 고학의 수단으로서 직공이나 신문배달을 직업으로 택하는데, 조선인이라는 이유로 고용되지 않는 경우가 많다. 설사 고용된다 하더라도 조선인이라는 이유로 임금이 부당하게 싸므로, 면학 자금을 구할 방도가 없어서 결과적으로 면학을 포기할 수밖에 없다. 무위도식 끝에 생활난에 빠져 사상이 악화되어서 일본에 대한 반감이 일어나 공산주의 운동에 발을 들이게 되었다.

(d) 조선에 대한 일본인 일반의 관심이 너무 낮음

일본의 신문, 잡지 같은 언론기관이나 교육기관에서 조선관련 문제를 일체 묵살하고 있는 것이 실로 불만이다. 현재 조선의 사정과 문제를 일본의 언론계나 학계를 통해 듣는 것은 절망에 가깝다. 고향 소식을 알고자 일류 도서관을 가봐도 조선의 신문이나 잡지를 비치한 곳은 없다. 조선을 이렇게 돌아보지 않은 채 방치하고 있지만, 조선에는 수천년 동안 육성된 특유의 문화가 있고, 우수한 예술이 있다. 그것을 무시하는 태도에 크게 불만을 느낀다.[14]

이를 보면, 당시 일본거주 조선인들이 일상생활 중에 경찰의 대응, 구직의 어려움, 일반 일본인의 대응 등을 통해 심각한 차별을 실감했고, 그로 인해 심한 정신적 고통을 받고 있었다는 것을 알 수 있다.

또한 일본 사법성 형사국은 상기한 결과로서 그들이 진보계 사회운동에 참가하게 되었다면서 그 이유에 대해서도 다음과 같이 정리하고 있다.

… 이상에 거론한 이유로 일본인에 대한 반감을 갖고 조선의 독립을 꿈꾸게 되었고, 각종 운동에 참가하여 반항적인 언동을 감행하였으며, 공산주의 운동이 제국주의의 타도, 식민지 해방 및 독립을 주장하고 있기 때문에 그 혁명적인 이론에 공명하여 실제 운동에 참가하게 되었다.

(중략)

… 공산주의 운동은 농민층, 노동자층, 학생층 등 여러 계급에 통하는 조선 전체의 통일적인 조직체가 결성되어 있으며, 민족적 운동처

---

14 앞의 司法省刑事局,「朝鮮人共産主義者の特色に関する調査」, 880~881쪽.

제7장 일본거주 조선인 노동운동가와 민족차별

럼 관념적이지 않고 항상 대다수의 노동자와 농민을 위해 그 일상의 불평불만에 귀기울이는 현실성이 있고, 대중의 선두에 서서 과감하게 투쟁하고, 기회 있을 때마다 피압박 조선 민중의 일본제국에 대한 원한을 가지고 일본에 대한 반항심을 왕성하게 함과 동시에 조직의 확대 강화를 도모한다. … 조선의 해방을 기하는 일은 일본의 노동자, 농민의 해방을 완성하는 것이 아니면 바랄 수 없는 것이다. 따라서 우리는 그 필요 수단으로서 제국주의 반대 요소와 공동전선을 즉 일본의 노동자, 농민, 해방운동자들과 연대 투쟁을 해야 한다.[15]

이를 상기했던 a)~d)와 연결해서 판단하면, 일본 도항을 선택한 조선 청년들이 일본에서 갖은 민족 차별을 겪고 그 원인이 일본제국의 식민지 지배에 있다는 것을 통감한 결과, 정치적으로 일본제국주의에 반대하는 입장에서 진보계 사회운동에 관심을 가지게 되었다는 것을 알 수 있다.

이와 같은 상황은 도쿄가 아닌 일본의 지방 도시에 거주했던 조선인 활동가들에게도 볼 수 있었다. 대표적인 사례로서, 1930년대 중기 나고야시를 비롯한 일본 중부지방에서 활약했던 나고야합동노동조합의 간부 신산축(申山祝)을 들 수 있다.[16]

그는 한반도의 빈농 출신으로서 1929년에 구직을 위해 도일하였

---

15 위의「朝鮮人共産主義者の特色に関する調査」, 882쪽.
16 신산축이 노동운동에 투신하여 활약하게 된 경위에 대해서는 사법성 예심 판사가 1940년까지 조선인 활동가들을 조사한 다음 자료를 통해 확인할 수 있다. 司法省刑事局判事 吉浦大藏 報告書,「朝鮮人の共産主義運動」,『思想研究資料』特輯 第71号, 昭和15年 1月, 243~244쪽.

으나, 일본에서 토목건축 노동자로 전전하던 중에 겪은 갖은 민족차별 때문에 자연히 일본제국주의의 조선에 대한 식민지 지배에 반감을 품게 되었고, 민족해방의 필요성을 자각하여 사회운동에 참가했다고 한다. 신산축의 운동 경력은 다음과 같다. 1929년 2월에 나고야지역 거주 조선인의 민족운동을 위해 설립된 신간회 나고야지부의 회원이 되었으며, 동년 12월에 재일노총의 산하 단체로서 설립된 아이치(愛知)조선노조[17]에 가입했다. 1930년에는 아이치노선노조가 전협 나고야지부 산하 노조에 합류한 대열에 속해 전협의 일원이 되었으나 치안당국의 탄압으로 전협 나고야지부가 붕괴되자, 그 후 1935년 2월에 남아있던 조-일 활동가들과 협력하여 나고야합동노조라는 지방 단독노조를 창설해서 나고야 및 주부(中部) 지방의 노동운동에서 큰 활약을 했다.[18]

즉 신산축이 일본에서 노동운동 활동가가 된 근본적인 이유는 민족차별에 있었던 것이다. 그것은 당시 일본에서 사회운동 현장에서 활약했던 조선인들에게 볼 수 있는 공통적인 현상이었다고 생각된다.

---

17 아이치(愛知)조선노조의 설립 및 전협 합류의 과정에 관해서는 김광열, 「1930년대 일본노동조합전국협의회와 조선인노동자-나고야지역의 운동을 중심으로-」(『한일민족문제연구』 제22호, 2012년 6월)를 참조 요망.
18 신산축과 나고야합동노조와의 관계에 대해서는 金廣烈, 「1930年代名古屋地方の朝鮮人労働運動」(『在日朝鮮人史研究』 第28号, 1991年)을 참조 요망.

4. 소결

이 장에서 검토하여 강조하고자 했던 요점은 다음과 같다.

먼저, 1929년 말에 일본거주 조선인 최대의 노동단체인 재일노총 지도부가 진보계 일본인 노조 전협으로 합류한다고 결정한 것은 종래 자신들이 추구했던 산업별 노조화를 실현하고자 택한 현실적인 방책이었다.

두 번째로 주목한 것은, 당시 일본거주 조선인 활동가들 중에서 특히 일본 노동운동의 현장에서 활약한 사람들이 많았던 이유이다.

당시 일본의 진보계 노동조합에서 활약했던 조선인 활동가들은 단순히 관념적인 흥미에 사로잡혔기 때문이 아니라, 일본 생활 중에 수없이 직면했던 민족 차별적 대우로 인해, 그 구조적 원인은 일본제국의 한반도 식민지지배에 있다고 통감했기 때문이었다.

그것은 1945년 이전 일본 사법성 당국이 "치안유지법 위반"으로 피소된 조선인들에 대해 조사한 자료를 통해서도 확인된다. 또한 그들 조선인 활동가들은 스스로를 포함한 일본거주 조선인의 곤궁한 생활상황을 숙지하고 있었으므로, 본서 제5장에서 확인했듯이 1930년대 전반 일본 각지에서 전협으로 대표되는 일본인 노동조합 또는 지방단독 노동조합에서 조선인과 일본인 노동자의 권익옹호를 위해 적극 활동했다고 판단된다.

저자 후기

필자는 본서에서 현재 '특별영주'[1]라는 법적 지위로 일본에 거주하는 재일조선인의 1세에 해당하는 사람들이 1920~30년대에 차별에 저항하며 감행했던 노동운동의 실태를 조명했다.

일본에서 조선인은 1945년 8월 전과 후를 막론하고 한반도 국가와 일본열도 국가 사이에서 경계인으로 존재했으며 그 연장선에서 일본에 거주하고 있다. 그들의 1세가 일본에 이주하기 시작한 것은 1910년 8월 29일 한일병합조약 발효 이후라고 할 수 있으니, 그 역사연구의 대상 시기는 총 110년이 넘는 긴 시간대가 된다. 따라서 그들 관련의 역사 연구에서 '일본 거주자로서의 특성'도 고려할 필요가 있다.

본서는 그러한 시점에 입각하여 1945년 이전 일본거주 조선인이 차별에 저항하며 전개했던 노동운동을 검토한 것이다. 각 장의 주제는 필자가 오래전부터 관심을 가졌던 것들로서 그동안 학술지에 게재

---

[1] 1991년 4월 26일에 일본 국회에서 「일본국의 평화조약에 근거하여 일본 국적을 이탈한 자 등의 출입국관리에 관한 특례법(日本国との平和条約に基づき日本の国籍を離脱した者等の出入国管理に関する特例法)」(이하 「출입국관리특례법」으로 약칭함)이 성립되었다. 이 법의 대상인 '일본국의 평화조약에 근거하여 일본 국적을 이탈한 자'란 1945년 8월 이전부터 일본에 거주하던 구 일본제국의 '식민지 출신자'와 그 직계 자손을 의미하고, 그 후 당사자들은 일본 법무대신이 인정하는 '특별영주' 제도의 대상이 되었다. 이 법은 같은 해의 5월 10일에 공포되었고 11월 1일부터 시행되었다.

283

한 적이 있으나, 단행본 출판을 계기로 수정 및 가필 작업을 했다.

우선 제1장부터 제3장까지에 걸쳐, 일본 도항을 선택한 조선인들이 일본에서 어떠한 생활을 영위했으며, 시기별로 주된 직업와 거주지에 어떤 변화가 있었는지를 검토하고, 그들의 교육수준은 어떠했으며 그것은 무엇을 의미하는지에 대해 고찰했다. 그것은 일본거주 조선인의 사회운동(노동운동)을 검토하는 전제 작업으로서 봐둘 필요가 있어서이다.

그 중에서도 본서 제3장은 해방전 일본거주 조선인들이 고향에서 어떤 계층에 속한 사람들이었는지 고찰하기 위한 것이다. 그와 같은 시도를 한 계기는 필자의 과거 일본유학 시절 경험과 관련이 있다. 먼저, 1980년대 말 도쿄(東京)에서 개최된 '아시아 전통무용 대회'의 진행을 돕던 중에 만났던 방글라데시 청년들의 경우를 들 수 있다. 그들은 모국에서 대학을 졸업한 중산층 이상의 엘리트였으나, 당시 일본의 토목건설 현장에서 일용직 노동자로 일하면서, 임금의 일부를 고향에 거주하는 가족에게 보내면서 생활하고 있었다.

그 후, 제주도 출신자의 구직 도일을 분석하여 일본 도항자 중에서 지주 및 자작농 출신자도 적지 않았다고 밝힌 마스다 가츠지(桝田一二)의 1935년 논문「제주도인의 일본행 구직에 대해(済州島人の内地出稼ぎに就いて)」(『桝田一二地理学論文集』, 弘詢社)를 만났다. 또한 가지무라 히데키(梶村秀樹)의 논문「1920~30년대 조선농민 도일의 배경－울산군 달리의 사례(1920~30年代朝鮮農民渡日の背景—蔚山郡達里の事例)」(『在日朝鮮人史研究』 第6号, 1980년 6월)에서, 재일조선인 원형은 종래의 통설처럼 식민지기 조선 농촌 최하층의 도일로 형성된 것이 아니라 농촌 중간층 이농자의

일부가 도일한 결과라고 지적한 것에 강한 시사를 받고, 그에 관한 유사 사례를 찾아서 종합적으로 분석할 필요가 있다고 판단했다.

제5장에서는 일본거주 조선인 최대의 노동단체인 재일노총(재일본조선노동총동맹)이 1929년 말에 산하 노조들을 일본인 노조 전협(일본노동조합전국협의회)으로 합류한다고 결정한 배경과 과정을 검토한 다음, 전협의 산업별 노조에 조선인 조합원이 합류하기 시작한 1930년부터 전협이 치안 당국의 탄압에 의해 붕괴한 1934년까지를 대상으로, 일본 전국의 전협산하 노조에서 조선인 조합원들이 어떻게 존재했는지 확인했다. 그를 통해 당시 전협 산하의 노조에서 조선인 조합원들은 상당한 비율을 점유하고 있었으며, 일본 각지에서 국제주의에 입각하여 조-일 노동자의 권익옹호를 위해 적극 활동했다는 사실들을 확인하였다. 그 것이 바로 1930년대 전반 일본에서 전개된 조선인 노동운동의 실태였다.

제6장에서는 전협 붕괴 이후에 지방 단독노조의 형태로 설립된 나고야합동노동조합에 주목하여, 그들의 운동이 타지역에서는 볼 수 없을 정도로 독특했으며, 일본 주부(中部)지방의 노동운동과 사회운동에 기여한 바 적지 않다는 것을 확인하였다.

제7장에서는 일본거주 조선인 중에서 노동운동의 리더로 활약했던 사람들은 어떤 사람들이었으며, 도대체 그들은 왜 노동운동에 헌신하여 앞장섰는가, 라는 의문을 해소하고자 했다. 즉 제3장에서 일본거주 조선인이 한반도의 어떤 계층 출신이었는지 고찰했던 작업과 연동되는 것이다. 그를 통해, 일본에서 활동한 조선인 노동운동가들은 당시 조선인의 일반적인 교육수준보다 높은 중산층 이상의 사람들이었으나, 도일 후 일본에서 직업은 임시직 노동자

였고 생활도 곤궁했다는 것을 알 수 있었다. 즉 식민지 조선의 지식인계급이 일본에서는 노동자계급으로 전락해 있었던 것이다. 그리고 그들 중에서 노동운동에 헌신한 사람들이 다수 있었던 이유는 일상생활에서 겪은 민족차별이 일본제국의 식민지배에 기인한다고 통감했기 때문이라는 사실을 확인했다.

　이상에서 보았듯이, 본서는 1920~30년대 일본거주 조선인의 노동운동에 대해 다각적인 고찰을 시도한 것이다. 당시 일본거주 조선인의 노동운동은 한반도 출신자가 받는 차별적 대우에 저항하여 그를 개선하고자 한 것이었다. 1920년대 후반에는 독자적 단체로서 활동했으나 1930년대에는 진보계 일본인 노동조합에 합류하여 국제주의 차원에서 조-일 노동자의 권익옹호를 위한 운동을 전개했다. 또한 나고야지방에서 단독노동조합을 결성하여 당해 지방의 노동운동에 기여했던 사실도 확인된다.

　1945년 8월 15일 해방 직후 일본에서 재일본조선인연맹 등의 조선인 단체가 수년간 일본인 사회주의 단체와 연계하여 운동을 전개한 것은 돌발적인 선택이 아니었다. 즉 혼란스러운 국제정세 하에서, 이미 1930년대 일본에서 민족을 초월하여 공동으로 전개했던 운동의 경험을 계승한 시도였다고 할 수 있다. 따라서 1930년대 전반과 중기의 일본에서 조선인들에 의해 전개된 노동운동을 사실 그대로 주목하고 평가할 필요가 있다고 생각된다.

　독자 여러분의 건설적인 감상을 고대합니다.

-저자 배상-

참고문헌

- 단행본 -

日本学術振興会, 『朝鮮米穀経済論』, 岩波書店, 1935
吉浦大蔵, 『朝鮮人の共産主義運動』(司法省刑事局, 『思想研究資料』特輯第71号) 1940
清宮四郎, 『外地法序説』, 有斐閣, 1944
エドワード・ワグナー, 『日本における朝鮮少数民族1904年~1950年』, 湖北社, 1951
姜在彦, 『在日朝鮮人渡航史』, 朝鮮研究所, 1957
朴在一, 『在日朝鮮人に關する總合調査研究』, 新紀元社, 1957
渡部徹, 『日本労働組合運動史 ー日本労働組合全国協議会を中心として』, 青木書店, 1954
山川均, 『自傳』, 岩波書店, 1961
赤松克麿, 『日本社會運動史』, 岩波書店, 1962
大原社会問題研究所, 『太平洋戦争下の労働者状態』, 東洋経済新報社, 1964
朴慶植, 『朝鮮人強制連行記録』, 未來社, 1965
金哲, 『韓國の人口と經濟』, 岩波書店, 1965
坪江豊吉, 『朝鮮民族獨立運動秘史』, 嚴南堂書店, 1966
隅谷三喜男 「社會運動の發生と社會思想」, 岩波講座 『日本歷史』 18 現代1, 1972
岩村登志夫, 『在日朝鮮人と日本労働者階級』, 校倉書房, 1972
朴慶植, 『日本帝国主義の朝鮮支配』, 상・하, 青木書店, 1973
石井寬治, 『日本経済史』, 東京大学出版会, 1976
朴慶植, 『在日朝鮮人運動史ー8・15解放前』, 三一書房, 1979
梶村秀樹, 『解放前の在日朝鮮人運動史』, 神戸学生青年センター, 1981
高峻石, 『コミンテルンと朝鮮共産党』, 社会評論社, 1983
荻野富士夫, 『特高警察体制史』, せきた書房, 1984
정재철, 『일제의 대한국 식민지교육정책사』, 일지사, 1985
樋口雄一, 『協和会』, 社会評論社, 1986
杉原薫・玉井金五 編, 『大正・大阪・スラム』, 新評論, 1986
小松隆二, 『大正自由人物語 ー望月桂とその周辺』, 岩波書店, 1988

이균영, 『신간회 연구』, 한양대학교 박사학위 논문, 1990
李如星·金世鎔, 『數字 朝鮮研究』 제3집, 국학자료원(복각), 1992
石坂浩一, 『近代日本の社会主義と朝鮮』, 社会評論社, 1993
山脇啓造, 『近代日本の外国人労働者問題』, 明治学院国際平和研究所, 1993
荒敬, 『日本占領史研究序説』, 柏書房, 1994
法政大学大原社会問題研究所, 『社会・労働運動大年表』, 労働旬報社, 1995
金英達編, 『数字が語る韓国・朝鮮人の歴史』 明石書房, 1996
『GHQ日本占領史16―外国人の取扱い』(GHQ/SCAP "HISTORY OF THE NON-
   MILITARY ACTIVITIES OF THE OCCUPATION OF JAPAN, 1945~
   1951", 日本図書センター(복각 번역판), 1996
김인덕, 『식민지시대 재일조선인운동 연구』, 국학자료원, 1996
河明生, 『韓人日本移民社會經濟史 -戰前編-』, 明石書店, 1997
西成田豊, 『在日朝鮮人の「世界」と「帝国」国家』, 東京大学出版会, 1997
金太基, 『戰後日本政治と在日朝鮮人問題―SCAPの對在日朝鮮人政策 1945~1952―』,
   勁草書房, 1997
강덕상·정진성 외, 『근현대 한일관계와 재일동포』, 서울대학교출판부, 1999
정혜경, 『일제시대 재일조선인민족운동 연구』, 국학자료원, 2001
外村大, 『在日朝鮮人社会の歴史学的研究 ―形成・構造・変容―』, 緑陰書房, 2004
김광열, 『한인의 일본이주사 연구-1910년대~1940년대-』, 논형, 2009
山田昭次 『関東大震災時の朝鮮人虐殺とその後』, 創史社, 2011

- 논문 -

崔雲擧, 「在日本朝鮮労働運動の最近の発展」, 『労働者』 1927년 9월
久住栄一, 「名古屋市の失業救済事業」, 『社會政策時報』 1930년 7월
善生永助, 「最近における朝鮮の人口移動」, 『朝鮮』, 1932년 3월, 朝鮮總督府.
久間健一, 「朝鮮農民の內地移出の必然性」, 協調會, 『社會政策時報』, 第244號, 1941년
   1월
森田芳夫, 「数字で見た在日朝鮮人」, 『外務省調査月報』 제1권 제9호, 1960
松村高夫, 「日本帝國主義下における植民地勞働者 ―在日朝鮮人・中國人勞働者を
   中心に―」, 『經濟學年報』, 제10호, 1967. 3.
小山仁示 「大正デモクラシーの統合と分極」, 吉田光 ほか編 『近代日本社會思想史』
   Ⅱ, 有斐閣, 1971
水野直樹, 「新幹會東京支会の活動について」, 『朝鮮史叢』, 1975
桝田一二, 「済州島人の內地出稼ぎに就いて」, 『桝田一二地理学論文集』, 弘詢社, 1976
大沼保昭, 「出入國管理法制の成立過程」, 『法律時報』 1978년 4월호-1979년 6월

호, 1997年

梶村秀樹,「1920~30年代朝鮮農民渡日の背景―蔚山郡達里の事例―」,『在日朝鮮人史研究』第六号, 1980.

M.リングホーファー,「相愛会―朝鮮人同化団体の歩み」,『在日朝鮮人史研究』제9호, 1981

田村紀之,「內務省警保局調査による朝鮮人人口」Ⅰ~Ⅴ, (東京都立大學經濟學部,『經濟と經濟學』46号~50号, 1981년 2월~1982년 7월)

金森襄作,「在日朝鮮労働総同盟の解体と日本労働組合全国協議会への加盟について」,『大阪地方社会運動史編纂ニュース』第18号, 1983

梶村秀樹,「定住外國人としての在日朝鮮人」,『思想』第734号, 岩波書店, 1985

谷合佳代子,「1930年代在阪朝鮮人労働者の闘い」,『在日朝鮮人史研究』第15号, 1985

堀和生,「日本帝國主義の植民地支配史試論 ―朝鮮に於ける本源的蓄積の一側面―」,『日本史研究』,第281호, 1986

山田昭次,「朝鮮人強制労働の歴史的前提―筑豊炭田を主な事例として―」,『在日朝鮮人史研究』제17호, 1987

김영근,「1920년대 노동자의 존재 형태에 관한 연구」,『일제하 한국의 사회계급과 사회변동』, 문학과지성사, 1988

金英達,「在日朝鮮人社會の形成と1899年勅令第352號について」,『在日朝鮮人史研究』, 제21호, 1991

加瀬和俊,「戦前日本における失業救済事業の展開過程」(東京大学社会科学研究所,『社会科学研究』43-3, 1991)

外村大,「1930年代中期の在日朝鮮人運動―京阪神地域・民衆時報を中心に」,『在日朝鮮人史研究』第28号, 1991

水野直樹,「朝鮮総督府の内地渡航管理政策―1910年代の労働者募集取締―」,『在日朝鮮人史研究』第22号, 1992

加瀬和俊,「失業者救済公共土木事業における就労者選別方式と朝鮮人登録者」(『戦間期日本の対外経済関係』, 日本評論社, 1992

崔碩義,「8・15解放前後の舞鶴の思い出」,『在日朝鮮人史研究』,第23号, 1993

金廣烈,「1930年代名古屋地方の朝鮮人労働運動」,『在日朝鮮人史研究』第23号, 1993

宮嶋博史,「朝鮮における植民地地主制の展開」,『近代日本と植民地』3, 岩波書店, 1993

金英達,「占領軍の在日朝鮮人政策」,『季刊 青丘』, 21号, 1995

佐々木信彰,「1920年代における在阪朝鮮人の労動・生活過程―東成・集住地区を中心に―」,『大正・大阪・スラム』, 新評論社, 1996

杉原達,「在阪朝鮮人の渡航過程―朝鮮・済州島との関連で―」,『大阪・大正・スラ

ム』, 新評論社, 1996

金廣烈, 「教育程度から見た1920, 30年代渡日朝鮮人の特質」, 『一橋論叢』第115卷 第2号, 1996

金廣烈, 「戰間期における日本の朝鮮人渡日規制政策」, 『朝鮮史研究會論文集』, 第35集, 1997

松尾尊兌, 「コスモ俱楽部小史」, 『京都橘女子大学研究紀要』26, 2000

金廣烈, 「1920~30년대 조선인 도일의 요인」, 『韓日民族問題硏究』창간호, 2000

金廣烈, 「戰間期 일본도항 한인의 특질」, 『日本学報』제46집, 2001

金時鐘・尹健次, 「在日を生きる」, 『環』, vol.11, 2002

金廣烈, 「1920年代初期日本における朝鮮人社會運動 一黒濤会を中心に」, 『日朝関係史論集―姜徳相先生古希・退職記念』, 新幹社, 2003

鄭栄桓, 「金斗鎔と"プロレタリア国際主義"」, 『在日朝鮮人史研究』33, 2003

김광열, 「1930년대 일본 혁신노동조합의 한인조합원 운동」, 『日本歷史研究』23, 2006.

小野容照, 「金若水の渡日と『大衆時報』創刊―日本における朝鮮人社会主義勢力の形成に関する一考察」, 『在日朝鮮人史研究』38, 2008

김광열, 「1930년대 전반 일본노동조합전국협의회와 한인노동자-나고야지역의 운동을 중심으로」, 『韓日民族問題硏究』22, 2012

김인덕, 「관동대지진 조선인학살과 일본 내 운동세력의 동향」, 『동북아역사논총』48, 동북아역사재단, 2015.

김광열, 「일본에서의 한인 사회운동과 민족 차별」, 『韓日民族問題硏究』28, 2015

성주현, 「관동대지진 직후 재일조선인 정책: 식민지 조선 언론을 중심으로」, 『재일코리안에 대한 인식과 담론』, 청암대학교 재일코리안연구소 편, 선인, 2018.

김진웅, 「관동대지진 이후 일본지역 조선인 유학생계의 변화와 학생운동의 추이」, 『史林』82, 수선사학회, 2022.

배영미, 「관동대지진과 재일조선인 유학생(1920~1925)」, 『역사와 책임』12, 포럼 진실과 정의, 2023.

김진웅, 「1920년대 초 재일본 조선인 사회주의자의노동운동 구상과 활동-도쿄, 오사카조선노동동맹회의 결성 배경과 운동 양상 재검토-」, 『韓日民族問題硏究』47, 2025

―구 일본정부 및 지방행정 기관, 조선총독부가 발행한 자료―

朝鮮總督府,『金融と經濟』, 제6호, 1918.
朝鮮総督府 內務局 社会課,『会社及工場に於ける労働者の調査』, 1923
大阪市 社会部 調査課,『朝鮮人労働者問題』, 1924
大阪市 社会部,「朝鮮人労働者問題」, 1924
朝鮮總督府,『朝鮮における支那人』, 1924
朝鮮總督府,『阪神・京浜地方の朝鮮人労働者』1924
朝鮮總督府,『朝鮮の小作習慣』, 1925
愛知県 社会課,「鮮人問題」, 1925
大阪市 社会部,「バラック居住朝鮮人の労働と生活」, 1927
山口県 警察部 特別高等課,『来往朝鮮人特別調査状況』, 1927
神戸市 社会課『神戸居住半島民族の現状』1927
名古屋地方 職業紹介所事務局,「朝鮮人労働者に関する調査」, 1928
慶尚南道 警察部,『国内出稼ぎ朝鮮人労働者状態調査』, 1928
大阪市 社会部,「本市における朝鮮人の生活概況」, 1929
東京府 社会課,『在京朝鮮人労働者の現状』, 1929
朝鮮土木建築協會,『朝鮮工事用各種勞動者實狀調』, 1929
大阪府 社会部,「本市における朝鮮人の生活概況」, 1929
福岡地方 職業紹介所事務局,「管内在住朝鮮人労働事情」, 1929
名古屋市 社会部,「名古屋市社会事業概要」, 1929
朝鮮鐵道協會,『朝鮮における勞働者數及び其の分布狀態』, 1929
東京府 社会課,『東京居住朝鮮人の現状』, 1929
朝鮮総督府,『最近に於ける朝鮮治安状況』, 1929
朝鮮総督府,「農村窮民の事情と農村救済対策参考資料」, 1930(友邦協会 복각판)
朝鮮總督府,『時局對策調査會諮問案參考書』(勞務調整に關する件), 1938.
朝鮮總督府警務局,『最近における朝鮮治安狀況』, 1938
朝鮮總督府,『人口調査結果報告 其ノ二』, 1944. 5.
朝鮮總督府,『時局對策調査會諮問案參考書』(勞務調整に關する件), 1938

朝鮮農會,『農家經濟調査』, 1930~1932
大藏省,「預金部資金運用委員會第33回會議錄」, 1931. 1.28
大阪市 社会部,『大阪市失業者生活状態調査』, 1933
大阪市 社會部,『朝鮮人勞働者の近況』, 1933
南滿洲鐵道株式會社,『朝鮮人勞働者一般事情』, 1933
大阪府 社会課,『大阪居住朝鮮人の生活状態』, 1934

大阪府, 『在阪朝鮮人の生活狀態』, 1934
朝鮮總督府, 『施政二十五年史』
司法省 刑事局, 「朝鮮人共産主義者の特色に関する調査」, 『思想月報』, 제7호, 1935.1.
東京府 社會課, 『在京朝鮮人勞働者の現状』, 1936
東京府 社會課, 『東京居住朝鮮人勞働者の現状』, 1936
東京府 社會課, 『在京朝鮮人勞働者の現状』, 1936
国策研究会, 「内地在住半島人問題と協和事業」, 『研究資料』第8号, 1938
法務部 檢務局, 『檢察月報』第12号, 1945. 3
法令研究会, 『出入国管理令・外国人登録法の違反態様と捜査の要点』, 大学書房, 1961
衆議院行政監察特別委員会, 「密出入国に関する治安行政機関監察調査報告書」 1951年 7月
国鉄広島鉄道管理局, 『関釜連絡船史』, 1979
法務研修所編, 『在日朝鮮人處遇の推移と現状』, (復刻板), 龍溪書舎, 1989

朝鮮總督府, 『朝鮮総督府官報』
朝鮮總督府, 『調査月報』
朝鮮総督府, 『朝鮮国勢調査報告』
朝鮮総督府, 『朝鮮総督府統計年報』
朝鮮総督府, 「農村窮民の事情と農村救済対策案参考資料」
内務省 警保局, 『社会運動の状況』 각년판
内務省 警保局 保安課, 『朝鮮人概況』第三(1920)
内務省 警保局 『在京朝鮮留學生概況』(1925)
内務省 警保局 保安課, 「大正十五年中における在留朝鮮人の状況」(1926)
司法省 刑事局 『思想月報』第7号(1935年1月)
内務省 警保局 『朝鮮人近況概要』(1922년 1월)
東京地方裁判所 『被告人 朴準植 金子文子 特別事件主要調書』

- 정기간행물 -

동아일보사 『동아일보』
조선일보사 『조선일보』
朝日新聞社 『大阪朝日新聞』(조선판)
大原社会問題研究所 『日本労働年鑑』
法律時報社 『法律時報』
社會運動通信社 『社會運動通信』,
新愛知新聞社 『新愛知』

名古屋新聞社,『名古屋新聞』

— 자료집 —

大藏省管理局,『日本人の海外活動に關する歷史的調査』通卷 第10冊, 朝鮮編 第9分冊
朴慶植 편,『在日朝鮮人関係資料集成』전 5권, 三一書房, 1975
水野直樹編,『戦時期植民地統治資料』, 전 7권, 柏書房, 1998
財団法人友邦協会,『資料選集 朝鮮における農村振興運動』(友邦シリーズ25号) 1983
近藤釰一編,『太平洋戰爭下の朝鮮1~5』, 友邦協會(巖南堂書店), 1962~1964

저자약력

김광열

광운대학교 국제학부 명예교수. 일본 히토츠바시(一橋)대학교 대학원 사회학연구과 동아시아사회사 전공에서 석사 및 박사 과정을 이수하고, 사회학석사 및 사회학박사 학위를 수여. 근현대 한일관계사 분야에서 일본의 민족 마이너리티 문제, 일본의 전쟁동원책임 문제 등을 연구하고 있음. 주요 저서로는 『한인의 일본이주사 연구－1910~1940년대』(단저), 『패전 전후 일본의 마이너리티와 냉전』(공저), 『근현대 한일관계와 재일동포』(공저) 및 『여운형 평전 1』(역서), 『여운형 평전 2』(역서) 등이 있다.

일본거주 조선인의 차별 저항사
─1920~30년대 노동운동을 중심으로─

초 판 인 쇄	2025년 11월 20일
초 판 발 행	2025년 11월 28일
저 자	김광열
발 행 인	윤석현
발 행 처	박문사
등 록 번 호	제2009-11호
우 편 주 소	서울시 도봉구 우이천로 353
대 표 전 화	02) 992 / 3253
전 송	02) 991 / 1285
홈 페 이 지	http://jncbms.co.kr
전 자 우 편	bakmunsa@hanmail.net
책 임 편 집	최인노

ⓒ 김광열 2025 Printed in KOREA.

ISBN 979-11-7390-021-1 93300   정가 25,000원

* 이 책의 내용을 사전 허가 없이 전재하거나 복제할 경우 법적인 제재를 받게 됨을 알려드립니다.
** 잘못된 책은 구입하신 서점이나 본사에서 교환해 드립니다.